# 金童幻彩 悦享乐画
——基于体验的阶梯式幼儿美术课程研究

陆美英 主编

文汇出版社

图书在版编目(CIP)数据

金童幻彩 悦享乐画/陆美英主编.—上海：文汇出版社，2021.6
ISBN 978-7-5496-3593-1

Ⅰ.①金… Ⅱ.①陆… Ⅲ.①美术课－教学研究－学前教育 Ⅳ.①G613.6

中国版本图书馆CIP数据核字(2021)第113198号

---

### 金童幻彩 悦享乐画

主　　编／陆美英

责任编辑／熊　勇
封面装帧／薛　冰

出版发行／文汇出版社
　　　　　上海市威海路755号
　　　　　（邮政编码200041）
经　　销／全国新华书店
排　　版／南京展望文化发展有限公司
印刷装订／上海新文印刷厂
版　　次／2021年6月第1版
印　　次／2021年6月第1次印刷
开　　本／700×1000　1/16
字　　数／240千
印　　张／15.25

ISBN 978-7-5496-3593-1
定　　价／45.00元

# 前　言

体验是指幼儿通过实践中的亲身经历来认识事物。幼儿体验以幼儿为本，充分解放幼儿的主体精神，促进幼儿情感和创造力的发展，同时，有利于幼儿稳定个性的形成。我们将"体验"植入阶梯式幼儿美术课程，让体验的价值滋润幼儿，开展了"基于体验的阶梯式幼儿美术课程研究"（立项编号：AY17014）这一课题的研究。我们以园所特点为平台，以幼儿发展为轴心，以美术特色教育为支点，全方位、多角度地建立以美术课程为主线，循序渐进地架构与呈现"绘声绘色""心灵手巧""赏心悦目""金山特色"等课程内容，以多种教育形式为核心，整合其他领域教育目标，发展幼儿观察、想象、创造等多种能力，萌发幼儿的审美情趣，从而凝聚成具有本园特色的"阶梯式幼儿美术课程"。

本书共有七章。第一章围绕阶梯式幼儿美术课程的重要价值，论述了其对幼儿发展、对教师专业成长以及对幼儿园课程改革三方面的价值；第二章详细阐述了阶梯式幼儿美术课程构建的政策导引；第三章为阶梯式幼儿美术课程提供了理论视野，保证了课程建设的科学性和严谨性；第四章则从阶梯式幼儿美术课程的理念与目标、内容来源与编排、组织与实施、评价与分析四个方面进行整体构建；第五章呈现了阶梯式幼儿美术课程中系列活动；第六章呈现了教师在阶梯式幼儿美术课程实施的过程中积累的实践探索经验；第七章详述阶梯式幼儿美术课程实施的成效和展望，肯定了其对于幼儿发展、对教师专业成长以及对幼儿园课程建设的价值。

本书具有如下特点：

一是全面性。较全面地呈现了阶梯式幼儿美术课程的原创性成果。既有对阶梯式幼儿美术课程的理论阐述和理性思考，包括阶梯式幼儿美术课程的价值、相关政策导引、资源条件、研究的原则及构想；又有对阶梯式幼儿美术课程多元化的实践与探索，包括将反映金山特色、中国元素等区域资源融入幼儿园课程，为幼儿园课程建设提供了实践载体和实施形态。

二是操作性。从总体把握幼儿园课程建设的基础上，遵循《3—6岁儿童学习与发展指南》的精神，从幼儿的生活经验及"最近发展区"出发，寻找课程构建的连接点，挖掘课程多元教育价值，设计出满足不同年龄阶段幼儿需要的美术课程，从而使阶梯式幼儿美术课程的构建真正能有效且有意义。

三是多样性。既包括研究视角的多样，理论与实践相互印证，行动与思辨相互启发，为幼儿园课程的完善和补充提供可借鉴的范式，又涵盖研究方法灵活多样，能广泛运用行动研究法、经验总结法、案例法，又适时采用文献法、访谈法、问卷法。

陆美英<br>2021年1月

# 目 录

前言 ································································· 1

## 第一章 阶梯式幼儿美术课程的重要价值 ············································· 1
### 第一节 阶梯式幼儿美术课程对幼儿发展的价值 ································· 3
一、发展幼儿的创造潜能 ····················································· 3
二、培养幼儿的学习品质 ····················································· 4
三、培育幼儿的人文素养 ····················································· 6
### 第二节 阶梯式幼儿美术课程对教师专业成长的价值 ································· 7
一、直面问题，解决课程实施的现实问题 ········································· 7
二、更新观念，改变教师的课程理念 ············································· 8
三、提升专业，锤炼教师课程开发能力 ··········································· 9
四、拓展完善，形成可供操作的课程资源库 ······································· 10
### 第三节 阶梯式幼儿美术课程对幼儿园课程改革的价值 ································· 11
一、夯实基础课程 ··························································· 11
二、形成特色园本课程 ······················································· 12

## 第二章 阶梯式幼儿美术课程的政策导引 ············································· 13
### 第一节 《幼儿园教育指导纲要》的解读与思考 ······································· 15
一、《幼儿园教育指导纲要》主要内容的解读 ······································· 15
二、《幼儿园教育指导纲要》引发的思考 ··········································· 16
### 第二节 《3—6岁儿童学习与发展指南》的解读与思考 ································· 17

　　　　一、《3—6岁儿童学习与发展指南》中艺术领域
　　　　　　目标的解读 …………………………………………… 18
　　　　二、《3—6岁儿童学习与发展指南》引发的思考 ………… 19
　　第三节　《中小学德育工作指南》的解读与思考 ……………… 21
　　　　一、《中小学德育工作指南》主要内容的解读 …………… 21
　　　　二、《中小学德育工作指南》引发的思考 ………………… 22

第三章　阶梯式幼儿美术课程的理论基础 ……………………………… 25
　　第一节　后现代课程理论及启示 …………………………………… 27
　　　　一、后现代课程理论的主要内容 …………………………… 27
　　　　二、后现代课程理论对构建阶梯式幼儿美术课程的启示 …… 29
　　第二节　建构主义理论及启示 ……………………………………… 34
　　　　一、建构主义理论的主要内容 ……………………………… 34
　　　　二、建构主义理论对构建阶梯式幼儿美术课程的启示 …… 35
　　第三节　经验之塔理论及启示 ……………………………………… 36
　　　　一、经验之塔理论的主要内容 ……………………………… 36
　　　　二、经验之塔理论对阶梯式幼儿美术课程实施的启示 …… 39

第四章　阶梯式幼儿美术课程的整体构建 ……………………………… 41
　　第一节　阶梯式幼儿美术课程的理念与目标 ……………………… 43
　　　　一、阶梯式幼儿美术课程的理念 …………………………… 43
　　　　二、阶梯式幼儿美术课程的目标 …………………………… 45
　　第二节　阶梯式幼儿美术课程的内容来源与编排 ………………… 47
　　　　一、阶梯式幼儿美术课程内容的来源 ……………………… 47
　　　　二、阶梯式幼儿美术课程内容的编排 ……………………… 49
　　第三节　阶梯式幼儿美术课程的实施 ……………………………… 53
　　　　一、阶梯式幼儿美术课程实施的原则 ……………………… 53

二、阶梯式幼儿美术课程实施的路径 ················································ 57
　　三、阶梯式幼儿美术课程实施的策略和方法 ································ 60
第四节　阶梯式幼儿美术课程的评价 ················································ 65
　　一、评价的指标与内容 ···································································· 65
　　二、评价的方式与方法 ···································································· 72

## 第五章　阶梯式幼儿美术课程的系列方案 ················································ 75

### 第一节　金山特色——金山嘴渔村系列方案 ················································ 77
　　一、集体活动方案 ············································································ 77
　　二、区域活动方案 ············································································ 82
　　三、参观活动方案 ············································································ 87
　　四、亲子活动方案 ············································································ 91

### 第二节　赏心悦目——"走近艺术大师吴冠中"系列方案 ··········· 96
　　一、集体活动方案 ············································································ 96
　　二、区域活动方案 ·········································································· 103
　　三、参观活动方案 ·········································································· 106
　　四、亲子活动方案 ·········································································· 111

### 第三节　绘声绘色——青花瓷系列方案 ················································ 115
　　一、集体活动方案 ·········································································· 115
　　二、区域活动方案 ·········································································· 121
　　三、参观活动方案 ·········································································· 125
　　四、亲子活动方案 ·········································································· 129

### 第四节　心灵手巧——剪纸系列方案 ················································ 132
　　一、集体活动方案 ·········································································· 133
　　二、区域活动方案 ·········································································· 139
　　三、参观活动方案 ·········································································· 143
　　四、亲子活动方案 ·········································································· 147

## 第六章　阶梯式幼儿美术课程的实践探索……153

### 第一节　阶梯式幼儿美术课程的经验总结……155
体验促提升，稚笔绘童心……155
创新教学方式，深度探索美……158
美，源于自然　画，源于体验……162
回归童心　"评"出精彩……166
挖掘多元资源　丰富美术创想……170

### 第二节　阶梯式幼儿美术课程的案例分享……173
有趣的车……174
下海……177
葵花朵朵向阳开……180
"石头王国"历险记……183
汉字变形记……187
各种各样的树叶……191

### 第三节　阶梯式幼儿美术课程的学习故事……195
摘菜体验记……195
善于聆听"心"声……198
小水花穿花衣……200
描生态之美　绘渔村之画……204
沙画之"小猪佩奇一家"……207
小小花朵，大大创想……210

## 第七章　阶梯式幼儿美术课程的成效展望……213

### 第一节　阶梯式幼儿美术课程的成效……215
一、阶梯式幼儿美术课程——之于"幼儿"……215
二、阶梯式幼儿美术课程——之于"教师"……221
三、阶梯式幼儿美术课程——之于"幼儿园"……229

第二节 阶梯式幼儿美术课程的未来展望……………………………231
 一、聚焦课程内容的优化 ……………………………………231
 二、聚焦课程指标的完善 ……………………………………231
 三、聚焦课程评价的动态 ……………………………………232

**主要参考文献** ……………………………………………………233

# 第一章 阶梯式幼儿美术课程的重要价值

- 第一节 阶梯式幼儿美术课程对幼儿发展的价值
- 第二节 阶梯式幼儿美术课程对教师专业成长的价值
- 第三节 阶梯式幼儿美术课程对幼儿园课程改革的价值

《上海市学前教育课程指南》中指出：课程既要确保为幼儿提供其终身发展所需的基本经验和机会，也要适应个体幼儿的特殊需要，从幼儿园课程功能维度分为共同性课程和选择性课程。

阶梯式幼儿美术课程是指以园所特点为平台，以幼儿发展为轴心，以美术特色教育为支点，全方位、多角度地建立以美术课程为主线，循序渐进地架构与呈现"绘声绘色""心灵手巧""赏心悦目""金山特色"四大块课程内容，以多种教育形式为核心，整合其他领域教育目标，发展幼儿观察、想象、创造等多种能力，萌发幼儿的审美情趣，具有一定逻辑关系和价值关系的园本课程。在阶梯式幼儿美术课程中"体验"显得尤为重要，将"体验"植入阶梯式幼儿美术课程，让体验的价值滋润幼儿，从而凝聚成具有本园特色的"阶梯式幼儿美术课程"。

# 第一节 阶梯式幼儿美术课程对幼儿发展的价值

美术具有经验建构、表达自我、情感宣泄、非文本语言交流等多种功能和价值。基于体验的幼儿阶梯式美术活动是根据幼儿的发展规律、年龄特点让幼儿通过各种感官对表现对象进行全面的感受、了解、认识,并将之表现出来的过程。以体验为载体,关注幼儿活动中的种种体验,使幼儿在体验的基础上来表达表现,充分发挥幼儿的主体意识,有力推进幼儿各种潜能的发挥。

## 一、发展幼儿的创造潜能

### (一)课程环境的多变满足幼儿需求,激发幼儿的创造灵感

在开展阶梯式幼儿美术课程的过程中,我们的环境也在不断改变和优化。一是区域性美术活动环境从平面变立体,从单区到多区的变化。区域美术环境呈现出立体感,空中、地面、墙壁、桌子、椅子、玩具柜均成为呈现艺术作品的平台;按照功能将美术区域分为绘画区、手工区、欣赏区等,绘画区中又可以分为油画棒画、水粉画、水彩笔画等,手工区又可以分为折纸、剪纸等,欣赏区又可以分为名画欣赏、同伴互赏等。美术活动材料从单一到多元,呈现方式从呆板到艺术的变化。美术区域从变到不变,从不变到变的优化。美术区域环境既稳定又有变化。环境框架一旦形成就相对稳定,而幼儿在此环境中进行创作势必会给环境带来相应变化,使环境呈现新的变化,因此幼儿的创造潜能随着环境的不断改变而不断被激发。二是班级美术活动环境氛围创设也在不断调整和优化,教师在明确班级环境的基本色调、基本美术活动形式、基本主题基础上,采用协调统一的美术材料,以大块分割避免零碎,用单色做背景色,立体创设美术活动氛围,使班级环境有疏有密、有张有弛,以满足幼儿美术创作的需要。所以,环境在稳定与变化交融中,不断变化和优化,营造良好的美术创造氛围,犹如舞台,也让幼儿不断创造神奇。

（二）课程内容的设计激发幼儿想象，开拓创新思维的空间

在开展阶梯式幼儿美术课程的过程中，教师会有意识地设计活动，这些能激发幼儿想象力的活动设计，引导幼儿从不同的角度进行想象和思考，能优化阶梯式美术课程的质量，使幼儿能在多元想象的基础上强化自身创造能力。例如教师在大班集体美术教育中，在作品赏析方面可以向幼儿展示画面丰富的名画《大碗岛的星期天》，然后指导幼儿对画面内容进行认真观察，展开想象。例如：小朋友们，你们看这张图漂亮吗？你看到了哪些颜色呢？猜猜人们都在干什么？幼儿观察图片能发现和猜测不同的人在做不同的事情，也能猜测人物的性情。结合幼儿的回答，教师进一步引导幼儿想象和联想，这就对幼儿的创造力进行合理的训练。如此就能将美术教育活动与想象力的激发和创造性的训练紧密融合在一起，能发挥阶梯式幼儿美术课程的重要价值和作用，促使幼儿的创造性思维得到合理的训练，开拓创新思维的空间。

（三）课程形式的多样关注情感体验，提升幼儿的创造能力

在开展阶梯式美术教学中，需要注重幼儿的情感体验。因此，教师会适当地调整美术创作时间，给予幼儿充足的时间进行创造，更好地发挥其创造力；同时，在分享作品的时间，教师要给予幼儿以耐心的引导和启发。美术作品要突出幼儿的心理水平和表现能力，并且鼓励幼儿融入自己的创造和想象介绍自己的作品，更好地发掘幼儿创造潜能。例如，在中班写生活动"幼儿园一角"中，教师带幼儿去户外进行真实的情感体验，然后引导幼儿选择自己喜欢的幼儿园一角进行写生，引导幼儿通过观察将看到的内容画下来，但是幼儿园写生活动又有别于成人写生，教师在活动中也鼓励幼儿在完成了写生作品后，可以在画纸上发挥自己的想象力，在色彩和内容构思方面大胆实践，添画一些人物，想象这些人在做什么，给予幼儿充足的创作时间和空间，进而让幼儿体会到绘画带来的快乐和成就感，促使幼儿在轻松而愉悦的氛围下，感受创造的美好，促进其创造力的发展。

## 二、培养幼儿的学习品质

（一）激发幼儿的学习兴趣，培养幼儿自主探究的学习品质

在阶梯式美术课程的实施过程中，教师通过开展生活化教学来激发幼儿的求知欲和探索欲，促使幼儿在美术活动中获得更多的生活体验，从而拉近学习活动与实际生活的距离，进一步调动幼儿的积极性和能动性。一方面，教师利用生活素材开展美术活动，将生活中的一些废旧物品作为美术活动的

原材料,让幼儿通过自己的想象去创造,从而为强化幼儿的创造性思维奠定良好的基础。例如,教师可以将生活中使用过的塑料瓶、易拉罐、一次性筷子等物品进行回收,将这些废旧物品作为美术材料供幼儿自主选择再创作,利用这些物品设计出各种各样的装饰品,从而真正做到"变废为宝"。这样不仅能够激发幼儿的学习兴趣和动手欲望,而且还能丰富幼儿的学习体验,这对培养幼儿良好的学习品质是极为有利的。另一方面,教师有意识地将美术活动延伸至实际生活当中,引导幼儿在生活中发现更多的美术元素,以此强化幼儿的观察能力和审美情趣。教师深入挖掘美术活动素材,带领幼儿在生活中开展创意美术活动,争取在丰富美术活动内容的同时,也能激发幼儿的学习兴趣,从而促进幼儿自主性发展。例如,教师和幼儿家长一同开展"亲子美术月活动",让家长和幼儿在生活中寻找更多的美术元素,并针对每个月的不同主题,进行"想象和创造",以此发展幼儿的想象力和创造力,从而为强化幼儿的创新思维奠定良好的基础,幼儿在想象和创造的过程中成为主动的学习者,带着兴趣和良好的学习动机,快乐地投入到美术创作中。

(二)提供丰富的合作机会,培养幼儿团结协作的学习品质

在开展阶梯式美术课程的过程中,教师充分发挥自身的引导作用,为幼儿提供充足的合作机会,促使幼儿在合作的过程中不断强化自身的协作能力和解决问题能力,从而深刻地认识到合作的重要性和必要性,为进一步培养幼儿良好的学习品质提供可靠的保障。首先,教师为幼儿创设有效的合作情境,以此激发幼儿的合作意识。让幼儿通过合作共同完成美术活动,从而丰富幼儿的学习体验。例如,在"心灵手巧"泥塑活动中,教师可以让大班幼儿通过合作完成选材、制作、上色等一系列活动,让幼儿进行分工合作,促使幼儿感受到自己在团队中的重要性,从而丰富幼儿的成功体验,进一步提高幼儿自主合作的积极性。其次,教师为幼儿创设多样性的问题情境引导幼儿通过合作找到解决问题的方法,从而促进幼儿解决问题能力的提升。例如,在开展举例的美术活动时,教师可以让幼儿以合作的形式展开创作,在此之前,教师可以先提出有效问题,然后让幼儿通过合作将这些问题一一解决,最后再进行美术创作。这样不仅有助于强化幼儿的协作能力,而且还能促进幼儿自主表达能力和人际交往能力的提升。

(三)引导幼儿活动后反思,培养幼儿独立思考的学习品质

在开展阶梯式美术课程的过程中,教师注重对幼儿反思能力和独立思考能力的培养,引导幼儿在美术活动后养成反思和思考的好习惯,从而促进幼

儿思维能力和学习能力的显著提升。在美术活动结束后,教师经常通过有效问题来引导幼儿进行反思,比如:"你在活动中都遇到了哪些问题?你是怎么解决的?""与其他小朋友相比,你对今天表现怎么评价?""你喜欢你的作品吗?哪里比较满意?有哪些不足之处?"等等,以此引导幼儿对活动过程中出现的问题进行反思,从而找到针对性的解决对策。此外,教师会将幼儿在美术活动中的具体表现录制下来,并借助多媒体展示,引起幼儿的关注,引导幼儿进行反思,促使幼儿更加直观地体验到成功感,同时也能感受到自己不足之处,从而为强化幼儿的反思能力创造良好的条件。

### (四)建立完善的评价体系,培养幼儿坚持不懈的学习品质

在阶梯式美术课程的实施过程中,教师也建立了较为完善的评价体系,不断增强幼儿的学习信心,以便丰富幼儿的成功体验,从而引发幼儿的学习动力。课程评价的内容围绕幼儿,旨在通过评价不断地优化课程,主要对课程方案、课程内容、课程实施、实施效果四个方面的内容进行评价。一方面,教师的评价方式也从结果性评价向过程性评价转变,变得更为全面。教师注重幼儿的感受、欣赏美的能力、学习品质、学习兴趣等。另一方面,教师多采用激励性原则,对于幼儿微小的进步要给予肯定和鼓励,让幼儿感受到教师的关爱与认可,以便满足幼儿渴望赞美的实际需要,从而坚持不懈地完成活动任务。

## 三、培育幼儿的人文素养

基于体验的幼儿阶梯式美术活动是根据幼儿的发展规律、年龄特点,让幼儿通过各种感官对表现对象进行全面的感受、了解、认识,并将之表现出来的过程。以体验为载体,关注幼儿活动中的种种体验,充分发挥幼儿自我发展的能动作用,帮助幼儿获得丰富的、积极的自我体验;让幼儿通过实践来认识、体验周围事物与自己生活的关系,使幼儿在体验的基础上来表达表现、在亲身实践的过程中提升经验;让幼儿更多地体验生活、体验自然、体验社会,充分发挥自己的主体意识,有力推进幼儿各种潜能的发挥,最终让幼儿感悟到体验的快乐。其最终目的是发展幼儿的审美情趣,提高美术表现力,并将其内化为自己的人格、气质、修养,从而形成一种基本的、相对稳定的、内在的人文素养,为幼儿的可持续发展打下良好的基础。

### (一)通过挖掘人文内涵的美术赏析作品,培育幼儿的人文素养

阶梯式美术活动课程内容的架构中有名师名画欣赏的部分,让幼儿接触

优秀的艺术作品,就是一个潜移默化的文化积淀的过程。美术活动上开展的人文教育,对美术家及其代表作品的介绍和解读,让幼儿更了解美术家的思想和作品背后的内涵,体现出人文精神。教师指导幼儿欣赏我国古代、近代和现代的美术经典作品,欣赏国外的艺术精品,挖掘人文内涵,利于拓宽幼儿的视野,理解文化的多元,提升幼儿的人文素养。

（二）通过构建人文气息的美术课程文化,培育幼儿的人文素养

在阶梯式美术课程中,始终坚信艺术来源于生活。在环境创设中,教师尝试把艺术重新回归生活,在幼儿生活的环境中处处再现美术。如在幼儿园的走廊环境、楼梯环境、大厅环境直至班级环境中都能根据各年龄段幼儿的特点和发展水平,展示师幼的美术作品;倡导幼儿用自己的双手进行幼儿园环境的创设。在教学活动中,教师将浓郁人文精神融于课堂文化。教师把课堂搬到生活之中,如带领学生探索金山具有地域特色的人文景点,使他们用心尽情体会,尽情描绘。通过一系列丰富多彩的艺术体验活动,不但使幼儿对所学的知识有了灵活运用的场所,更重要的是使他们获得了自然界、生活中"美"的启迪,从而构建起人文气息的美术课堂文化,使美术教育真正成为人文教育的一种形式。阶梯式美术教育在培育和提高幼儿人文素养方面有着重要的作用。

## 第二节 阶梯式幼儿美术课程对教师专业成长的价值

教师专业成长是世界教师教育改革和教师专业发展的趋势和潮流,也是我国教师教育改革与教师专业发展的需要和方向。随着我国幼儿园课程"园本化"发展的趋势日益明显,很多幼儿园已经自觉投身于园本课程开发的实践,幼儿教师已成为最主要的参与者。园本课程实施中,要求幼儿教师具有更高的专业水平,幼儿教师亟需得到更快的专业成长,而我园基于体验的阶梯式幼儿美术课程的开发和实施过程也在助推教师的专业成长。

### 一、直面问题,解决课程实施的现实问题

现今,美术教学在观念上发生了翻天覆地的变化。与以往的教学模

式——"跟我画"相比，改革下的美术活动更倡导自主、合作、探究的新型教学形式，所以教师尽可能地组织新型的教学形式。但是在一些教师组织下的美术活动中，教学变得过于热闹，只追求教学形式或者是追求教学成果，但在美术活动中获得知识，美术情感激发，探究问题、发现问题的能力等方面的教学效果并不理想。阶梯式美术课程实施过程中让老师们敢于直面很多问题，比如"教"和"学"的平衡，如怎样分享评价更关注幼儿的自主性、如何让活动更能满足幼儿的需求，体现"体验"的过程等。阶梯式美术课程开展中让老师们通过发现问题，实践探索，解决了很多现实问题，原来教师不敢上美术活动，觉得材料准备麻烦、组织形式单一、分享评价捕捉不到提升的价值，但是经过课程实施，解决了很多现实问题。

### 二、更新观念，改变教师的课程理念

随着课程改革的不断深入，一些传统的教学思想、教学方法、教学经验面临严峻的挑战。阶梯式美术课程打破了传统美术教学的框架，从全新的角度，按课程内容把美术课程分为"绘声绘色""心灵手巧""赏心悦目""金山特色"四大课程模块。阶梯式美术课程借助体验旨在帮助幼儿将外显的知识经验内化为心智素养。在阶梯式美术课程中"体验"显得尤为重要，将体验植入课程，让体验的价值滋润幼儿。这就要求我们必须打破现有的美术教学组织方式，摆脱教学单纯致力于教法、学法、探讨的局限，重新认识"教"与"学"的关系，本着"一切为了幼儿的发展"，从幼儿的体验出发，教学要向幼儿的生活世界回归，教学方式由被动的接受式转向探究性学习、自主合作学习，这无疑对教师提出了更高的要求。

通过基于体验的阶梯式幼儿美术课程的实施，教师树立了新的教学观。所谓基于体验的阶梯式幼儿美术课程，不只是"文本课程"而更是"体验课程"，课程不再只是特定知识的载体，而是教师和幼儿共同探求新知的过程，教师与学生是课程的有机构成部分和相互作用的主体。教学不再是教幼儿学，而是师幼的交往。幼儿美术教育不是专业的美术教育，而是陶冶幼儿情操，增强幼儿审美能力，提高幼儿整体素质的教育。随着基于体验的阶梯式幼儿美术课程实施中教师观念的转变，教学目标也在不断优化和调整，更注重孩子情感和学习品质的培养。

在传统教学中，教师需要按照教材、教学参考资料进行教学，没人敢脱离教材。随着信息技术的迅猛发展，人们获得知识的渠道更加多样化。基于体

验的阶梯式幼儿美术课程的本质并不是要教会孩子教材上的某种艺术技能和方法，而是让儿童接受艺术的熏陶，受到艺术审美的综合影响，获得创造更加幸福生活的能力。基于体验的阶梯式幼儿美术课程在发展过程中逐渐打破传统美术教育的观念束缚，向更加科学合理的现代化教育理念方向发展。

阶梯式美术教学中新的师生"关系"，教师积极充当幼儿的玩伴角色，支持、鼓励幼儿的行为。教师在实践教学中不断地剔除成人化的教学观念，以幼儿为中心，从幼儿的角度来实施基于体验的阶梯式幼儿美术课程。我们鼓励儿童自主探索、自主创新，在尊重儿童的基础上恰当地进行美术教学，让儿童释放天性，自由发挥想象力和创造力，培养创新精神和创造能力。

课程改革对于教师，既是严峻的挑战又是不可多得的成长机遇。教师必须开拓思路、大胆创新，更新观念，改变教师的课程理念，促进教师的专业发展。

### 三、提升专业，锤炼教师课程开发能力

人是最重要的美术课程资源，教师也是美术课程资源开发的一个重要主体。在阶梯式美术课程的开发中，教师作为重要主体能够有意识地开发美术课程资源。在课程实施过程中，教师积累了丰富的知识、教学经验和专业教学技能，以科学的理论依据作为指导，探究着美术教育领域、美术课程领域和美术课程资源开发领域的规律。许多教师在美术课程资源相对缺乏的情境下，也能够实现阶梯式美术课程资源开发和挖掘价值的"超水平"发挥，比如形成了小中大班的阶梯式"四大板块"课程内容，形成了课程开发中的案例、论文和方案等，尤其是利用金山特色地域资源开发了一系列阶梯式亲子活动等。教师在课程实施过程中，具有了美术课程资源开发的意识、规划与处理课程资源的能力、美术课程资源筛选整合的能力、探究与解决问题的能力、评价能力等。这些能力是构成教师在课程实施过程中美术课程资源开发能力的基本要素，教师在参与美术课程资源开发的过程中，其美术专业素养会得以提升，而教师专业素养的提升与发展也为美术课程资源开发提供了前提。"美术课程的变革，从某种意义上说，不仅仅是变革教学内容和方法，而且也是变革人。"美术课程资源开发意味着美术教师对个人本体知识的不断构建和重组，同时也意味着他们对教学实践过程的不断反思和探究。美术课程资源开发注重的是资源开发的过程，而不是资源开发的结果。在这一过程中，教师的美术课程资源意识、美术课程观念等会发生相应的重构，教师的知识

内容也得以丰富。教师进行美术课程资源开发时要以幼儿为本,考虑阶梯式美术课程是否满足了幼儿的需要与发展。通过与专家的合作、与其他教师的协作、与幼儿的探究等,逐渐积累美术课程资源开发的能力,促进自身专业能力的发展。

### 四、拓展完善,形成可供操作的课程资源库

在对幼儿园美术课程现状进行分析的基础上,构建一套操作性较强的基于体验的阶梯式幼儿美术课程,对课程理念、目标、内容、组织实施及评价作一定探讨,并在 3—6 岁不同年龄阶段的幼儿中实施,以验证课程的适宜性与有效性,从而提升幼儿园课程建设的水平。阶梯式美术课程的开发形成了小中大可供操作的课程资源库。

课程资源库中有文本资源。包括各年龄段结合学习教材开发阶梯式美术课程内容。有从主题活动中寻找开发的链接点,着眼于幼儿园主题活动,注重各活动之间的横向联系与拓展,注重各活动之间的整合和渗透,视资源为幼儿主题活动的"实践地"和"经验场",通过主题聚焦开发构建阶梯式幼儿美术课程的内容。有利用周围资源开发阶梯式美术课程内容,依托地域文化资源及独特的园所条件,不断吸纳地域文化资源中有价值可利用的美术教育资源,为阶梯式幼儿美术课程内容的开发与建设提供了新的渠道。有借助大师对话开发阶梯式美术课程内容,大师的作品蕴含着丰富的美术元素,构成了一个意想不到的审美世界,符合幼儿的审美趣味。因此,基于体验的阶梯式幼儿美术课内容的架构从多渠道使幼儿的审美感知、审美情趣、审美创造等能力获得协调发展。文本资源全面和丰富给予教师自主选择的空间。

课程资源库中有影像资源。课程资源库中形成的阶梯式幼儿美术课程系列方案中的集体活动,我们都依托教研组内"一课三研""教学月"等活动进行反复研磨,最后进行展示活动,并呈现一些影像资源。同时系列方案亲子活动中我们也形成了很多亲子活动的照片、视频素材,区域活动方案中的环境创设照片素材我们也进行了影响资源的搜集。

阶梯式课程的内容构建以"阶梯、多元"为特征,以不同年龄阶段幼儿的美术心理水平为依据,搭建层级式的美术课程内容,使课程内容呈螺旋上升态势。这套可供操作的课程资源库为教师开展美术课程活动提供了教学的参考依据。

## 第三节 阶梯式幼儿美术课程对幼儿园课程改革的价值

根据上海市"二期课改"中新教材的建构思路和我园的实际情况,围绕"金童幻彩,享悦乐画"理念,我园将基于体验的阶梯式幼儿美术课程纳入幼儿园课程实施方案中,统整了我园课程结构:基础性课程与"金童幻彩"课程,两者相互补充,相得益彰。

### 一、夯实基础课程

我园的课程实施方案以儿童的生活经验和身心发展顺序为依据组织课程内容,编排结构和表现形式是整合、开放,且强调课程内容与生活的联系,从不同领域多种活动形式,发挥课程的整体效应,关注班级课程的动态生成。构建以园为本,具有美术特点的活动内容,以阶梯式美术活动为切入点,以幼儿体验为载体,关注幼儿活动中的种种体验,在体验生活、体验自然、体验社会中,充分发挥幼儿的主体性,激发幼儿的多种潜能,让幼儿感悟到体验和表征的快乐,为幼儿的可持续发展奠基,形成幼儿园的园所特色。

在幼儿的一日生活各环节中,课程方案实施园本化,建立了共同性课程与"金童幻彩"课程相结合的课程体系,所占比例:共同性课程约82%,选择性课程约18%。如表1-3-1所示:

表1-3-1 园本课程实施框架

| 课程实施框架 | 共同性课程 | 生活 | 集体活动<br>分组活动<br>个别活动 | 82% |
|---|---|---|---|---|
| | | 运动 | | |
| | | 游戏 | | |
| | | 学习 | | |
| | "金童幻彩"课程 | 绘声绘色<br>心灵手巧<br>赏心悦目<br>金山特色 | 集体活动<br>分组活动<br>个别活动 | 18% |

## 二、形成特色园本课程

通过基于体验的阶梯式幼儿美术课程研究，已初步形成了具有园所特质的阶梯式幼儿美术课程方案，它是以园所特点为平台，以幼儿发展为轴心，以美术特色教育为支点，全方位、多角度地建立以美术课程为主线，循序渐进地架构与呈现"绘声绘色""心灵手巧""赏心悦目""金山特色"四大块课程内容，以多种教育形式为核心，整合其他领域教育目标，发展幼儿观察、想象、创造等多种能力，萌发幼儿的审美情趣，具有一定逻辑关系和价值关系的特色园本课程。在阶梯式幼儿美术课程中"体验"显得尤为重要，将"体验"植入阶梯式幼儿美术课程，让体验的价值滋润幼儿，从而凝聚成具有本园特色的"阶梯式幼儿美术课程"。在组织形式上也较为多元，正规性实施途径有集体性美术活动，个别化学习活动中的区域性美术活动、美术专用室活动、美术开放区活动、美术周、美术月、美术节活动；非正规性实施途径有美术互动区域、环境创设中的渗透等；补充性实施途径包括每周一次创意美术周、每月一次美术月活动、每学期一次美术开放日、每学年一次美术节活动。

因此，我园的特色美术课程是对共同性课程中美术活动内容和实施的补充、整合和完善，相辅相成，目的是满足幼儿个性中不同需要，达到和谐全面发展。其区别于以主题活动的方式进行的共同性课程，具有园所的特质，体现了园所的特色。

# 第二章 阶梯式幼儿美术课程的政策导引

○ 第一节 《幼儿园教育指导纲要》的解读与思考

○ 第二节 《3—6岁儿童学习与发展指南》的解读与思考

○ 第三节 《中小学德育工作指南》的解读与思考

阶梯式幼儿美术课程的开发需要有其适宜的土壤，即需要相关理论及政策为其提供导引。把美术课程的开发置于理论视野下，视相关理论及政策为课程资源开发的支持性条件，在两者的连接中寻找开发的支撑点。

# 第一节 《幼儿园教育指导纲要》的解读与思考

2001年7月2日,教育部颁发了《幼儿园教育指导纲要(试行)》(以下简称《纲要》)。《纲要》是遵循我国宪法和教育基本法律的精神,根据党的教育方针和《幼儿园工作规程》而制定的对全国幼儿园教育进行宏观管理和指导的单法规文件。《纲要》本着"指导幼儿园深入实施素质教育"的宗旨,对幼儿园课程设计、组织、实施和评价等各方面提出了基本的要求和原则性的规定。

## 一、《幼儿园教育指导纲要》主要内容的解读

《纲要》在教育内容与要求中指出:"要从不同的角度促进幼儿情感、态度、能力、知识、技能等方面的发展","要避免仅仅重视表现技能或艺术活动的结果,而忽视幼儿在活动过程中的情感体验和态度的倾向"。在教育评价部分,《纲要》再一次强调指出"尤其要避免只重知识和技能,忽略情感、社会性和实际能力的倾向"。教育内容的选择要"贴近幼儿的生活","选择幼儿感兴趣的事物"等等。这里,《纲要》是把情感和态度作为幼儿发展最重要的方面列在前面的,且在五个领域的具体阐述中也处处渗透了"尊重意愿、满足需要、培养兴趣"此类的表达,凸显了"自主、自信"这样一种主体精神。而在能力和知识技能之间,《纲要》又将能力为先。就知识而言,从《纲要》对各领域内容的表述来看也是将其定位于幼儿在活动过程中的一种体验,在与环境相互作用中所得的一种经验,而不是那种通过记忆储存起来的特定知识点。

在教育目标方面,《纲要》中提出了"培养幼儿初步的感受美和表现美的情趣和能力"的美育目标。众所周知,幼儿如果没有美的感受过程,就不会有表现美的需要和动机,更不会有丰富的再现内容。可见,幼儿园的美术课程不应是单纯的知识技能和片面追求表现形式的技能训练,而是在幼儿具备了一定的感受美、表现美等审美经验的基础上,教师根据幼儿的发展状况和需要,对美术表现方式和技能技巧给予适时、适当的指导。总目标规定了幼儿审美心理结构中审美感知、审美情感和审美创造等基本能力。审美能力的培

养首先应该从审美感知能力入手,因为审美创造所需的内在图式与内在情感的积累,是通过感官对外部自然形式和艺术形式的把握来完成的。其次,幼儿通过美术欣赏和美术创作活动,能产生审美愉悦感,丰富审美情感体验,最终促进幼儿人格的完善。最后,在幼儿园美术教育活动中,审美创造能力的获得,会进一步促进幼儿审美感知的敏锐和审美情感的丰富与深刻。总目标还指出了达到以上目标的途径,即通过教师引导幼儿对周围环境和美术作品的欣赏,幼儿在美术活动中自由自在的表达,以及幼儿对美术工具和材料的操作,对线条、形状、色彩、构图等美术形式语言的学习与使用来进行。

## 二、《幼儿园教育指导纲要》引发的思考

### (一)重视阶梯式幼儿美术课程内容选择的指向性

《纲要》对发展"情感、态度、能力、知识、技能"的排序,以及从五个领域对教育内容的表述,体现了一个鲜明的价值取向——培养幼儿终身受益的品质。阶梯式幼儿美术课程内容的取材首先要依据《纲要》把握幼儿园美术教育的核心价值,即确立本课程的总目标,引导幼儿在美术活动中感受美、表现美和创造美,使幼儿从中享受到审美情趣,为培养幼儿良好的情操打下基础。其次,把握幼儿美术活动的特点分解目标,确定各年龄具体目标和部分教育内容。

《纲要》明确指出:"幼儿园教育活动的组织应注重综合性、生活性和趣味性。"综合性、生活性和趣味性要求教师应做到将课程、环境创设、人文资源、教育手段及孩子的发展等方面进行有机整合,形成自己的园本特色。一般认为,阶梯式幼儿美术课程如果能够结合本土文化资源、物质资源进行园本课程开发与利用,就能够体现幼儿园教育活动的综合性、生活性和趣味性。阶梯式美术课程不仅能提高幼儿的美术感受、欣赏与表达能力,且能强化幼儿自小对本地文化的认知、欣赏与热爱,达到增强幼儿学习品质和实现幼儿园美术教育活动的根本目的。所以阶梯式幼儿美术课程是贯彻《纲要》与《3—6岁儿童学习与发展指南》的必然选择。

### (二)重视阶梯式幼儿美术课程内容设计的方向性

《纲要》字里行间都倡导尊重幼儿、保障幼儿权利、促进幼儿全面和谐发展的儿童观。《纲要》总则的五条中除第一条之外,其他四条都分别从不同的角度,围绕"以幼儿发展为本",明确指出"要为幼儿一生的发展打好基础","共同为幼儿的发展创造良好的条件","满足他们多方面发展的需要","尊

重幼儿的人格和权利,尊重幼儿身心发展的规律和学习特点,促进每个幼儿富有个性地发展"等等。而且这一精神融入了《纲要》的其他部分,指导着实施、评价等各环节。

因此,阶梯式幼儿美术课程内容的设计应依据《纲要》精神,要遵循面向幼儿的原则。面向幼儿是指从幼儿身心发展的规律及其发展的一般水平和个别差异出发,把我国社会主义发展的要求反映在课程之中,使幼儿在德、智、体、美、劳等方面主动地各有特色地得到发展。课程内容设计的出发点和根本是幼儿,应该根据幼儿身心发展的水平来设计课程。课程设计从内容到方法既应面向全体,同时也应该考虑照顾个别差异,使每个幼儿在不同的起点上都得到一定的发展。

(三)重视阶梯式幼儿美术课程实施途径的操作性

幼儿对世界的认识是感性的、具体的、形象的,常常需要用动作来帮助思维,这也决定了他们的学习是以直接经验为基础的。他们必须通过与人和物的相互作用进而使原有的直接感受和体验产生相互作用。由此可见,幼儿的学习不是被动地接受,而是在主动操作、探索中才能获得认知。实践操作活动可以说是幼儿获得感知和思维发展的源泉。因此,在阶梯式幼儿美术课程实施过程中,通过各种形式让幼儿体验感受,尽可能多地为幼儿提供实践操作,在教育过程中启发、引导幼儿动手、创造。以金山民间艺术为例,民间艺术从发生上看是实践的,民间艺术的欣赏和感受也经常是实践的。"民间艺术的欣赏总是与参与、操作及创新联系在一起,是在过程中感受,在过程中创造。纯粹的只建立在感受基础上的民间艺术欣赏是不充分的。吸引欣赏者投入和创造的材料比呈现民间艺术成品更重要。"

# 第二节 《3—6岁儿童学习与发展指南》的解读与思考

《3—6岁儿童学习与发展指南》(以下简称《指南》)作为深入贯彻教育规划纲要的重要文件,从健康、语言、社会、科学、艺术等五个领域描述幼儿学习与发展的特点,为幼儿园课程的管理者及幼儿园教师提供了具体、可操作的指导与建议。

## 一、《3—6岁儿童学习与发展指南》中艺术领域目标的解读

### （一）《指南》中艺术领域目标的表述和理解

《指南》将艺术领域部分划分为感受和欣赏、表现和创造两个子领域，并从对艺术的态度（艺术兴趣）和艺术能力（感受和表现创作的能力）这两个方面提出了四项目标：喜欢自然界与生活中美的事物、喜欢欣赏多种多样的艺术形式和作品、喜欢进行艺术活动并大胆表现、具有初步的艺术表现与创造能力。其中三项目标都用了"喜欢"一词，凸显了"情感态度"在幼儿艺术教育中的地位和作用。有专家说，我们现行的很多幼儿美术教育都在教幼儿如何画画而不是喜欢画画！这一说法值得每一个幼教工作者深思！重技能轻感受、重技能轻创造，最终将会使幼儿丧失对美术活动的兴趣，使幼儿美术活动成为一潭死水！

### （二）《指南》中各领域目标的幼儿典型性表现的表述

《指南》延续了《纲要》所提出的五大领域，它综合概括了幼儿发展以及幼儿园教与学的问题。《指南》的每一项领域目标下都有与之相对应的不同年龄阶段幼儿典型行为的表述，它为教师理解和运用《指南》提供了可借鉴、可操作的文本资料。教师必须对这些幼儿发展的典型性表现有比较清晰的认识，才能真正将《指南》精神贯彻落实到实践中。

对于典型性表现有几点须作说明：典型性表现不宜视为这一年龄阶段每个幼儿在发展中必然表现出的行为；典型性表现是指这个年龄阶段中儿童学习与发展方面"一般"具有的特征，并不排除个别性、特殊性；典型性表现不能包揽幼儿行为的丰富性和多样性。因此，不能将典型性表现作为一种测量评价的工具。

如艺术领域子领域"表现与创造"目标2：具有初步的艺术表现与创造能力。针对此目标，3—4岁幼儿的典型性表现为：能用简单的线条和色彩大体画出自己想的人事物。这是一般幼儿在这一年龄阶段普遍具有的美术表现和创造能力，但是在日常活动中也可以看到个别心智相对成熟的幼儿已经能用两个简单的图形进行组合以表现人（头和身体为圆形和椭圆形组合，四肢等其他部分仍以线条表现），同样也有个别幼儿还停留在纵横线的胡乱涂鸦阶段。

教师需要用时间来学会使用典型性表现，在组织教育和教学工作时，可以照顾儿童身心发展特点，以适应不同发展阶段儿童的需要和能力，可以针对儿童的特殊行为进行个别教育。将《指南》和实践进行对比、分析、诊断、

推动的过程也是教师不断提升自身专业水平的过程。

## 二、《3—6岁儿童学习与发展指南》引发的思考

### （一）重视阶梯式幼儿美术课程内容的适宜性

课程内容是课程的主体部分，课程内容的选择是教学设计的重要环节，也是课程实施中的一个重要步骤，它决定课程目标是否达成，同时也在很大程度上限制课程实施的途径方法与策略运用。适宜性概念指的是课程对学习者的适应性特征，它是能反映幼儿的发展特点和学习特点，能满足幼儿的需要，能促进幼儿在原有水平基础上不断发展的课程。我们可以发现，建立适宜的幼儿园课程关键在于课程内容的选择要适宜，即要贴近幼儿生活，满足幼儿需要，符合社会文化。

幼儿园课程资源是丰富多彩的，每一个以美术为特色的幼儿园由于处于独特的自然、社会及文化中，各自都必然占有独特的优势资源。教师需要筛选或改编美术课程内容的资源，建立适宜的幼儿园美术课程内容，满足幼儿需要，贴近幼儿生活，符合时代趋势。只有不断吸纳各方面优质的资源，才能为阶梯式幼儿美术课程内容的更换、补充和调整提供新的渠道。

### （二）重视阶梯式幼儿美术课程形式的多样性

多样的美术活动形式，可以加深幼儿对周围世界的认识，是发展幼儿观察力、想象力、创造力和审美能力的有效手段。在美术活动中针对幼儿的不同年龄特点适宜开展的美术活动也具有不同的特点，而根据不同的主题活动，其内容也是丰富多彩的，同时各年龄段开展美术活动的主要形式也各有特色。

《指南》指出："幼儿艺术领域的学习关键在于充分创造条件和机会。在大自然和社会文化生活中萌发幼儿对美的感受和体验，丰富其想象力和创造力，引导幼儿学会用心灵去感受和发现美，用自己的方式去表现和创造美。"阶梯式幼儿美术课程形式也是多样的，我们除了集体性和区域性的美术活动以外，还可以利用社区及周围教育资源开展远足、参观等活动。这些"走出去"的活动，为幼儿提供了亲近大自然的机会，扩大了幼儿接触社会、认识社会的活动空间。比如利用远足活动，组织幼儿进行户外情景写生活动等。在大班"我们周围的住宅小区"写生活动中，教师组织幼儿到周边的小区远足，并进行一次户外情景写生活动。让幼儿通过认真地观察画出所住小区的景象，注意合理布局画面。激发幼儿热爱生活，喜欢自己居住小区的美好情感。孩子的眼睛是敏锐的、清纯的，他们能够洞察事物的细微变化并博采精华，而

写生活动则给了幼儿一双发现美的眼睛,所以写生活动是提高幼儿观察能力的好途径之一。再比如组织参观金山城市规划馆活动,欣赏了解金山的陶艺文化,感受金山民间艺术的造型美,萌发幼儿热爱家乡的美好情感。

随着《指南》的学习和实践,幼儿美术教育活动的内容和形式呈现出更多变化,它的内涵得到了多渠道的拓展,以崭新的姿态出现在幼儿面前,深受幼儿喜欢。我们努力在幼儿美术教育活动中尊重与理解幼儿的学习特点和方式,开展形式多样的美术教育活动。

### (三)重视阶梯式幼儿美术课程主体的引导性

教师是幼儿园课程实施的主体。随着《纲要》与《指南》的颁布与实施,教师充分了解幼儿的兴趣和需要,为其创造宽松的外部环境气氛,在活动过程中逐渐从"主导"的角色向"引导"的角色变化。幼儿园应为幼儿提供健康、丰富的生活和活动环境,满足他们多方面发展的需要,使他们在快乐的童年生活中获得有益于身心发展的经验。因此,幼儿园美术教学活动中,教师要用和蔼可亲的语言,营造幼儿创造的氛围;运用具体形象的语言,让幼儿理解创造意图;运用激励、鼓励的语言,激发幼儿创造信心;运用启发探索的语言,引发幼儿创造的动机。总之,教师要运用积极、有效的语言,培养幼儿对美术活动的兴趣,激发幼儿的想象力和创造力。

园本课程的发展是幼儿园、家长、社会共同努力的结果。家长资源是我们幼儿园教育的一大资源宝库,社区、家长参与课程资源的开发是幼儿园课程建设的主要趋势,对阶梯式幼儿美术课程的开发也不例外。家长通过参与阶梯式幼儿美术课程资源的开发,不仅可以加深自身和幼儿间的亲子之情,也有助于家长理解幼儿园教育,而且家长由于各自不同的知识背景和文化背景,能够为幼儿园课程资源开发与建设提供更为多元的视角和支持。把幼儿园的"旁观者"推到教育的前台,真正发挥家长有效的教育作用。如通过亲子美术活动,重构"家长参与"的框架,创设家长承担共育的平台与载体,促使家长成为阶梯式幼儿美术课程实施的支持者、提供资源的志愿者、协助教师评价幼儿美术行为的观察者,使家长实质性地进入共育的境地。

### (四)重视阶梯式幼儿美术课程客体的差异性

幼儿园教育应尊重儿童的人格和权利,尊重儿童身心发展的规律和学习特点,促进每个儿童富有个性地发展。幼儿之间存在个体差异,因此在开发阶梯式美术课程资源的过程中,应根据不同年龄段幼儿的特点、需要、发展水平,制定不同层次的目标,提供不同层次的材料,提出不同层次的要求,选择符合幼儿最近发展区的课程资源内容,让每个幼儿在原有基础上都有所提高,促进他们的发展,增强教育的有效性。

在美术领域的目标部分,"支持个性化的表达"成为重要的价值取向。美术是个体化特点突出的艺术形式,人对于美的感受和表达固然要遵循一些审美的原则,但因为个体的经验和情感体验不同,美术在人群中没有统一的标准,而真正整齐划一的美术作品其实是反美术的。美术是幼儿创造性培养的重要途径。然而在现实的幼儿园美术教育中,有教师为了"教学方便""作品效果好""让家长满意"等目的,刻板地采用逐步示范让儿童机械模仿的方式,以"像不像",甚至是"跟老师画的像不像"作为标准来评价孩子的作品,最后导致全班幼儿的美术作品大同小异,幼儿离开老师的示范就完全不会画画。这种忽视儿童个性和创造力的美术教育方法是短视的,为了并不科学的效果而放弃了儿童对美术活动的兴趣和长远发展。

因此,在构建阶梯式幼儿美术课程的过程中要深入学习和领会《指南》精神,加强对《指南》的认知,重视幼儿学习品质的培养,尊重幼儿发展的个体差异,充分了解幼儿的个体特点,关注学习与发展的整体性,不断提高教师的综合素养与专业发展水平。只有这样,才能把《指南》的精神实质落实到保教实践中,使保教实践规范化、科学化和优质化。

## 第三节 《中小学德育工作指南》的解读与思考

幼儿时期是孩子成长的重要阶段,在阶梯式幼儿美术课程中,不仅让幼儿萌发初步的感受美和表现美的情趣,而且要对幼儿进行德育,力求使幼儿德美兼备。美术教育新课程标准提出,让幼儿在一种浓厚的文化情趣中学习美术,在对幼儿进行美术教育时,应该以素质教育为核心,以广泛的文化情境为前提,渗透德育。

### 一、《中小学德育工作指南》主要内容的解读

2017年8月17日,教育部以教基〔2017〕8号发布了《中小学德育工作指南》,明确指出德育工作立德树人的根本任务,要求将目标任务落细落小落

实,着力构建方向正确、内容完善、学段衔接、载体丰富、常态开展的德育工作体系,大力促进德育工作专业化、规范化、实效化,努力形成全员育人、全程育人、全方位育人的德育工作格局。

德育总目标是整个德育工作的出发点和归宿,统摄了德育工作的全过程。为了保证这一总目标的实现,《中小学德育工作指南》依次确立了各学段的德育目标,从而将德育总目标序列化、层次化、细目化,形成了学校德育多层次、多方位的目标系统。《中小学德育工作指南》中有关小学低年级的德育目标中指出:教育和引导学生热爱中国共产党、热爱祖国、热爱人民,爱亲敬长、爱集体、爱家乡,初步了解生活中的自然、社会常识和有关祖国的知识,保护环境,爱惜资源,养成基本的文明行为习惯,形成自信向上、诚实勇敢、有责任心等良好品质。幼儿园阶段,由于年龄特点的不同,侧重于良好的品德、行为习惯以及活泼、开朗的性格的养成。在落实幼儿园德育工作时,做好与《中小学德育工作指南》中小学低年龄段的德育目标衔接,建立长效的德育机制,德育工作的连续性、有效性落到实处。

《中小学德育工作指南》的实施途径要求指出:"充分发挥课堂教学的主渠道作用,将中小学德育内容细化落实到各学科课程的教学目标之中,融入渗透到教育教学全过程。发挥其他课程德育功能。要根据不同年级和不同课程特点,充分挖掘各门课程蕴含的德育资源,将德育内容有机融入到各门课程教学中。"在幼儿园阶段,有效的德育是将道德理念渗透到五大领域课程中去,在一日活动课程中渗透德育教育,在潜移默化中将正确的思想道德观种植到幼儿们的心灵中,让幼儿达到德、智、体、美、劳全面发展。

## 二、《中小学德育工作指南》引发的思考

幼儿美术教育和德育相结合是非常有必要而且可行的。在创作美术作品过程中,不仅要反映描绘对象,还要融进创作者的思想情感,通过作品反映现实生活,表达出自己的情感、人生观和世界观。美术教育的德育功能并不能通过固定的形式或灌输概念来实现。美术是一种"视觉语言",不能通过逻辑思维的方式来证明某种道德存在的正确性和有效性,但是现实生活中,人们对美的认识无形之中已经融进了自己的人生观和世界观,美也就是德的外化表现。

### (一)重视阶梯式幼儿美术课程内容的德育渗透

美术作品不仅仅是对对象的一种描绘,其中还融合了创作者的思想情

感、道德情操，是对世界、社会、生活的一种反映，也是创作者表达自身思想观、道德观、世界观的一种途径。美术作品实际上是一种视觉语言，其具有极其特殊的思想表达方法，不是通过相应的逻辑思维、理论知识来论证某些观念的正确性，而是在艺术中融合作者的思想观念，让欣赏者通过视觉观察去感知其中内涵，从而与作者形成共情，对作者想要表达的思想、情感进行感悟。幼儿美术教育中教师引进德育知识，可以将美术中的感性语言与德育中的理性语言进行融合，以此来发展幼儿思想情感、培养幼儿道德品质。教师在美术教学中充分挖掘美术作品德育教学价值，是美术领域中展开德育的一种有效途径。在美术作品欣赏课上，教师引导幼儿对美术作品进行欣赏时，不要只停留在美与不美的对比上，还要引导幼儿对作品的意境及其所反映的现实进行了解。例如，教师以《生气的妈妈》为素材展开欣赏时，课堂上不仅要引导幼儿观察生气时候妈妈的模样，还要引导幼儿了解妈妈为什么会生气，在妈妈生气的模样下隐藏着对幼儿怎样的关爱。教师通过美术作品走进幼儿内心，培养幼儿良好的父母亲情观念，促进幼儿形成孝顺老人、尊老爱幼的良好品质。

（二）重视阶梯式幼儿美术课程实施途径的德育渗透

艺术家在创作美术作品的时候，都会将其人生观和世界观融入进去，观者在欣赏他们的作品时，无形之中也会受到其作品中包含的道德观的熏陶和影响。在幼儿美术教育中，进行德育的途径有很多，教师要努力挖掘美术作品中所包含的思想美和艺术美，使艺术欣赏和德育完美地结合在一起。

幼儿美术作品中也有很多中外著名艺术家的作品，这些艺术家大多技艺高超、品德高尚，如徐悲鸿、毕加索等，他们都是值得我们学习的楷模。教师在向幼儿讲解他们的作品时，应讲解一些能体现他们高尚品德的感人事迹。让幼儿讲述"我心目中的画家""画家的故事""我喜爱的画家"等，从而使幼儿的道德情操得到升华。

美术活动不仅包括欣赏，还包括绘画和手工等多种活动。现在的美术活动更注重孩子们的动手能力，手工在幼儿美术活动中比例较大。手工的开展需要使用很多的材料，这时，教师可以趁机培养幼儿勤俭节约的美好品德，要求幼儿在手工活动中尽量节省材料，爱惜资源。随着经济的发展和大众生活水平的提高，很多独生子女在花钱上根本没有节制，对于美术活动中的手工材料更不在乎，浪费现象尤其严重。因此，在幼儿开展美术手工活动时，对于他们浪费材料的现象教师要及时制止，对他们进行思想教育，并要在班上树立勤俭节约的榜样，让孩子们学习。教师指导孩子如何科学合理地使用手工材料，鼓励他们拿废弃的材料进行手工创作，变废为宝，这样既让孩子的美术创意能力得到发展，又让他们从小就养成节俭的好习惯，让他们深知现在的幸福美好生活来之不易，要懂得珍惜。

此外，幼儿比较喜欢听故事，因此教师可以结合美术教学内容，多讲一些献身艺术、热爱祖国、勤奋学习的画家的故事，让他们从中获得启发。在幼儿美术教学中，多种教学方式的运用，不仅能激发孩子们的学习兴趣，还能增强课堂教学的生动性，再将德育渗透其间，能获得更好的教学效果。在幼儿进行绘画或手工制作时，教师可以让幼儿分成小组合作完成，让他们懂得集体的力量，逐步培养他们的集体荣誉感和团结互助精神。

德育在素质教育中的地位是非常重要的，对孩子的思想教育在任何时候都不可或缺。德育是一个长期而又艰巨的过程，不是一朝一夕的事情。可以看出，德育在幼儿美术教育中的渗透具有重大的意义，但这种渗透也不是一蹴而就的。要想使孩子成为一个心灵美、高尚纯洁的人，成为社会主义事业的建设者和接班人，我们就应该在美术教育中充分渗透德育。将德育融入美术课程中，能够让祖国的花朵在美术的摇篮里健康成长，为构建和谐社会埋下一颗美德的种子。

# 第三章 阶梯式幼儿美术课程的理论基础

○ 第一节　后现代课程理论及启示

○ 第二节　建构主义理论及启示

○ 第三节　经验之塔理论及启示

在教育教学中，很多幼儿园及家长对美术教学的地位和作用都有所忽视，其实阶梯式美术课程有助于发展幼儿的感知能力和形象思维能力，在众多教育体系中，美术课程对视觉、知觉的影响甚广，开展阶梯式美术课程，依托相关理论知识，有助于教师在理念上变更教学模式，让幼儿有多元的体验去感知思维；而且有价值的、目标导向正确的儿童美术教育，应该是通过一系统课程体系的实施和运用，令所有参与美术活动的孩子们的思维状态达到创造出一个新的艺术对象的目的，而不是缺乏正确目标的瞎做。这个目标应该是，孩子们要逐渐建立起自己的一个新的观看世界的方式，一个属于自己的新的认识生活世界的渠道或角度（视角）。这一儿童美术教育目标的探求是有目标、有方向和有所创造的，因此是每个孩子一生成长和可持续发展中极其必要的教育。

# 第一节　后现代课程理论及启示

后现代主义教育是以文化多样性和社会复杂性的世界观为特征的，重视文化的差异性和多样性，考虑到文化、语言、人种、性别、社会阶层、年龄、身体特征等方面的差异。后现代主义课程观对于课程的基本理解为我国幼儿园课程提供了新的视角、新的思路，也促使我们对幼儿园课程的目标、内容、实施及评价等问题进行更多、更深入的思考。认识和借鉴后现代主义课程观对当下我国幼儿园课程改革有着重要的理论与实践意义。

## 一、后现代课程理论的主要内容

基于开放、对话、体验、自组织的课程理念，多尔提出了他所设想的"4R"新课程标准，即丰富性（richness）、回归性（recursive）、关联性（relational）、严密性（rigorous）。

多尔指出，开放的、互动的、共同的会话是构建后现代课程的关键。[1]他进一步指出，在创建后现代课程时，要认识到"开放"系统与"封闭"系统之间的主要区别，因为这是描述现代与后现代思想中课程差异的一个有效框架。封闭系统与环境只交换能量但不交换物质，而开放系统与环境既交换能量又交换物质；封闭系统的本质是"机械性"的，只有交换而没有转变，而开放系统的本质是"转变性"的，具有运动着的旋涡或螺旋式旋转；在封闭系统里，"稳定"性、"中心"性、"平衡"性是其关键成分，而在开放系统里，"非稳定"性、"非中心"性、"方向"性则是其重要成分；封闭系统克服"错误、分裂与干扰"，而开放系统则需要"分裂、错误和干扰"。[2]

多尔认为，后现代课程是"一种形成性的而不是预先界定的，不确定的但

---

1 小威廉姆·E.多尔.后现代课程观[M].王红宇,译.钟启泉,张华,主编.世界课程与教学新理论文库.北京：教育科学出版社,2000：1.
2 小威廉姆·E.多尔.后现代课程观[M].王红宇,译.钟启泉,张华,主编.世界课程与教学新理论文库.北京：教育科学出版社,2000：20—21.

却有界限的课程",那么后现代课程的标准就应该由"丰富性、回归性、关联性和严密性"这四个维度构成。[1]

## （一）丰富性

丰富性即"课程的深度、意义的层次、多种可能性或多重解释"。多尔认为,要促进儿童和教师的转变和被转变,就必须使课程具有"适量"的模糊性、不确定性、不平衡性、异常性、无效性、耗散性与生动的经验,但这种"适量"不是预先决定的,而是教师与儿童、与文本不断地加以协调的结果。由于学校里的每一门课程都有其自身的历史背景、基本概念和终极术语,所以,每门课程都应该以自己的方式去解释"丰富性"。[2]

## （二）回归性

回归性即"个人通过与环境、与他人、与文化的反思性相互作用形成自我感的方式"。多尔明确指出,"回归"与"重复"截然不同:重复旨在促进"预定"的表现,它的结构是"封闭"的,而回归则旨在发展"能力"——组织、组合、探究、启发性地运用某物的能力,它的结构是"开放"的;在重复中,反思起着"消极"的作用,它切断重复的过程,而在回归中,反思则发挥着"积极"的作用,它从对原始经验的反省中得到次级经验;"对话"则是回归的绝对必要条件,如果没有由对话引起的反思,那么回归就会变得肤浅而没有转变性,那将不是反思的回归,而只是重复。多尔进一步指出,在"回归性"课程中,没有固定的起点与终点,每一个终点都是一个新的起点,每一个起点都来自先前的一个终点,这种"回归性反思"乃是转变性课程的核心。[3]

## （三）关联性

这包括教育关联与文化关联。教育关联指的是"课程中的联系",而文化关联指的却是"课程之外的文化与宇宙观联系"。在多尔看来,教育关联的焦点在于课程结构的内在联系,因此,课程必须由"课堂社区"来创造,而不是由"课程作者"去决定;"文本"是需要加以修改的,而不是必须遵从的。在多尔看来,文化关联的核心在于强调"描述和对话是解释的主要工具":"描

---

[1] 小威廉姆·E.多尔.后现代课程观[M].王红宇,译.钟启泉,张华,主编.世界课程与教学新理论文库.北京:教育科学出版社,2000:250.

[2] 小威廉姆·E.多尔.后现代课程观[M].王红宇,译.钟启泉,张华,主编.世界课程与教学新理论文库.北京:教育科学出版社,2000:250-251.

[3] 小威廉姆·E.多尔.后现代课程观[M].王红宇,译.钟启泉,张华,主编.世界课程与教学新理论文库.北京:教育科学出版社,2000:253-254.

述"提出了历史、语言和场所的概念,而"对话"则将三者有机结合起来,为我们提供了一种源于地方但联系全球的文化感。因此,我们所有的"解释"不仅与地方文化有关,而且还与其他文化有关。[1]

(四)严密性

这是最重要的一个标准。严密性即"自觉地寻找我们与他人所持的这些假设,以及这些假设之间的协调通道,促使对话成为有意义的或转变性的对话"。多尔认为严密性具有"不确定性"和"解释性"这双重属性,是这两者有机结合的产物;在思考不确定性的时候,要认识到它并不意味着"任意性",它"承认现代化的范围";在处理不确定性的时候,要不断探索,寻求新的组合和解释。[2]

## 二、后现代课程理论对构建阶梯式幼儿美术课程的启示

后现代主义强调的多元化、差异性体现在幼儿美术教育课程开发中,启示我们可以立足本园实际,结合地方特色开发适合幼儿的园本美术课程。它从教学目标、教学模式以及教学评价等方面都有一定的借鉴意义。

(一)立足本园实际,构建基于体验的阶梯式幼儿美术课程

后现代主义强调的多元化、差异性体现在幼儿美术教育课程开发中,启示我们可以立足本园实际,结合地方特色开发适合幼儿的园本美术课程。在构建特色课程的时候,幼儿园可以结合实际立足于中华优秀传统文化基础之上,开发本园特色,并根据不同年龄段幼儿身心发展的特点建构多元课程,例如"金山特色",小班以"感受美"为主,通过尝一尝金山美食、看一看金山标志性建筑等形式来体现;而中班在小班的基础上,我们侧重"表现美",让幼儿通过欣赏金山特色艺术——金山农民画、金山黑陶艺术等形式来激发幼儿表现美的能力;大班则需要根据自己所见、所思、所想,大胆进行"创造美",并愿意与同伴分享自己的"艺术作品"。通过引导幼儿开展多种多样的活动,让幼儿真正地在活动中学习,在活动中成长。

(二)提倡多样化的表达,培养"异样性",拟订基于体验的阶梯式幼儿美术课程目标

课程活动目标要有阶段性,其阶段性是指各学段的活动目标在广度和深

---

[1] 小威廉姆·E.多尔.后现代课程观[M].王红宇,译.钟启泉,张华,主编.世界课程与教学新理论文库.北京:教育科学出版社,2000:255-256.
[2] 小威廉姆·E.多尔.后现代课程观[M].王红宇,译.钟启泉,张华,主编.世界课程与教学新理论文库.北京:教育科学出版社,2000:258-260.

度上是有差异性的。这种差异性主要依据于各阶段幼儿身心发展的不同水平、不同特点。

表3-1-1 基于体验的阶梯式幼儿美术课程活动目标

| 内容 | 目标 | 小班 | 中班 | 大班 |
|---|---|---|---|---|
| 绘画 | 认知目标 | ●初步认识绘画的工具和材料；<br>●学会辨别红、黄、蓝、绿、橙等几种基本的颜色，并能说出名称；<br>●学会辨别和感受直线、曲线、折线及各种线条的变化。 | ●能较准确地把握形状的基本结构，理解形状符号的象征意义；<br>●认识常见的固有色，说出它们的名称。 | ●认识物体的整体结构和各种空间关系；<br>●增强配色意识，提高对颜色变化的辨析能力；<br>●知道运用不同的绘画工具和材料能表现不同效果的作品。 |
| | 情感目标 | ●培养儿童对绘画的兴趣，能愉快大胆地作画。 | ●喜欢用自己独特的绘画语言表达自己的想法和感觉。 | ●在安排画面的过程中逐步体会均衡、对称、变化等形式美。 |
| | 技能目标 | ●学会使用蜡笔、水彩笔、棉签等工具进行涂染；<br>●能画出直线、曲线、折线，并能表现线条的方向、粗细、疏密；<br>●学会用圆形、方形、长方形、三角形等简单图形表现物体的轮廓特征。 | ●学会运用图形组合方法，表现物体的基本部分和主要特征；<br>●会选择与物体相似的颜色，初步有目的地设色、配色；<br>●在教师的引导下能围绕主题安排画面，能表现出物体的上下、左右位置。 | ●能较灵活地表现各种人物、动物动态；<br>●能运用对比色、类似色、同种色等多种配色方法，注意色彩的整体感和内容的联系；<br>●能有目的地安排画面，表现一定的情节，并变化多种安排画面的方法。 |
| 手工 | 认知目标 | ●初步熟悉泥工、纸工等材料、工具；<br>●了解泥的可塑性质；<br>●了解纸的性质。 | ●进一步熟悉泥工、纸工及自制玩具的工具和材料。 | ●了解各种纸张的不同性质，知道不同性质的纸张具有不同的表现效果；<br>●对自制玩具材料加以分类，获得选择、收集材料的经验。 |
| | 情感目标 | ●通过玩泥、撕纸等活动，体验手工活动的快乐。 | ●通过泥工、纸工及自制工具的活动来积极投入手工作品的创作，并培养儿童对手工活动的兴趣。 | ●体验综合运用不同手工材料制作作品的快乐；<br>●喜欢用手工来表达自己的想法和情感。 |

（续表）

| 内容 | 目标 | 小 班 | 中 班 | 大 班 |
| --- | --- | --- | --- | --- |
| 手工 | 技能目标 | •掌握泥工中团圆、搓长、压扁等基本技能；<br>•学习撕纸、粘贴，初步撕出简单形状并粘贴成画；<br>•初步学会用自然材料（石子、豆子、树叶等）拼贴造型；<br>•学会用印章、纸团、木块等材料，蘸上颜色在纸上敲印。 | •能正确使用剪刀剪出方形、圆形、三角形及组合形体，并拼贴成画；<br>•掌握折纸的基本技能，折出简单的玩具；<br>•学习用泥塑造出物体的基本部分和主要特征；<br>•掌握撕纸的基本技能，撕出简单的物体轮廓。 | •用泥塑造人物、动物等较复杂结构的形体，能表现物体的主要特征和细节；<br>•能集体分工合作塑造群像，表现某一主题或场面；<br>•能用各种纸张制作立体玩具；<br>•能用无毒、安全的废旧材料制作玩具并加以装饰。 |
| 美术欣赏 | 认知目标 | •知道从自然景物、艺术作品中能享受到视觉艺术的美。 | •通过欣赏作品，了解作品的主题和基本内容。 | •通过欣赏，了解作品的形状、色彩、结构等美术要素；<br>•了解作品的表现手法、艺术风格和创作意图。 |
| 美术欣赏 | 情感目标 | •喜欢观看、欣赏艺术作品；<br>•对美术作品、图书中的各种形象艺术感兴趣；<br>•初步体验作品中具有不同"性格"的线条；<br>•通过欣赏老师、同伴作品培养对欣赏的兴趣。 | •能体验作品中线条、形状、色彩、质地等；<br>•通过欣赏产生与作品相一致的感受。 | •喜欢各种不同风格的美术作品。 |
| 美术欣赏 | 技能目标 | •初步学会运用线条表现力度感、节奏感。 | •感受作品的色彩变化及相互关系；<br>•感受作品中形象的鲜明性和象征性，并体验其情感；<br>•感受作品构成，体验作品对称、均衡、节奏。 | •能感受作品的色调、色彩之间的变化；<br>•能感受作品中形象的象征性、寓意性；<br>•能感受作品中的形式美。 |

**（三）倡导评价的多元化，构建基于体验的阶梯式幼儿美术课程的评估体系**

构建基于体验的阶梯式幼儿美术课程的评估体系，并将之纳入教学评估系统之中。教学评估体现的是一种教学艺术，教学评估在幼儿美术教育活动中适当、正确、灵活地运用显得格外重要。

1. **自我评价**：幼儿对自我的一种评价形式。幼儿由被动评价者转向主动参与者，幼儿自评时，教师要尊重他们的评定，给予他们充分的肯定，幼儿对自己的作品充满了自信，对美术活动的兴趣也日益提高。

如小班美术活动"有趣的波洛克"，教师就将幼儿的自评贯穿在整个教学活动中。鼓励幼儿自由想象，然后谈一谈自己构图的优点以及与他人想象的不同之处，到最后介绍自己完整作品的优点。幼儿通过自评，不仅激发了自信心，而且可以取长补短、互相学习，同时大大激发了幼儿的学习兴趣。

2. **幼幼互评**：这种评价是让孩子之间互相展开各种形式的评价，从而保持他们学习的兴趣，而这种互评活动也能使一些较难的技能技法及问题迎刃而解。例如在大班美术活动"水墨枫泾"中，要求幼儿通过想象、贴画，从个人到合作，最后呈现出一大幅作品，然后再以同伴互评的形式说说对方"枫泾"独特之处，哪里有创意，哪里还不够好，怎么设计会更好等一系列问题，从而让幼儿在相互评价的过程中，清楚地认识到自己作品的好坏以及改进的方向，提高了幼儿对评价活动的兴趣。互评活动能使幼儿发现别人的长处和短处，同时也使他们了解和认识到自己的不足，以此来弥补自己的不足之处。

3. **家长评价**：对幼儿来说，教师和家长对他们的影响是一致的，家园合作也是教学评估系统中不可或缺的一部分。

家长的评价对孩子在美术能力方面的发展起着至关重要的作用。但我们现在的教育往往在家长评价方面做得还不够。家长的评价标准不够贴切，存在一些误区，比如许多家长就喜欢把"像不像"作为评价标准，作为教师要通过不同渠道向家长宣传新的美术评价标准，如"大胆构图""想象力丰富""观察仔细""重叠有序""色彩搭配大胆""画面丰富""构图巧妙""画面夸张、有趣"等等，从而慢慢地改变家长的观念，使其了解美术作品的评价标准是以幼儿的心理与认知为重点，学会欣赏幼儿画中的童趣。

4. **教师评价**：在幼儿美术活动中，对于孩子的作品，教师要采取多层评价的方法。首先要考虑的是整体评价，在本次活动中有多少幼儿能达到预定的目标。其次要对幼儿进行部分评价，可以从幼儿的情感和能力等方面进行逐一评价。情感方面的评价对幼儿的发展非常重要，良好的情感是绘画的基础，孩子愿意画、喜欢画，才能绘画出自己想画的作品来。在此基础上，教师再对不同的幼儿制订不同的评价标准，要对幼儿进行纵向的评价，让每个孩子都能看到自己的进步。

基于体验的阶梯式幼儿美术课程的教学评价原则应是把美术课程能力、个性等素质发展的过程评价和水平评价相结合，重在过程并要承认差异。由于建立了自评、互评、家长评、教师参评和幼儿自我反思的评估体系，建立了良好的评价关系，这样的评价体系也更有利于幼儿找到适合自己发展的空间，看到自己的长处与不足，激发自己的学习兴趣，成为学习的主动者。

（四）注重体验，回归自然，反复验证基于体验的阶梯式幼儿美术课程其科学性和有效性

针对不同阶段的幼儿，教学任务以及审美能力的培养要求都是不同的，这是由幼儿的认知水平所决定的，因此，教师应循序渐进、递进式地教学。

1. 教学目标统筹兼顾，因人而异

教师应基于年龄特点精研教学内容，并对幼儿掌握技能的水平进行科学衡量。如，长程目标为"认识冬天"，具体落实到各年龄段，小班幼儿通过感受"冷、落叶、枯萎的小草……"作为对冬天的认识；中班通过绘画、制作等表达对冬天的认识；大班则可以整合"散文""科学实验"表现冬天有别于其他季节。

2. 教学环节环环相扣，层层递进

美术教学中，教师就是引导者、组织者、参与者，教学环节从设计到实施，无论是导入环节还是过渡环节，也无论是实践操作环节还是欣赏环节，都要做到精准对位，完美衔接。其中，既要有教与学的同频共振，又要有梯度性的学习节奏。在幼儿园三年的美术课程学习中，教师通过组织各类活动促使幼儿由浅入深地学习和思考，且根据幼儿的认知差异，根据不同幼儿年龄特点来设计每个活动的教学任务，如"认识自己"：小班幼儿通过娃娃家认识自己；中班以多元绘画形式画自己，发现身体的秘密；大班则通过"我的名字""我自己"等来表现自己。

阶梯式美术课程更具科学性，从长程目标培养幼儿的各方面能力。美术教学最为重要的是让幼儿通过多元艺术表现形式不断提高对艺术的表达表现能力，同时在潜移默化中提升绘画能力和技巧。

幼儿身心发展的基础在于实践。为了充分培养幼儿的良好素质，使他们在各个方面都能得到实实在在的发展，必须让他们参加一定的实践活动，这

种实践活动主要由活动课程提供。

# 第二节 建构主义理论及启示

幼儿期是人身心发展的关键期和敏感期。幼儿教育应以符合幼儿身心发展为导向,特别是幼儿美术教育,强调幼儿主动参与教学活动的积极性与创造性。建构主义理论符合幼儿身心发展规律,有利于培养幼儿的个性,为具体的幼儿美术教学实践提供了实质性的理论指导和价值。

幼儿教育以符合幼儿身体发展为导向,特别是在阶梯式美术课程的实践中,要分阶段捕捉幼儿发展的敏感期。

## 一、建构主义理论的主要内容

建构主义(Consturctvisim)又称结构主义,是认知理论的一个分支,是学习理论中行为主义发展到认知主义以后的进一步发展。建构主义主张世界是客观存在的,但是对事物的理解却由每个人自己决定。不同的人由于原有经验不同,对同一事物会有不同理解。建构主义学习理论认为:学习是引导幼儿从原有经验出发,生长(建构)起新的经验。[1]

建构主义在认知理论的基础上对学习理论作了进一步的发展。当今的建构主义者们是以自己的经验为基础来建构或解释现实的,由于个人的经验以及对经验信念的不同,因此对外部世界的理解也不同。他们把学习看成是学习者通过新旧经验间双向的相互作用建构自己的经验体系的过程,强调学习的主动性、社会性和情境性。

(一)学习的主动性

学习的主动性即指学习是学习者主动建构的过程。学习者通过原有的认知结构,与从环境中接受的信息相互作用,来生成信息的意义。学习过程同时包含两方面的建构,即一方面是对新信息意义的建构,同时又包含着对原有经验的改造和重组。

(二)学习的情境性

学习的情境性即指学习环境中的情境必须有利于幼儿对所学习内容的

---

[1] 李方. 教育知识与能力[M]. 北京:高等教育出版社,2011:11.

意义建构。也就是说,教学设计不仅要考虑教学目标分析,还要考虑有利于幼儿建构意义情境的创设,情境创设是教学设计中最重要的内容之一。

(三)学习的社会性

学习者以自己的方式建构对事物的理解,不同的人看到事物的不同方面,不存在唯一、标准的理解。但是,通过学习者合作可以使理解更加丰富和全面。

建构主义从上述学习观出发,进行了许多教学方法的改革与尝试,其中包括:随机通达教学、自上而下的教学设计、情境性教学和支架式教学等。

综上所述,建构主义论述了认识的建构性原则,揭示了认识的能动性。目前建构主义的学习理论系统性不够强,还没形成独立的、系统性的理论体系,还需进一步的发展与完善。

## 二、建构主义理论对构建阶梯式幼儿美术课程的启示

(一)从幼儿发展角度来构建基于体验的阶梯式幼儿美术课程

建构主义学习理论解释了学习的过程是意义建构的过程,而基于体验的阶梯式幼儿美术课程的构建,以与幼儿生活密切相关的美术课程为切入口,创造适宜的环境刺激,使幼儿自主地与周围环境发生作用,从而主动建构自己的经验体系,注重在教与学的过程中实现新旧知识的有机结合,培养幼儿分析问题、解决问题、创造性思维的能力,让幼儿获得长足发展。

基于体验的阶梯式幼儿美术的构建,使幼儿的学习不再是书本知识的被动接受,而是在与"人"和"物"的对话中不断进行意义的建构,有效促进幼儿学习方式的变革。同时基于体验的阶梯式幼儿美术课程的构建能有效帮助引导幼儿积累、体悟生活经验,也为意义的建构提供了交流的重要平台。

同时建构主义认为,学习是学习者主动建构心理表征的过程,它不仅包括结构性的知识,而且包括大量的非结构性的经验背景,他们非常重视原有知识经验的作用,强调教学要切合幼儿原有的认知结构。基于体验的阶梯式幼儿美术课程的构建能使幼儿生活、美术经验或丰富、或重构、或提升,使幼儿能利用原有的经验主动地与新的经验发生联系,以建立新的知识结构。

(二)基于体验的阶梯式幼儿美术课程能将美术课程与幼儿生活融为一体

幼儿园课程作为文化的存在形式,应与生活联系在一起,因为文化来源于生活,幼儿又生长在最现实的生活之中,所以将人类的文化还原于生活,还

原于经验,应是教师的创造性表现。[1]

首先,选择适宜幼儿发展的美术课程。在思考基于体验的阶梯式幼儿美术课程构建的过程中,应努力创设"社会情境",提供幼儿与环境互动机会,让幼儿参与真实自然和有交际意义的活动,由幼儿自己去寻找知识,提出问题,建构自己的认知模式。

其次,选取契合幼儿生活的美术课程资源。在美术课程中可以拓展关于金山民间艺术的板块,也可让美术课程与日常生活中的时令、节气、习俗、节日密切相关,使其具有浓郁的生活气息。纳入基于体验的阶梯式幼儿美术课程中去的民间艺术文化应该以金山地域艺术为切入点,将地域的特色与幼儿的生活融为一体,彰显地域民间美术的独特性,唤醒幼儿对家乡的自豪感和文化的归属感。

最后,筛选贴近幼儿心灵的美术课程。筛选适宜幼儿发展的美术课程,需要从幼儿独特的美术发展特点入手。幼儿的思维以具体形象思维为主,而有的美术课程内容是抽象的、深层次的,因此,唯有借助具体、可感、生动、有童趣的美术表达物,才能让幼儿体悟到艺术的精髓。如选择富有童趣、童真的民间剪纸作品,是对幼儿移情式体验方式的尊重,也是对幼儿心灵的理解和呵护。

## 第三节 经验之塔理论及启示

经验之塔理论来源于1946年,美国视听教育家戴尔(Edgar Dale)在《视听教学法》一书中提出的理论。[2]"经验之塔"理论具有很强的可操作性,它是理论研究和实践经验相结合的产物,贯穿着许多教育心理学、媒体学、传播学、教学设计和教学论的思想。它既是一个理论模型,同时又是一种很实用的工具。

### 一、经验之塔理论的主要内容

幼儿园阶段的孩子已经有了一定的感知观察能力,喜欢在活动中感知观察,以此来不断丰富自身的感知经验。提出"经验之塔"理论的戴尔认为人类学习主要通过两个途径来获得知识:一是由自身的直接经验获得,二是通

---

[1] 虞永平.学前课程与幸福童年[M].北京:教育科学出版社,2012:110.
[2] 戴尔.视听教学法[M].杜维涛,译.北京:中华书局,1949.

过间接经验获得。他提出的"经验之塔"理论把人类学习的经验依据抽象程度的不同分成三类十个层次。可分为三大类：做的经验（直观经验）；观察的经验（间接经验）；抽象的经验。

（一）直观经验

直接的有目的的经验，指直接地与真实事物本身接触取得的经验，是通过对真实事物的看、听、尝、摸和嗅，即通过直接感知获得的具体经验。幼儿期间，孩子们的经验都源于生活，作为幼儿教师就应鼓励孩子们通过自己的实际操作直观地了解事物，这样有助于他们自主学习。

设计的经验：指通过探索、尝试等体验方法，通过与材料互动获得的经验。例如同样对金山艺术的感受与感知，教师可以通过创设环境、提供操作条件、分享作品感受等，让孩子们积累不同年龄段对同一内容的美术积累。例如：对幼儿来说，游戏创设的各种情境就是"设计的经验"，这种方式十分接近真实生活，要求幼儿依照他们现有的经验水平做出符合当时情势的反应。幼儿教师在活动中设计一些情境，蒙德里安的色块感知可以融合游戏——帐篷、树屋、地垫等，让孩子们在游戏中感知经验。

演戏的经验：把阶梯式美术课程融入一日课程之中，通过美术游戏、美术欣赏、美术体验等去获得经验。因为幼儿的年龄特点，他们"纯欣赏"与"操作体验"有着截然不同的收获，在体验中能让幼儿自主获得与其相匹配的最近发展区经验，真正体现阶梯式美术课程的价值。

在阶梯式美术课程中，幼儿参与"做"的经验就是一种直接经验，是通过接触事物与亲自实践所获得的具体经验，这类经验是"经验之塔"的塔座，是最感性而直观的基础性经验。

（二）间接经验

观摩示范：大带小的模式，看哥哥姐姐怎么做、如何玩，通过这种方式可以知道某一美术课程是怎么"参与"的。然后，班级教师可以根据班级实际情况和幼儿相应的年龄特点组织开展适合他们的美术课程。

例如：同样是感知"春天"，小班可以"寻找"春天的脚步——小草变绿了，树叶萌芽了，小花开出了花骨朵儿；中班可以通过不同的形式"绘画"春天——写生、水粉、蜡笔等，以多色表现春天的变化；大班则组织开展"探索"四季变换，融合更多的经验去分辨和表现春天——利用春天的花草树木借形想象，从更多元的视角发现四季的不同。

这样阶梯式的观摩方式，大小融合，同龄互动，充分发挥生生互动的意义。

外出经验：幼儿的春秋游、远足等都是很不错的"采风"机会，我们会根据季节选择视野好、风景优美的公园、动物园等，这都是不可多得的"实践"机会。

例如根据孩子的年龄，我们选择不同的采风地点。以"建筑"为例，小班可以近郊公园为主，以家庭为单位，亲子游览为主要方式，可以多次反复参观、游览该公园，在一次次的玩耍中，感受和积累对"游乐场"建筑的经验；中班可以融合本区特色景点进行观摩与学习，如城市沙滩，孩子们既有幼儿园玩沙水的经验，又有对特色景点的初步认知，再加以教师的"课程指导"，在现场观摩、分组讨论、上网咨询等形式中对城市沙滩的沙雕艺术进行进一步的认知与感受，然后通过不同的形式去大胆地表现自己对沙雕艺术的理解；而大班具有合作与协商的能力，依托主题"我们的城市"，可以以项目化学习模式组织开展对中国传统建筑的深入挖掘与大胆表现，例如某一建筑的"黑瓦白墙"特色，可以通过水墨、拼搭、写生的形式去表现，幼儿的主动性更强。

参观展览：展览是供人们看的，使人们通过观察获得经验。上海有各种大小博物馆，本区的"城市规划馆"就有"金山黑陶馆"，是值得我们去观摩与学习的。小班感知陶艺的形态；中班尝试陶艺的作品；而大班则探索更多陶艺的表现形式——泥版画、泥塑雕刻、陶泥等。

多媒体技术：通过现代化手段让幼儿观看更多的艺术。教师通过多媒体丰富幼儿的经验，激发他们对艺术的兴趣。感知欣赏对幼儿的艺术经验积累也是极为重要的一个部分，而苍白的语言无法引起共鸣，有趣的动态视频或静态图片都是有效激发幼儿兴趣的手段。

在阶梯式美术课程中，培养幼儿欣赏美、辨别美丑的能力是美术教学的重要目标，"欣赏、评述"这一教学目标旨在让幼儿经历感知美、欣赏美和表达美等活动，内化审美知识，提升鉴赏美的能力，优化审美心理结构。

经验是深入学习的重要载体，观察经验是在观察中直接获取事物信息的一种经历，它是提升幼儿鉴赏能力的重要手段，为幼儿辨别美丑提供了支撑，可以更好地提高幼儿的审美能力。在阶梯式美术课程教学中，教师应充分培养幼儿的观察经验，引领幼儿在亲眼观察中欣赏美好事物，领悟美的精华，提升鉴赏能力。

（三）抽象经验

视觉符号：主要指图表、图示等，是一种抽象的代表，如曲线代表河流，线条代表马路等。

幼儿用简单的不同形态的线条和图形表达他们对事物的理解,教师通过"画语解读"来进一步分析背后的含义。

言语符号:包括口头语言与书面语言的符号。言语符号是一种抽象化了的代表事物或观念的符号。在美术活动中,老师多借助"语言"来解说某一作品,让幼儿了解其特点,进而尝试自己创作。

抽象经验通常是用视觉符号、言语符号等来表达。抽象符号位于"经验之塔"的塔尖,是经验领域最高的境界,是创新的源泉。

"经验之塔"启迪我们:美术教学不能停滞于具体经验层面,而要懂得更好地利用抽象经验,培养幼儿的想象力,让他们在阶梯式美术活动中流淌出创新思维。创新是美术发展的命脉,通过不同阶段幼儿的感知体验,培养不同阶段幼儿的创新精神,这是阶梯式美术教学的意义。

因此,在阶梯式美术活动中,教师应激活幼儿抽象经验,培养幼儿美术创新精神。

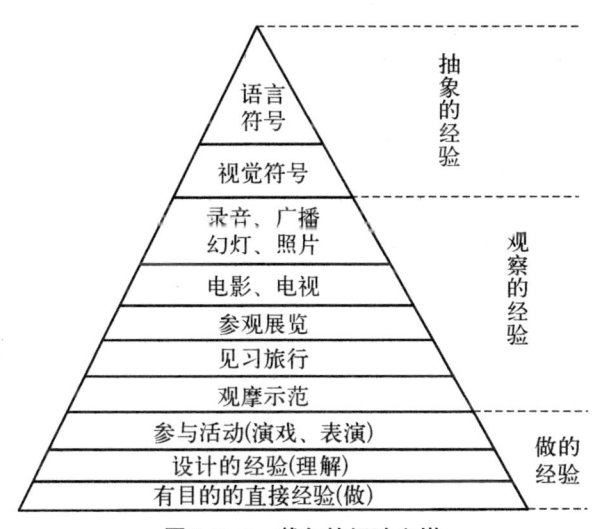

图3-3-1 戴尔的经验之塔

## 二、经验之塔理论对阶梯式幼儿美术课程实施的启示

"经验之塔"理论中"做的经验"的最低层次是"直接的有目的经验",指直接地与真实事物本身接触取得的经验,是通过对真实事物的看、听、摸、嗅等手段,即通过直接感知获得的具体经验。我们组织阶梯式美术课程时,需

要思考直接感知事物的特征。

把学习经验分为具体和抽象，提出美术课程应从生动直观向抽象思维发展，符合人类的认识规律。在"经验之塔"的由具体逐渐向抽象过渡的图解中，视听教材处于较具体的一端，这构成了美术课程中"多融合、多观摩、多实践、多视听"的理论依据。

在"经验之塔"理论中，最底层的经验最具体，越往上越抽象，排成一个序列；教学活动应从具体经验入手，逐步进入抽象经验；在幼儿园阶梯式美术课程中使用各种媒体，可以使美术活动更具体，也能为抽象概括创造条件；位于"塔"的中间部位的那些视听教材和视听经验，比上层的言语和视觉符号具体、形象，又能突破时间与空间的限制，弥补下层直接经验的不足。

我们在教学与学习的过程中，也应先从具体的经验入手，逐步进入抽象经验。在教学过程中，我们要善于用各种手段，要学会并善于把一些先进技术引用到美术课程中来，这样可以使教学活动更具体，也能为抽象经验提供条件。利用一些多媒体与一些先进技术来弥补各种直接经验的不足。在美术课程中，我们也要学会用技术变抽象为具体，这样就更便于我们学习、理解、巩固。

总之，无论在教学还是在学习中，我们都要用技术来武装自己，以便更好地将艺术中的抽象经验化为具体可操作的经验。

# 第四章 阶梯式幼儿美术课程的整体构建

○ 第一节　阶梯式幼儿美术课程的理念与目标

○ 第二节　阶梯式幼儿美术课程的内容来源与编排

○ 第三节　阶梯式幼儿美术课程的实施

○ 第四节　阶梯式幼儿美术课程的评价

我园致力于美术教育研究已经近十年，在探索和积淀中已形成丰富的美术经验，由此构建了一套操作性较强的基于体验的阶梯式幼儿美术课程，将"体验"植入阶梯式幼儿美术课程，让体验的价值滋润幼儿。本章中对阶梯式幼儿美术课程的理念与目标、内容与编排、组织与实施、评价与分析四个方面作了一定探讨，并在3—6岁不同年龄阶段的幼儿中进行实施，以验证课程的适宜性与有效性，从而提升幼儿园课程建设的水平。

# 第一节　阶梯式幼儿美术课程的理念与目标

阶梯式幼儿美术课程是指以园所特点为平台，以幼儿发展为轴心，以美术特色教育为支点，全方位、多角度地建立以美术课程为主线，循序渐进地架构与呈现"绘声绘色""心灵手巧""赏心悦目""金山特色"四大块课程内容，以多种教育形式为核心，整合其他领域教育目标，发展幼儿观察、想象、创造等多种能力，萌发幼儿的审美情趣，具有一定逻辑关系和价值关系的园本课程。

## 一、阶梯式幼儿美术课程的理念

课程理念是课程建设的指路明灯，有了这些理念，我们就能知道课程往哪个方向走，它会影响课程建设的方向和质量。阶梯式幼儿美术课程围绕"金童幻彩、悦享乐画"的理念，以幼儿全面发展为本，将体验化作课程理念，将"体验"植入阶梯式幼儿美术课程，让体验的价值滋润幼儿，从而凝聚成具有本园特色的"阶梯式幼儿美术课程"。

### （一）阶梯式幼儿美术课程理念确认的依据

《3—6岁儿童学习与发展指南》中将艺术领域明确地分为两个子领域，实际上就是要让学前儿童的艺术教育回归其本义，确立"感受与表现并重"的儿童艺术教育理念。

我们幼儿园历年来致力于美术方面的研究，经过了近十年的探索和积淀，形成了丰富的美术经验。我园以"乐享悦画、全面发展"作为办园理念，意在让幼儿快乐地享受与分享美术活动带来的乐趣，并在美术活动中促进幼儿体、智、德、美、劳全面和谐发展。我园关注幼儿的主体地位，希望幼儿能够乐于体验各种美术活动，并且感到愉快。

幼儿园艺术活动须在基于幼儿体验的基础上开展。幼儿体验有以幼儿为本、幼儿亲身经历、伴随情感融入与态度生成、获得某种行为倾向等特点。幼儿体验以幼儿的感受和体会为核心，以幼儿的主体亲历为基础，是幼儿的情感融入与态度生成,促进幼儿情感和创造力的发展,同时,也有利于幼儿稳定个性的形成。体验教学真正体现了素质教育的教学价值观。

结合我园办园理念和当前新教学理念制定阶梯式幼儿美术课程理念,以顺应幼儿的发展规律,结合一切有利于幼儿学习、发展的资源进行基于体验的幼儿阶梯式美术课程的研究。贯彻学前教育政策与法规的同时,也是转变新形势下幼儿教师观念和全面推进素质教育的必须,对幼儿园美术特色教育转型起到重要的影响。

### (二)阶梯式幼儿美术课程理念的诠释

阶梯式幼儿美术课程的课程理念是"金童幻彩、悦享乐画",是以幼儿美术能力发展为本,课程应满足每个幼儿对感受与欣赏、表现与创造的基本需要,并为幼儿提供平等的学习与发展机会;课程应与幼儿阶段的美术学习特点、身心发展水平相适应,激发幼儿积极、主动地参与到美术活动中来;课程应尊重幼儿美术学习与发展的个体差异,注重个性化表达。

#### 1. 确立以"乐享、悦画"为取向的课程目标

尊重幼儿的发展(创造与表达),通过各类型具体的审美教育课程,帮助幼儿形成良好的心性、修养、行为、习惯、态度……享受美术创作的乐趣,乐意分享交流自己的美术作品。

#### 2. 构建以"阶梯、多元"为特点的课程内容

以幼儿不同年龄阶段的身心发展特点为依据,采用螺旋式上升的形式开展阶梯式美术课程,且所使用的内容、材料、工具、手段、风格等应该力求多元化,以适应不同幼儿的兴趣、需求和水平。

#### 3. 凸显以"活动、体验"为特点的课程实施

本课程在活动中发展幼儿的审美创造能力。幼儿的主导思维是直观行动思维和具体形象思维,其学习以直接经验的学习为主,他们对于美的认识和创造是在活动中实现的。抽象的审美教条难以激发幼儿审美的积极性,也难于实现幼儿对美的创造。课程实施强调活动性和体验性,强调活动的教育价值,注重活动的过程体验,优化教与学的方式。

#### 4. 实施以"发展、期待"为导向的课程评价

充分发挥课程评价的反馈调节功能,多渠道收集有关幼儿美术能力发展状况、教师教育行为及幼儿园阶梯式幼儿美术课程建设的信息和意见,并与改进措施相衔接,逐步形成通过评价促进幼儿发展、教师发展和幼儿园发展的有效机制,以期待式的眼光看到幼儿、教师、幼儿园的发展。

5. 落实以"科学、有效"为原则的课程管理

要发挥阶梯式幼儿美术课程管理的科学性和有效性，促进课程的生成，形成有效的课程运行机制，为引导幼儿园个性化发展，满足幼儿与教师自我发展的需要提供相应的保障。

## 二、阶梯式幼儿美术课程的目标

课程目标是对幼儿在一定学期期限内的学习效果和身心发展水平或状态的预期。阶梯式幼儿美术课程目标以《3—6岁儿童学习与发展指南》等相关政策法规中艺术领域美术方面的目标为基础，结合阶梯式幼儿美术课程理念，确立以体验化促进幼儿全面和谐发展为取向的课程目标。

### （一）阶梯式幼儿美术课程目标的制定依据

儿童发展和社会要求是科学制定课程目标的依据，同时也是课程目标的"来源"。我们以《上海市学前教育课程指南》《3—6岁儿童学习与发展指南》等政策法规为导引，以幼儿身心发展特征为基点，尊重幼儿美术认知经验的最近发展区，为阶梯式幼儿美术课程目标的制定提供坚实的保障。

1. 相关政策法规为目标制定提供保障

社会对儿童成长的期望，直接反映在相关的教育方针、政策法规和各种有关文件中。阶梯式幼儿美术课程，则着眼于使孩子们从小喜爱美术，为他们终身学习美术、享受美术奠定良好的基础。基础教育阶段的美术课程目标必须立足于幼儿完整人格的发展。

《上海市学前教育课程指南》要求，课程既要确保为幼儿提供其终身发展所需的基本经验和机会，也要适应个体幼儿的特殊需要。这就要求我们在制定阶梯式幼儿美术课程目标的时候要关注整体与个体的区别和联系。

《3—6岁儿童学习与发展指南》以为幼儿后续学习和终身发展奠定良好素质基础为目标、促进幼儿体、智、德、美各方面协调发展为核心，提出了3—6岁各年龄段儿童学习与发展目标，建立对幼儿发展合理的期望。《3—6岁儿童学习与发展指南》在艺术领域的阐述为"幼儿艺术领域学习的关键在于充分创造条件和机会，在大自然和社会文化生活中萌发幼儿对美的感受和体验，丰富其想象力和创造力，引导幼儿学会用心灵去感受和发现美，用自己的方式去表现和创造美"。《3—6岁儿童学习与发展指南》提出了关于幼儿美术活动的具体目标和建议，其对于美术领域目标制定得非常细致而明确，且小、中、大每个年龄段孩子的发展目标是呈阶梯式逐层提高的。因此，阶梯式幼

儿美术课程的目标制定要以《3—6岁儿童学习与发展指南》作为支撑点。

#### 2. 幼儿年龄特点为目标制定提供依据

阶梯式幼儿美术课程是为支持、帮助、引导幼儿开展美术活动,促进其身心全面和谐发展而设置的。课程目标是对其在一定期限内学习效果的期望。因此,我们必须研究儿童,了解幼儿的身心发展规律,关注幼儿发展的需要。每个幼儿都是独一无二的,他们用自己的方式、速度进行学习。每位幼儿的经验不同、能力不同、问题不同、需求不同,因而美术创作中成长的足迹也是不同的。

我们根据幼儿不同的年龄特点、认知发展规律、身心发展规律等选择阶梯式美术活动课程内容,实施基于体验的美术活动,在实践中甄别适合特定年龄段幼儿的美术内容,不断地优化阶梯式美术活动课程内容的开发与研究。

在确定课程目标的时候,我们从儿童和社会两个方面作为依据,但要注意通过过滤、删选和协调,联系课程目标的价值取向,结合园本实际来制定相应的课程目标。

### (二)阶梯式幼儿美术课程目标分类与分层

当前教育的宗旨就是要促进幼儿的全面发展,在制定课程目标的时候,我们确立以"乐享、悦画"为取向的课程目标,尊重幼儿的发展,通过各类型具体的审美教育课程,帮助幼儿形成良好的修养、行为、习惯、态度……享受美术创作的乐趣,乐意分享自己的美术作品。结合幼儿的发展特点和年龄特点,我们将目标进行分层和分类,呈现阶梯式的课程目标。

#### 1. 目标的分类

阶梯式幼儿美术课程目标以《3—6岁儿童学习与发展指南》等相关政策法规中艺术领域美术方面的目标为基础,我们将课程目标分为"感受与欣赏""表达与表现"两大类。

表4-1-1 阶梯式幼儿美术课程目标

| 总目标 | 感受与欣赏 | 1. 感受自然界与生活中美的事物。<br>2. 喜欢欣赏多种多样的艺术形式和作品。 |
|---|---|---|
| | 表达与表现 | 1. 喜欢进行艺术活动并大胆表现。<br>2. 具有初步的艺术表现与创造能力。 |

#### 2. 目标的分层

学龄前儿童身心发展具有明显的不同,包括知觉思维、情绪情感、学习方式等各方面都有不同的特点,因此结合不同年龄阶段的幼儿,我们在总目标下按照小班、中班以及大班幼儿的年龄特点分别制定了相应的目标,同时涵盖情感态度、认知、动作技能三维立体模型。

表4-1-2 阶梯式幼儿美术课程目标

| 年龄阶段目标 | 小班 | 感受与欣赏 | ◇ 喜欢感受花草树木、日月星辰等大自然中美的事物。<br>◇ 乐于欣赏绘画、泥塑或其他艺术形式的作品。 |
|---|---|---|---|
| | | 表达与表现 | ◇ 愿意涂涂画画、粘粘贴贴并乐在其中。<br>◇ 能用简单的线条和色彩画出自己想画的人或事物。<br>◇ 能在教师的指导下积极参与美术活动。 |
| | 中班 | 感受与欣赏 | ◇ 在欣赏自然界和生活环境中美的事物时,关注其色彩、形态等特征。<br>◇ 欣赏艺术作品时能产生一定的想象和情绪反应。 |
| | | 表达与表现 | ◇ 能运用绘画、手工制作等多种表征方式表现自己观察到或想象的事物。<br>◇ 美术活动中能乐意尝试独立表达与表现。 |
| | 大班 | 感受与欣赏 | ◇ 乐于收集美的物品或向别人介绍所发现的美的事物。<br>◇ 愿意和别人分享、交流自己喜爱的艺术作品和美感体验。 |
| | | 表达与表现 | ◇ 积极参与美术活动,有自己比较喜欢的美术活动形式。<br>◇ 能用多种工具、材料或不同表现手法表达自己的感受和想象。<br>◇ 美术活动中能与他人相互配合,也能独立表现。 |

## 第二节 阶梯式幼儿美术课程的内容来源与编排

在明确阶梯式美术课程的理念及目标的基础上,有必要对阶梯式美术课程的内容来源与编排进行构思,以明晰阶梯式美术课程的内容与编排的思路和实施路径。下面就从这两方面来展开。

### 一、阶梯式幼儿美术课程内容的来源

幼儿园课程资源是丰富多彩的,每一个以美术为特色的幼儿园由于处

于独特的自然、社会及文化中，各自都必然占有独特的优势资源。一个开放的美术课程内容及编排在原有的教材基础资源上应该吸纳这些优势资源为"我"所用。可以说，只有不断吸纳各方面优质的资源，才能为阶梯式幼儿美术课程内容的更换、补充和调整提供新的渠道。

（一）结合学习教材开发阶梯式美术课程

从主题活动中寻找开发的链接点。着眼于幼儿园主题活动，注重各活动之间的横向联系与拓展，注重各活动之间的整合和渗透，视资源为幼儿主题活动的"实践地"和"经验场"，通过主题聚焦开发构建阶梯式幼儿美术课程。

在开展主题活动"我自己"过程中，从幼儿熟悉的经验出发，既可以通过科学、社会领域等活动让幼儿观察了解自己的身体，会欣赏和保护自己的身体，知道"我"是人群中的一个，体验和大家做朋友的快乐等，也可借助美术课程让幼儿表现"我自己"，用欣赏的眼光看待自己与别人与众不同的地方。

（二）利用周围资源开发阶梯式美术课程

依托地域文化资源及独特的园所条件，不断吸纳地域文化资源中有价值可利用的美术教育资源，为阶梯式幼儿美术课程内容的开发与建设提供新的渠道。

在主题活动"我是中国人"中，教师从挖掘幼儿周边资源出发，将金山农民画、金山黑陶、金山嘴渔村、金山城市沙滩等资源纳入阶梯式幼儿美术课程中去。让幼儿通过自己的表现与创造了解金山的民间美术等人文资源，激发幼儿爱家乡的美好情感。

（三）通过环境创设开发阶梯式美术课程

幼儿园环境作为一种重要的美术课程资源和实施媒介，在整个幼儿园体系中常常充当着隐性美术教育课程实施的重要途径，这是符合幼儿学习和成长特点的。着眼于幼儿园环境的整体功能，视美术资源在环境中的作用为价值线索，通过环境创设聚焦阶梯式幼儿美术课程。

在幼儿园环境的创设中，我们可以将美术教育资源融合在环境中。如以变异和创新手法演绎日常生活中的时令、节气、习俗、节日等，与幼儿园美术环境融为一体，诠释兼具现代与传统、时尚与民俗的幼儿园整体环境，彰显美术特色幼儿园的操作环境，唤起幼儿对美术活动的兴趣，积累幼儿的生活经验。

（四）借助大师对话开发阶梯式美术课程

大师的作品蕴含着丰富的美术元素，构成了一个意想不到的审美世界，符合幼儿的审美趣味。因此，基于体验的阶梯式幼儿美术课程应让幼儿从小就大量接触艺术品,体验大师的绘画方式与绘画风格,能使幼儿的审美感知、审美情趣、审美创造等能力获得协调发展。

从幼儿的美术经验出发开发适宜幼儿欣赏的大师作品。可由抽象性作品入手,如马蒂斯的《忧愁的国王》、蒙德里安的《红、黄、蓝构图》、米罗的《荷兰的室内》、吴冠中的《小鸟天堂》等艺术大师的抽象作品;还可为幼儿选择一些具象性的作品,为幼儿选择的具象性作品其内容应与幼儿的生活经验相接近、表现手法易于幼儿理解,如齐白石的《虾》、李可染的《迎春图》、米勒的《拾穗者》、怀思的《克里斯蒂娜的世界》等;同时还可以考虑为幼儿选择一些处于抽象和具象之间的作品,如莫奈的《日出·印象》、修拉的《大碗岛的星期天》、梵高的《星月夜》、毕加索的《三个音乐家》等,这类作品既有一定的形象可以识别,又在色彩线条等绘画语言方面有突出的特点。

(五)在与他人比较中开发阶梯式美术课程

阶梯式美术课程内容的选择应站在巨人肩膀上,着眼于对同类幼儿园美术课程内容研究的了解和比较,以解决他人没有涉及和解决的问题为有价值线索,选择与他人不同的视角进行阶梯式美术课程内容的选择。如教师在选择阶梯式美术课程内容的时候,可多看看其他幼儿园的一些美术课程资源,在这些活动的基础上,拓展阶梯式美术课程内容资源的广度,选择周边未被挖掘的资源、未被采用的美术形式等,深入挖掘,在激发幼儿对美术活动兴趣的同时,培养幼儿艺术表现的能力及审美情趣。

## 二、阶梯式幼儿美术课程内容的编排

根据各年龄段儿童的特点制定美术课程内容,以"尊重儿童身心发展特点,培养儿童自信心,不约束儿童的创造力"为原则,自由体验、大胆创造、自信表达、快乐分享、审美互动是课程的呈现特征。通过专业系统的课程,开发儿童的创新思维,激发儿童生命早期的创造动力,注重培养孩子的创造性思维与审美素质。

(一)基于体验的阶梯式小班幼儿美术课程内容

小班幼儿基本处于"涂鸦期",他们属于随意画画、撕纸、玩泥的阶段。由于小肌肉控制力不强,且进行美术创作时手眼难于同步,因此,在小班我们将引导幼儿进行撕贴、印章、涂鸦、泥工等多种形式创作;另一方面,小班幼儿的思维方式比较具体形象,易于对情境化的活动内容产生兴趣,因此,我们的美术活动要有情境性和情趣性。

### （二）基于体验的阶梯式中班幼儿美术课程内容

中班幼儿开始进入"形象期"。小肌肉控制能力明显增强，且愿意尝试使用各种美术材料、工具和方法进行创意活动，因此，中班幼儿的创意美术活动，我们将采取蜡笔画、油水分离、吹画、剪贴画、纸、泥工、综合材料拼贴等形式。

### （三）基于体验的阶梯式大班幼儿美术课程内容

与中班幼儿相比，大班幼儿的手指小肌肉快速发展，已能自如地控制手腕，运用手指活动。因此，在大班幼儿的创意美术活动中，我们将水粉涂鸦、蜡笔画、剪贴画以及泥工等结合起来，让幼儿在同一个创意活动里可以自主选择、整合不同的创意方式。

表 4-2-1 幼儿阶梯式美术课程内容

| 课程模块 | 年龄段 | 课 程 内 容 |
| --- | --- | --- |
| 绘声绘色 | 小班 | **集体性美术活动**<br>① "当星球遇上波洛克"；② "能干的粉刷匠"；③ "小小波洛克"；④ "京剧脸谱"；⑤ "小青花"。<br>**区域性美术活动**<br>① "有趣的青花瓷"；② 蜡笔画 "京剧脸谱"；③ "小小粉刷匠"。<br>**亲子活动**<br>① "我们都是小小波洛克"；② "青花纸盘"；③ "京剧脸谱乐淘淘"；④ "一起来做粉刷匠"。<br>**参观活动**<br>① "波洛克叔叔，你好"；② "寻找青花瓷"；③ "哥哥姐姐的京剧脸谱展"；④ "参观粉刷工人刷房子"。 |
| | 中班 | **集体性美术活动**<br>① "粉刷匠"；② "京剧脸谱"；③ "美丽的青花瓷"。<br>**区域性美术活动**<br>① "我家的房子"；② "京剧变脸秀"；③ "青花瓷"。<br>**亲子活动**<br>① "大手牵小手，装点美丽生活"；② "亲子京剧秀"；③ "青花瓷"。<br>**参观活动**<br>① "粉刷滨海，粉刷美丽"；② "京剧表演"；③ "寻找身边的青花瓷"。 |
| | 大班 | **集体性美术活动**<br>① "小小粉刷匠"；② "我是小小波洛克"；③ "青花瓷"；④ "京剧脸谱"。 |

（续表）

| 课程模块 | 年龄段 | 课程内容 |
|---|---|---|
| 绘声绘色 | 大班 | **区域性美术活动**<br>①"我是快乐的粉刷匠"；②"滴滴答答——波洛克"；③"多种多样的青花"；④"京剧脸谱"。<br>**亲子活动**<br>①"刷房子"；②"当波洛克遇上棉线"；③"青花创意"；④"走进国粹，大画脸谱"。<br>**参观活动**<br>①"亲临粉刷墙"；②"走进艺术"；③"亮晶晶寻青花"；④"走进国粹，大画脸谱"。 |
| 心灵手巧 | 小班 | **集体性美术活动**<br>①"阿福穿新衣"；②"电话叮铃铃"。<br>**区域性美术活动**<br>①"给阿福换新装"；②"小兔爱吃草"。<br>**亲子活动**<br>①"我喜欢的阿福"；②"剪窗花，过新年"。<br>**参观活动**<br>①"参观阿福展"；②"爱廊园"。 |
| 心灵手巧 | 中班 | **集体性美术活动**<br>①"阿福"；②"不怕冷的松树"。<br>**区域性美术活动**<br>①"给阿福换新装"；②"农场动物多"。<br>**亲子活动**<br>①"阿福"；②"快乐的小鱼"。<br>**参观活动**<br>①"参观阿福展"；②"有趣的剪纸"。 |
| 心灵手巧 | 大班 | **集体性美术活动**<br>①"阿福"；②"剪窗花"。<br>**区域性美术活动**<br>①"阿福"；②"剪窗花"。<br>**亲子活动**<br>①"捏泥人"；②"秋天的树叶"。<br>**参观活动**<br>①"阿福"；②"走进剪纸"。 |
| 赏心悦目 | 小班 | **集体性美术活动**<br>"指尖上的星空"。<br>**区域性美术活动**<br>"星空创想"。 |

(续表)

| 课程模块 | 年龄段 | 课程内容 |
| --- | --- | --- |
| 赏心悦目 | 小班 | **亲子活动**<br>"麦田里的丝柏树"。<br>**参观活动**<br>"遇见梵高"。 |
| | 中班 | **集体性美术活动**<br>①"波洛克星球";②"星月夜";③"《江南水乡》之美"。<br>**区域性美术活动**<br>①"波洛克星球";②"向日葵";③"初探江南水乡"。<br>**亲子活动**<br>①"波洛克太空营地";②"稻田里的秘密";③"我与爸爸妈妈玩转水墨画"。<br>**参观活动**<br>①"波洛克";②"梵高星空艺术展之旅";③"我与水墨画的一次亲密接触"。 |
| | 大班 | **集体性美术活动**<br>①"星月夜";②"有趣的点线面"。<br>**区域性美术活动**<br>①"向日葵";②"春如线"。<br>**亲子活动**<br>①"金色的稻田";②"与大师对话——吴冠中作品展"。<br>**参观活动**<br>①"梵高作品展";②"我眼中的吴冠中"。 |
| 金山特色 | 小班 | **集体性美术活动**<br>"金山三岛"探险记。<br>**区域性美术活动**<br>"享渔情、玩渔趣"。<br>**亲子活动**<br>"捏一段时光,与孩子共享"。<br>**参观活动**<br>"进金山嘴渔村,寻艺术足迹美"。 |
| | 中班 | **集体性美术活动**<br>"彩色沙画"。<br>**区域性美术活动**<br>①"金山沙雕展";②"有趣的竹子";③"小小竹编匠"。<br>**亲子活动**<br>①"瓶中沙画";②"一起来做竹编匠"。<br>**参观活动**<br>①"城市沙滩欢乐游";②"探秘渔村的竹编艺术"。 |

(续表)

| 课程模块 | 年龄段 | 课程内容 |
|---|---|---|
| 金山特色 | 大班 | **集体性美术活动**<br>①"有趣的沙画";②"走进渔村"。<br>**区域性美术活动**<br>①"沙子变变变";②"老房子"。<br>**亲子活动**<br>①"沙趣";②"渔村寻宝"。<br>**参观活动**<br>①"城市沙雕展";②"我是渔村小导游"。 |

## 第三节 阶梯式幼儿美术课程的实施

基于"金童幻彩、悦享乐画"的美术课程理念,探讨阶梯式幼儿美术课程实施的原则、路径、策略及方法,为教师开展阶梯式幼儿美术课程提供可行的、易操作的建议。

### 一、阶梯式幼儿美术课程实施的原则

(一)阶梯性与多元性并重

阶梯性与多元性并重是基于体验的阶梯式幼儿美术课程实施的基本前提。阶梯性原则与多元性原则以园所特点为平台,以幼儿发展为轴心,以美术特色教育为支点,全方位、多角度地建立以美术课程为主线,循序渐进地架构与呈现"绘声绘色(绘画)""心灵手巧(手工)""赏心悦目(欣赏)""金山特色"等阶梯式幼儿美术课程内容,发展幼儿观察、想象、创造等多种能力,萌发幼儿的审美情趣。

阶梯性原则以不同年龄阶段幼儿的美术心理水平为依据,搭建层级式的美术课程内容,使课程内容呈螺旋上升态势。针对不同年龄段的幼儿,教学活动以及审美能力的培养要求都是不同的,这是由幼儿的认知水平所决定的,因此,教师应循序渐进、递进式地进行教学,通过创设适合各年龄段幼儿的教学活动、教学形式,一步步地推动阶梯式幼儿美术课程的实施。

在美术活动中,教师们根据幼儿的年龄特点进行活动设计。以波洛克为

例。小班孩子接触世界名画的机会还是比较少的，请幼儿在欣赏的基础上感受其中的情感，并尝试利用毛笔画体验"边跳舞边画画"的乐趣，更能帮助小班幼儿近距离地走进波洛克的绘画艺术世界。中班幼儿在欣赏艺术作品时会产生相应的联想和情绪反应，在欣赏作品的基础上引导幼儿感受画家当时的情境，发散思维创想波洛克创作时的情景，并且能够用情感、动作来展现欣赏的内容。大班从欣赏波洛克的作品入手，在对其作品的观察解读中，帮助幼儿初步了解滴撒法，并尝试用滴撒法进行大胆表现，体验不同绘画方式带来的乐趣。

多元性原则：运用"整合"的教育思想，结合健康、科学、社会、语言、艺术五大领域的基本内容和要求，打破传统幼儿美术教学中"为画而教"单学科领域的教学倾向，把美术和各领域知识进行整合，充分挖掘美术教育的价值。

在美术活动里，常常存在许多科学方面的因素，如绘画动物、植物时，它们的外形、生长习性等都属于科学领域的知识。教师在培养幼儿审美能力的同时，渗透科普知识的教育，能加深幼儿对客观世界的认识、扩展幼儿审美思维空间、增进幼儿用科学态度去表达客观世界的能力，促进幼儿审美能力的提高。在美术活动中可以融入人文、历史等知识及"爱家乡、爱祖国"的情感。美术活动中，存在大量的人文、历史等知识，作为幼教工作者，我们可以寓社会领域内容于美术活动中，让孩子用自己的眼睛发现美、用双手创造美，从而表达对祖国、家乡、亲人以及生活环境的热爱。

在集体活动"京剧脸谱"中，让幼儿在欣赏的基础上，了解京剧脸谱的表现形式和手段，让他们对"对称""夸张"的美术表现形式有所了解与尝试，进而自主创作。同时可以让幼儿了解京剧是我国的国粹艺术，其人物形象鲜明、色彩浓烈，并激发他们喜爱京剧、了解国学、热爱中国传统艺术的美好情感。

### （二）主体性与开放性兼顾

主体性与开放性兼顾是基于体验的阶梯式幼儿美术课程实施的基本准则。

幼儿是一个能动的拥有极大发展潜能的主体，他们总是以主体的身份在与外部世界的相互作用中发展自己，这是幼儿主体性最直接的表现形式。在美术活动中，只有充分发挥幼儿的主体性，才能调动幼儿学习的积极性，培养兴趣，探索求知精神，开发潜能。但是发挥幼儿的主体性时，要适时、适当地引导孩子，不能放任自流。美术教育是一把双刃剑，在幼儿的主体性表现和合理引导幼儿两个方面有的放矢，才能取得良好的美术成果。主体性原则指明了将幼儿的整体发展放到首位，要体现对幼儿主体地位的尊重，同时也应承认幼儿个体差异的存在。主体性原则的提出要求教师把课堂还给幼儿，让课堂充满生命气息，改变一般传统美术教学过程中大多数时间不是听教师讲，就是一问一答的"被动式"听讲的局面，教师要为幼儿积极参与美术表现活动提供广泛的可能。幼儿作为美术活动的主体，学习与表现应该成为他们自觉自愿的行为。在美术教学过程中，幼儿在活动中的状态，包括他们的学习方法和思维方式，合作能力与质量，学习与表现的兴趣、积极性、创造性、注意力，发表的意见与建议、观点，提出的问题与争论乃至错误的回答等，无论是以言语方式还是以情绪、行为方式进行表达，教师都应关注，要将其看成促成幼儿发展的有效生成性资源。教师要学会研究幼儿美术表达，倾听幼儿对作品的解释，发现幼儿独特的美术表达、表现困难以及个体的发展变化等。教师只有站在幼儿的角度，才能有效地理解幼儿美术表现的真正需要和美术表现的过程。

教师应该充分了解幼儿的兴趣和需要，为其创造宽松的外部环境气氛，在活动过程中从"主导"的角色向"引导"的角色变化。俄罗斯教育家乌申斯基曾经说过："没有丝毫兴趣的强制性学习，将会扼杀学生探求真理的欲望。"需要和兴趣很大程度上影响着幼儿主体性发挥。幼儿的美术活动是在他学习动机的推动下产生和发展的，这种学习动机，只有教师在调动幼儿的积极情感以后，才有可能被激发出来。所以，教师要为幼儿创造宽松、和谐的心理环境，让幼儿感到是愉悦的，产生足够的自信心和对美术活动的兴趣，充分调动幼儿学习的积极性，激发求知欲。如果幼儿感到精神压抑、无趣，积极性得不到提高，则不利于主体性的发挥。同时，教师要注意适时地引导幼儿。

在美术教学活动"亲爱的妈妈"中，幼儿开始有点迷茫，虽然是最亲切的一个角色，但是也有很多孩子不知怎么去表达，教师可以适时地用语言来激发幼儿的想象力："妈妈经常忙什么呀？""妈妈的花衣服是什么颜色的？""是圆脸还是长脸啊？"……而不是处在主导地位，如让孩子照范画临摹等传统的填鸭式教育。

开放性原则一方面要求学前幼儿美术教学要面对不同的教学对象、不同的表现内容、不同的美术表现形式与活动形式、不同的物质环境，能适时变换程序和活动策略；另一方面要求对学前幼儿美术教学各要素进行分析时，能从宏观角度考察主题的内涵、幼儿与教师的经验环境、社会的需求等，以保证达成美术教学的目标。

在幼儿美术教学中要尽可能地体现主体性与开放性相结合的特征。《纲要》将幼儿园课程划分为艺术、健康、科学、语言、社会五大领域，每个领域本身就构成一个相对独立的系统，但系统与系统之间可以借助许多通道建立直接或间接的联系，体现了系统开放性的一面。美术教育作为艺术领域的重要组成部分，具有联系学科与领域的中介作用。

在"三八"妇女节时组织活动"漂亮妈妈"，通过收集妈妈的照片，向妈妈了解喜好、工作的情况等，观察、讨论、交流妈妈的服饰、发型、体貌特征等，使幼儿从生活中多角度、多视野地丰富妈妈的形象。如此，在美术活动中，孩子们就能更具创意地装扮自己的妈妈，画出自己心中的"漂亮妈妈"。

（三）体验性与生活性互补

体验性与生活性互补是基于体验的阶梯式幼儿美术课程实施的基本思路。

学习探索的过程就是学习者体验的过程，体验性原则是指所获得的课程资源来源于幼儿生活，与幼儿的生活密切有关，并且在开展教育活动中幼儿能直接操作和探索，体验到"玩中学"的乐趣。

在春天来临的季节里，带着孩子徜徉在春日暖暖的阳光中，引领他们去观察嫩绿的树芽、绒毛般的小草、柔软的柳枝、娇艳的花朵、翩翩起舞的蝴蝶……从图片欣赏到走进大自然，教师让幼儿的体验不局限于眼睛的欣赏，而是各种感官的感受，使孩子获得了关于春天的整体认知，可以为美术活动中幼儿的自我表现积累下丰富的素材。在秋季，大班进行"秋天的树林"体验活动，利用幼儿园大树多的条件，将孩子带入这个真实的情景中，引导孩子观察树干的色彩、形状，树皮的粗糙、软硬程度等等。在未进行体验之前，幼儿对树干色彩的认识就是"灰色、黑色、咖啡色"等等笼统印象。体验之后，从幼儿的作品中可以发现，幼儿对树干的认识丰富了，有部分孩子甚至表现出了树干上青苔的色彩，有些孩子通过画笔的变化表现出了树皮粗糙和光滑的感觉，幼儿的认知得以完善和丰富，这使幼儿在表达表现时实现自我的突破。

生活性是指生活中充满了幼儿所关注的事物，这些都能成为教育的契机，生活是艺术创造的源泉，幼儿的生活为幼儿美术创作提供了丰富的来源。只有与幼儿相关的主题，才能真正引发他们学习的兴趣。正如西方学者威廉·史密斯早在1935年就指出的——真正的课程综合，学习情境必须符合特定的条件：一是它必须考虑与学习者有关的问题；二是它必须关心学习者生活世界的主要层面；三是它必须激发学习者能动的和创造的行为。因此，幼儿的生活是我们教育者应该去细心观察和用心体会的，而且在设计阶梯式幼儿美术课程的过程中，我们需要立足于幼儿的实际情况，根据他们的发展要求,充分地开发主题的内容以及艺术方面的价值,同时通过多样的方式来开展,采用系统性的方法来适应不同层次幼儿的发展和要求,帮助幼儿获得更长远的发展价值。

围绕幼儿熟悉的事物开展活动,容易被幼儿理解和接受,可以提升幼儿已有的知识经验,使他们获得丰富的社会情感体验。因此,基于体验的阶梯式幼儿美术课程应贴近幼儿的各种生活经验,或者要求教师从生活中选取适宜的课程资源,把富有教育价值的资源内容纳入课程领域。

在秋天丰收时节,为了让幼儿更加直观地观察和认识水果,可以组织"水果娃娃"等主题活动,让幼儿在水果店里观察、认知各种水果,其中包括水果的形状、颜色、味道的异同,讨论自己喜欢的水果。在此基础上激发幼儿的想象力,鼓励幼儿运用所积累的表象,用美术形式去表现"水果娃娃"。幼儿身边的人、事、物是幼儿经常接触到的,这比教师的范画或模型效果都要强。因为它贴近生活,会使幼儿感到更亲切,更有兴趣。

## 二、阶梯式幼儿美术课程实施的路径

### (一)正规性途径

正规性途径主要包括集体性美术活动和个别化学习活动中的区域性美术活动。集体性美术活动包括绘画、手工、美术欣赏,个别化学习中的区域性美术活动是集体性美术活动的延伸与拓展。

#### 1. 集体性美术活动

集体性美术活动是阶梯式幼儿美术课程实施的重要形式,包括绘画、手工、美术欣赏三大内容。美术欣赏开阔了幼儿的视野,增加了表象经验的积累,提高了对美的感受力。绘画与手工是幼儿在美术活动中具体的操作表现,在活动过程中,幼儿逐步掌握多种绘画和手工的基本技能和操作方法,有进行创造性表现的意识和欲望,体验从活动中得来的各种感受,同时又促进美术欣赏力的提高。应该说,绘画、手工和欣赏是相互联系相互促进的三个方面,它们在幼儿美术教育活动中构成了一个不可分割的整体。

小班集体美术活动"我爱洗澡",重点是学习用"吹泡泡"的作画技巧,在一定情境下完成绘画内容,大胆、形象地表现富有生活趣味的"泡泡澡"作品。为了更好地激发小班幼儿参与活动的积极性,老师选择创设"洗澡"这个情境,在开始的时候出示一个大大的洗澡盆,幼儿一下子进入了"我要洗澡"的情绪中。老师还为幼儿提供了幼儿的头像和各类彩色的手工纸以便幼儿装饰富有自己特色的洗澡盆,让幼儿沉浸在我给自己洗澡的情境中,充满趣味的情境让小班的幼儿不知不觉中掌握了"吸管吹画"的技能,完成了一幅幅色彩丰富的作品,完成后幼儿之间可以相互欣赏不一样的作品。

2. 区域性美术活动

区域性美术活动是阶梯式幼儿美术课程实施的主要形式。区域性美术活动为幼儿提供了一个丰富多样的、有选择自由度的环境,引发幼儿自主参与美术活动,从而激发幼儿对美的敏感性,提升幼儿表现美、创造美的兴趣和积极性,使幼儿获得更大的乐趣和满足,对幼儿健康个性的形成、创新意识的培养具有积极意义。通过让幼儿用自己的方式欣赏美、表现美、展示童真,充分发挥自身的创造性,也为教师实施个别化指导提供了条件。

在"水中的哈哈镜"大班个别化学习活动中,教师为幼儿提供了丰富的材料,幼儿可以有多种表现创作的玩法。玩法一是画倒影:在水盆中装半盆水,让幼儿对着水面做鬼脸,观察水中倒影的变化并在纸上画出自己在水中的倒影。玩法二是想象画:将画纸对折,在纸的上部用蜡笔画各种轮廓,边涂边印,用水彩蘸水淡淡刷上倒影处以制作水面。教师可以在个别化学习美术区域中有意识地观察幼儿观察比较的兴趣和专注程度,如发现实物和倒影的不同;幼儿参与绘画活动的积极性,使用水彩笔进行作画的能力,以及涂色、对称印画时动作的协调性、灵活性等,并有针对性作个别化指导。

(二) 非正规性途径

非正规性途径包括远足、参观及亲子美术活动。将参观、远足活动融入阶梯式美术课程中,利用参观、远足等活动机会,组织幼儿参观传统民间艺术和地方民俗文化活动,组织幼儿进行户外情景写生等活动;通过亲子美术活动,"重构家长参与"的框架,创设家长承担共育的平台与载体,促使家长成为阶梯式幼儿美术课程实施的支持者、提供资源的志愿者、协助教师评价幼儿美术行为的观察者,使家长实质性地进入共育的境地。

1. 远足活动

远足活动是阶梯式幼儿美术课程实施的途径之一。它为幼儿提供了亲近大自然的机会,扩大了幼儿接触社会、认识社会的活动空间。利用远足活动"走出去"的机会,组织幼儿进行户外情景写生活动等。

小班的孩子跟随老师在幼儿园走一圈,更进一步认识幼儿园,感受幼儿园的美丽,提升爱幼儿园的情感。中班孩子跟随老师走出幼儿园,一路上认识柚子树、杏子树、橘子树等等,感受附近街道独特的景色。在大班写生"我们周围的住宅小区"活动中,教师组织幼儿到周边的小区远足,并进行一次户外情景写生活动。让幼儿通过认真的观察画出所住小区的景象,注意合理布局画面。激发幼儿热爱生活,喜欢自己居住小区的美好情感。孩子的眼睛是敏锐的、清纯的,他们能够洞察事物的细微变化并博采精华,而写生活动则给了幼儿一双发现美的眼睛,所以写生活动是提高幼儿观察能力的好途径之一。

2. 参观活动

参观活动是阶梯式幼儿美术课程实施的补充途径。《指南》中指出,采用生动活泼的形式,关注幼儿的个性成长,使幼儿通过各种美术活动感受生活中的自然美,接受美的熏陶,培养美的创造力,开始美的启蒙,提升幼儿的美学素质。教师有效利用社会、社区、周边的教育资源,为幼儿创设丰富的利于发现、感知、体验的教育环境,促进幼儿在活动中获得有价值的学习经验,培养幼儿的观察能力、审美能力等。

利用幼儿周围的地域资源,可以组织幼儿远足到附近的金山城市规划馆,欣赏了解金山的陶艺文化,感受金山民间艺术的造型美,萌发幼儿热爱家乡的美好情感;可以组织幼儿参观金山嘴渔村老宅、渔具馆、妈祖文化馆、海渔文化馆、祥鱼湖、渔民画工作室、丁字坝码头等多个渔村特色景点,感受金山嘴渔村秀美的风景,以及渔村不一样的生活习俗,大大增加幼儿的绘画兴趣,以写生的形式体现出金山嘴渔村丰富的人文景观和独特的民俗风情。

3. 亲子美术活动

亲子活动是阶梯式幼儿美术课程实施的辅助途径。在亲子美术活动中,家长对幼儿美术创作的理解、支持会激发幼儿兴趣;家长的积极参与、引导会促进幼儿美术能力的发展。

在"指尖上的创意"亲子活动过程中,家长与幼儿共同参与美术创意活动。小班有"车轮滚滚""我是小小波洛克""手掌印画""滚珠画""喷画"等创意美术活动,不同的美术材料、不同的创意玩法让幼儿与家长都充分感受到了美术的乐趣所在;中、大班采用了混班混龄亲子美术游园形式,提供了新奇丰富的材料、自由开放的空间,可谓百花齐放,姹紫嫣红:涂的,吹的,剪的、贴的,平面的、立体的,借形想象的、实物写生的,拓印、版画、剪纸、水油分离画、拖色、吹画……在活动中,孩子、家长、教师发挥天马行空的想象,体验艺术的享受,共同分享艺术创作的欢乐,这不仅陶冶了幼儿的审美情感,更让大家感受到人间浓浓亲情。

## 三、阶梯式幼儿美术课程实施的策略和方法

### （一）熏陶策略

熏陶策略是指幼儿在特定的环境氛围中，受到无意识的感染、启示和教育，是外在因素无意识中施加给人的影响，潜移默化地改变人的想法和行为，是人类一种无意识的自觉、自悟、自省。良好的美术欣赏环境非常重要，它能使儿童接受潜移默化的熏陶，加强美的视觉感受，培养儿童对美的事物的敏感性，引发儿童对美的向往。

#### 1. 环境熏陶法

《纲要》指出："环境是重要的教育资源，应通过环境的创设和利用，有效地促进幼儿的发展。""幼儿园应为幼儿提供健康、丰富的生活和活动环境，满足他们多方面发展的需要，使他们在快乐的童年生活中获得有益于身心发展的经验。"在这种情况下，环境不单是外在的一种感官性的东西，它还有了更多的教育价值，其实用性的特点也在逐步加强。环境创设成为幼儿教育的重要一环，是教育中不可缺失的元素，一个丰富的富有美感的环境能给予幼儿启发和支持，激发幼儿的想象力和创造欲望。因此，教师要为幼儿接触生活中美好的事物与现象创造机会，丰富幼儿对美的认知和理解。

阶梯式幼儿美术课程环境作为一种"隐性课程"对幼儿起着润物细无声的作用。创设环境的过程是教师、幼儿、家长等共同合作，幼儿以主人身份参与的教育过程，不仅要让幼儿真正地感受到幼儿园环境是属于他们的，还要充分调动幼儿的积极性，引导幼儿主动地参与环境创设。幼儿无法借助文字表达，美术便成为幼儿表达心声、表现自我的最佳手段，幼儿积极运用美术手段与环境互动，环境创设中无不渗透着丰富多彩的阶梯式幼儿美术课程元素，使幼儿在不知不觉中得到艺术的熏陶。

青花瓷是中国瓷器的主流品种之一，它的造型优美，色彩淡雅，是我国最富有民族特色的瓷器。在幼儿园中布置青花瓷的走廊环境，让幼儿每天上下园的途中感受青花瓷的环境，使孩子置身其中，耳濡目染，在不知不觉中受到影响。

欣赏梵高的向日葵时，可以让孩子观看、体验真实的向日葵迎着太阳摇曳的情趣。欣赏向日葵作品，可以有目的地引导儿童选择形状、大小、方向不同的向日葵实物摆放、布局，以体会梵高的构图之美妙。

### 2. 情境创设法

在实施美术教学时有效地应用情境创设法，可以激发幼儿的思维活力，激活幼儿的创造能力以及外显幼儿的个性张力，有效激发幼儿参与活动的兴趣，增强幼儿主动学习的情感，增加幼儿的多种体验和联想。在幼儿美术教学活动中，创设情境有助于提高幼儿学习美术的兴趣。幼儿在模拟的环境中体验生活，发展社会性，同时培养幼儿的良好行为习惯。因此，以情境为导向在幼儿美术教学活动中的实践有着重要意义。

一是生活情境。遵循幼儿"玩中学"的学习特点，注重在幼儿园日常生活中创设情境，引导幼儿进行美术创作。在"认识标识"活动中，教师鼓励幼儿为班级设计制作"节约用水""安静入睡"等标识，然后让孩子们评选一幅最佳作品贴在相应的地方以提醒大家共同遵守。

二是节日装饰。节日装饰是幼儿大展身手的好时机。一把剪刀、几张彩纸就可以在幼儿的手中转动、跳跃着，于是彩带、拉花、窗花等呈现在大家面前。幼儿在自己布置的环境中去庆祝自己的节日，体验到别样的美术创造乐趣。

### 3. 主题渗透法

主题渗透法是指结合主题内容，基于幼儿生活经验开展相关的美术活动。以主题为线索，以儿童为中心，以经验为基础，引导幼儿运用多种美术手段表现周围的生活世界，创造性地再现生活经验，激发幼儿的表达欲，从而发展幼儿表现美、创造美的能力，培养幼儿乐观、开朗、大胆、自信的个性。主题活动与美术活动形成了相辅相成的关系，主题活动为美术活动奠定了充沛的认知基础，美术活动让幼儿充分地展现了对主题内容的了解和认知，同时为幼儿的表现提供了充分的再创造的机会和条件。

主题式美术活动的开展，不仅能提高幼儿的审美能力、表达表现能力等相关美术素养，更是培养幼儿乐于探索、善于发现、动脑动手、合作分享等综合能力的重要手段。这一课程组织形式，能为幼儿提供活动，让幼儿主动地去参与，在与材料和他人交互作用的过程中获得经验，使幼儿认知、情感和身体各个方面的发展相互支持、相互增强，从而获得新的经验和知识，形成积极主动的学习态度，而不是被动地去接受或旁观客观现实。

在《学习》教材中结合"我是中国人""春夏秋冬""有用的植物"等主题活动，开展"金山的民间艺术""金山旅游图""金山明信片"等集体性美术活动，开展"制作南瓜饼""金山方糕""有趣的陶泥"等手工制作活动，开展"金山农民画""有趣的剪纸"等美术欣赏活动。

（二）互动策略

互动以其多元化主体交互、信息双向交流、角色互相依赖的特殊性质，被赋予深刻的教育内涵。在集体活动中的师生互动、生生互动可以有效调动幼儿的学习兴趣。教师与幼儿进行交流时，除了具备正确的教育互动观念外，还应该掌握一定的互动技巧，选准互动时机，进行启发诱导。

1. 自然融合法

陈鹤琴先生说过："大自然，大社会是我们的活教材。"他主张让幼儿"多到大自然中去直接学习，获取直接经验"。《3—6岁儿童学习与发展指南》中指出，幼儿艺术领域的学习关键在于充分创造条件和机会，让幼儿在大自然和社会文化生活中萌发对美的感受和体验，丰富其想象力和创造力，引导幼儿学会用心灵去感受和发现美，用自己的方式去表现和创造美。

教师利用午休散步时间带幼儿到"悦园"种植园地接触自然，利用远足活动带领幼儿走进大自然，让幼儿在无拘无束的活动中，观察周围的动态环境，观察生活中事物的变化和发展；让幼儿在说说、看看、摸摸、闻闻等过程中，感知事物的外部形态和内在结构，引导幼儿从平凡的生活中寻找美、发现美，为幼儿形成美术表象和意象打下基础。

2. 家园互动法

家庭和幼儿园之间的良好互动，能为幼儿构建更加适合成长和发展的一体化环境，为幼儿的未来发展奠定坚实的基础。家园互动法是指在阶梯式幼儿美术课程实施过程中充分利用家长资源，在园内外开展亲子美术欣赏、亲子手工制作等活动，从而丰富与扩展幼儿的美术认知经验。一方面邀请家长助教团成员来园组织"金山农民画"等美术欣赏活动；另一方面鼓励家长利用自身优势特长，带领幼儿参观画展、手工编织等活动。幼儿在参与过程中发展了精细动作，培育了审美情趣。

幼儿在园通过区域活动的跟进，初步学会了竹篾的编织方式。坚持通过横向竖向的编织形成网状模样，并引导幼儿对竹网进行装饰。但幼儿也向我们提出了小疑问：竹网边上的竹篾戳出来了，会有点刺刺的，我们应该怎么办呢？于是我们继续将活动延伸到了亲子合作环节，引导幼儿将竹网拿回家，和家人动动脑筋想一想，用什么办法包边，让竹网更好地使用和保存呢？（包布边、用彩泥封口等等），然后等第二天到幼儿园和小朋友一起分享交流。

### （三）体验策略

在美术教学中注重引导幼儿观察、领会、体验自然之美、社会之美、生活之美，以美激活情感，诱发创作动机。在美术教学中要让幼儿去参与或见证正在进行着的事情或亲身经历活动，而不是从他人那里获得，更不是道听途说，也不是推导和猜测出来的。让幼儿在这一过程中所获得的体验是不带任何阐释的存在，呈现出一种不带偏见观点，也决不含糊，超然、纯粹、原本、一尘不染地体验原真性。进行体验的教学内容及教学活动可通过亲子活动或者参观活动，充分利用已有的、可用的校外美术教育资源，并结合该教育资源的实际，合理地安排具有体验特征的美术教育内容及教学活动。当地的美术馆、博物馆、科技馆、民居、文化节、具有民族特点的传统节日、民俗文化等都可以纳入美术教学活动中来。

#### 1. 多维体验法

一是激发幼儿的美术兴趣，切入课程内容——前体验。教师借助幼儿感兴趣的方式去支持、发展幼儿对世界的感受、认知和表达表现，尊重幼儿发展的需要。正如《纲要》中指出的那样："幼儿艺术活动的能力是在大胆表现的过程中逐渐发展起来的。"通过课程实施激发幼儿感受美、表现美的情趣，丰富他们的审美经验，使之体验自由表达和创造的快乐，从而在"前体验"的基础上自然而然地切入课程内容。

二是关注幼儿的情感需求，巩固课程内容——中体验。基于幼儿的需要与兴趣，充分利用幼儿的已有美术经验，唤起幼儿参与美术活动的热情，提升、重组已有的美术经验。幼儿在美术课程实施过程"中体验"能满足他们的审美情感需求。

三是注重幼儿的评价解读，提升课程内涵——后体验。在课程实施过程中，教师鼓励幼儿大胆表达自己的想法，正确解读幼儿的美术作品，理解幼儿独特的美术行为，让幼儿在潜移默化中习得相关经验提升审美情感，尽情享受美术课程带来的"后体验"乐趣。

四是创设幼儿的互动机会，挖掘课程深度——互体验。在区域性美术活动中，投放幼儿喜爱的美术活动材料，让幼儿进行个性化的美术学习与体验，既巩固其已有的美术经验又让幼儿体验到活动愉悦性。同时教师和幼儿成为互动中的伙伴，在"互体验"中相互交流，思其所思、想其所想，学习友好相处、合作的规则，师幼关系更融洽。

以《向日葵》为例，从了解向日葵的种类和自然生长环境开始。教师引导幼儿从不同角度跨学科领域研究向日葵的生长过程。针对幼儿的年龄特点，教师可以拓展讲解绘画不同的技法，用水粉颜料、油画等技法，教授幼儿如何表达对向日葵不同方面的理解。此外，还可以开展户外教学，直接带领幼儿到户外亲身体验。运用这样的教学方式，幼儿不仅可以欣赏自然造型的特点，还可以进行设计和探索。从长远看，幼儿的思维不仅限于绘画，而且会收获不同的理解与想象。

2. 媒体演示法

随着我国科技和教育理念的不断深入，现代信息技术已融入日常教学活动中。在幼儿园的美术教育中，多媒体技术能够为幼儿播放一些美术图片、视频资料，帮助幼儿了解生活中的美以及自然中的美。利用现代信息技术激发幼儿的主动性和创造性。现代信息技术能够更快速、更方便、更有效率地帮助教师在美术课堂中引入各种自然和生活中的图片以及视频，这些图片和视频不仅质量高、像素高，而且多数取之于自然的真实画面，能够让幼儿了解到真实的自然美感，培养幼儿正确的审美观。

画一些自然中的花花草草。如果没有看到自然中各种花花草草的真实样貌，感受不同的色泽艳丽的花、不同形状的花，那么教师将无法提起幼儿的积极性和主动性，对于幼儿的创造性也没有帮助。而现代信息技术的引入，能够令幼儿在活动中就观察到各种花花草草，这些形态各异、颜色饱和的花朵都能够通过现代科技进行高清显示，而且可以利用多媒体技术进行多方位的观察，在幼儿的美术活动中帮助幼儿激发对于自然花朵的想象力，激发幼儿对于自然的美感，培养幼儿正确的审美观。

3. 实地参观法

美术活动的主要教学特点是形象性、直观性，因此在美术欣赏教学中经常采用实地参观法。参观法是为了进一步达到教学目标，让幼儿对所学内容在感性上有所认识，组织幼儿到大自然或社会特定的场所观察，接触客观事物或现象，获得新知识、巩固验证已学知识。结合美术教学任务，组织学生到博物馆、美术馆、艺术家作坊等地参观。

秋天，是个美丽的季节，也是稻谷飘香的季节。在这个处处蕴涵着教育契机的季节里，为了开阔幼儿视野，让他们与大自然亲密接触，增长知识，我们决定开展一次"稻田里的秘密"主题活动。由老师带领小朋友到水稻田进行实地参观，观察水稻的颜色、形态等。

## 第四节 阶梯式幼儿美术课程的评价

美术教育是帮助幼儿认知美、感受美的课程,下面主要从在幼儿美术活动的评价中如何建立正确的评价观,使用多元化的评价体系,来对幼儿的美术活动表现做评价,帮助幼儿个性发展进行阐述。

### 一、评价的指标与内容

课程评价的内容围绕幼儿,旨在通过评价不断地优化课程,主要对课程方案、课程内容、课程实施、实施效果四个方面的内容进行评价。其中课程方案评价指标包括价值理念、结构框架、目标分析与表述、完善与发展。课程内容评价指标包括内容的适切性、整合性、递进性、特色性、开放性。课程实施评价指标包括执行者解读课程的方式与过程、实施课程所营造的条件、实施课程的方式与方法、实施课程的计划与文集、实施课程的反思。实施效果评价指标包括幼儿的成长、教师的专业发展、幼儿园的发展。

指标体系是评价对象本质的概念系统,从理论上讲应该与评价对象同构,即从概念化角度完整准确地表现评价对象的构成要素与组织结构。也就是说,构建阶梯式幼儿美术课程评价方案时,在确定评价目的后,第二步应做的事情就是确定评价对象,并对评价对象进行分析,分解出评价对象的构成要素和组织结构,将之作为确定评价的指标体系基础,使指标体系与评价对象现场同构。

鉴于同构的理念,课题组对课程方案、课程内容、课程实施过程和实施效果四部分评价内容进行分析,解构出主要的构成内容。如表4-4-1所示:

表4-4-1 阶梯式幼儿美术课程评价的内容构成

| 评价对象 | 构成要素 |
| --- | --- |
| 课程方案 | 价值理念 |
| | 结构框架 |
| | 目标分析与表述 |
| | 完善与发展 |

(续表)

| 评价对象 | 构成要素 |
|---|---|
| 课程内容 | 适切性 |
| | 整合性 |
| | 递进性 |
| | 特色性 |
| | 开放性 |
| 课程实施 | 执行者解读课程的方式与过程 |
| | 执行者实施课程所营造的条件 |
| | 执行者实施课程的方式与方法 |
| | 执行者实施课程的计划与文集 |
| | 执行者实施课程的反思 |
| 实施效果 | 幼儿的成长 |
| | 教师的专业发展 |
| | 幼儿园的发展 |

### （一）阶梯式幼儿美术课程的评价

明确了阶梯式幼儿美术课程评价的构成要素后，以《3—6岁儿童学习与发展指南》及《上海市学前教育课程指南》精神为指导，以诊断性课程评价为理念，制定了阶梯式幼儿美术课程评价的指标体系。具体见表4-4-2：

表4-4-2　阶梯式幼儿美术课程评价的指标与内容

| 评价对象 | 构成要素 | 评价指标 |
|---|---|---|
| 课程方案 | 价值理念 | ◇ 符合以幼儿发展为本的要求<br>◇ 符合社会期望，与社会、文化发展的价值理念保持一致<br>◇ 符合终端需求者（幼儿和家长）的发展需求 |
| | 结构框架 | ◇ 符合幼儿发展的规律<br>◇ 关注结构的均衡性 |
| | 目标分析与表述 | ◇ 与培养目标保持一致<br>◇ 目标具有结构性，表述清晰无歧义，各层级目标间无矛盾 |

（续表）

| 评价对象 | 构成要素 | 评 价 指 标 |
|---|---|---|
| 课程方案 | 完善与发展 | ◇ 课程评价方式适切、科学<br>◇ 预留完善和发展的空间，允许执行者完善、丰富课程 |
| 课程内容 | 适切性 | ◇ 能满足幼儿发展的关键经验<br>◇ 符合幼儿发展的年龄特点 |
| | 整合性 | ◇ 能整合幼儿发展的多方面经验<br>◇ 能满足幼儿多方面的发展需求 |
| | 递进性 | ◇ 符合幼儿身心、认知及能力发展的规律<br>◇ 尊重幼儿认知、经验等内在的发展序列 |
| | 特色性 | ◇ 与幼儿园特色保持一致<br>◇ 不因"特色性"忽略基础性课程的内容 |
| | 开放性 | ◇ 内容具有生成性，适合幼儿与教师共同探索、生成课程<br>◇ 表现内容、表现形式与活动形式多样 |
| 课程实施 | 执行者解读课程的方式与过程 | ◇ 形成解读、研讨课程的三位一体的教研、科研、培训机制<br>◇ 按照三位一体的教研、科研、培训机制定期解读课程 |
| | 执行者实施课程所营造的条件 | ◇ 课程实施过程获得社区、家长支持<br>◇ 幼儿园大环境反映课程理念<br>◇ 能营造出课程实施的氛围<br>◇ 配备课程实施指导手册 |
| | 执行者实施课程的计划与文集 | ◇ 课程实施计划中目标制定的适切性<br>◇ 课程实施计划中课程内容选择的适宜性<br>◇ 课程实施计划中活动方案设计的合理性<br>◇ 课程实施计划中活动方法选择的适应性 |
| | 执行者实施课程的方式与方法 | ◇ 教育观正确，关注美术活动过程及幼儿多种能力的培养<br>◇ 儿童观正确，既面向全体幼儿，又关注幼儿发展的个体差异<br>◇ 课程观正确，认同"一日活动皆课程"的理念，能把握各种契机，灵活采用分区、分组、个体、集体等多种形式，结合一日生活不同环节开展美术活动<br>◇ 有课程整合的意识，能关注幼儿多种经验的获得 |
| | 执行者实施课程的反思 | ◇ 及时反思课程实施计划、实施过程和实施效果<br>◇ 能根据反思结果提出调整课程实施计划和方式的建议 |

(续表)

| 评价对象 | 构成要素 | 评价指标 |
|---|---|---|
| 实施效果 | 幼儿的成长 | ◇ 幼儿的感受与欣赏、表达与表现等发展情况达到幼儿园培养目标与课程目标 |
| | 教师的专业发展 | ◇ 专业理念与师德的发展<br>◇ 专业知识的发展<br>◇ 专业能力的发展 |
| | 幼儿园的发展 | ◇ 幼儿园办园特色更趋明显 |

评价指标是评价阶梯式幼儿美术课程构成要素的依据,以评价指标为依据衡量阶梯式幼儿美术课程构建与实施的方方面面,可及时发现其在建构与实施过程中出现的问题,寻求解决的策略与方法,使阶梯式幼儿美术课程的方案趋于完善,不断提高课程实施的质量。

(二) 对幼儿发展的评价

一是着眼于"感受与欣赏"的评价,着重于情感、态度与价值观评价。

二是着眼于"表现与创造"的评价,着重于构图、色彩、造型等美术经验等评价。

三是着眼于"学习品质"的评价,着重于幼儿的精细动作、专注力、持久力、观察力等评价。

表4-4-3 阶梯式幼儿美术课程中的幼儿发展评价指标

| 项目 | 内容细目 | 水平等级 | | |
|---|---|---|---|---|
| | | ★ | ▲ | ● |
| 感受与欣赏 | 热爱自然,亲近自然 | | | |
| | 喜欢观察,乐于表现 | | | |
| | 感受美,发现自然界及生活中美的事物 | | | |
| | 欣赏美,关注美的事物的色彩、形态等特征 | | | |
| | 愿意和别人分享、交流自己美的体验和感受 | | | |
| | 审美情趣,对自然界和社会生活的各种现象和事物以及艺术作品的审美价值所作的直接的富有情感的审美评价和所取的审美态度 | | | |

(续表)

| 项　目 | 内　容　细　目 | 水平等级 ★ | ▲ | ● |
|---|---|---|---|---|
| 表现与创造 | 构图：绘画时根据题材和主题思想的要求，把要表现的形象适当地组织起来，构成一个协调的完整的画面 | | | |
| | 造型：塑造物体的特有形象，也指创造出的物体形象 | | | |
| | 线条：绘画时描画线条流畅 | | | |
| | 角度：选择适合的角度进行绘画 | | | |
| | 布局：对事物的全面规划和设计 | | | |
| | 想象：要具有想象力 | | | |
| | 整体效果：整体构图和效果 | | | |
| 学习品质 | 专注力 | | | |
| | 持久力 | | | |
| | 观察力 | | | |
| | 语言表达与表现力 | | | |
| | 图像表征能力 | | | |
| | 兴趣性 | | | |
| | 参与度 | | | |
| | 自信心 | | | |

注：水平等级★表示"好"，能够达到90%的标准。水平等级▲表示"一般"，只能达到70%的标准。水平等级●表示"弱"，勉强达到50%的标准。

### （三）对教师发展的评价

对教师发展的评价主要分为集体活动和区域性美术活动。

集体活动着眼于教学目标、教学过程、幼儿表现及教师素养的评价。

区域性美术活动着眼于环境创设与材料支持、教师观察指导、幼儿活动状态与效果的评价。

表4-4-4　教师执行课程的评价指标（集体活动）

活动名称：
活动目标：
被观察教师姓名：　　　　　年龄：　　　　　观察班级：

| 项目 | 内容细目 | 水平等级 | | | | |
|---|---|---|---|---|---|---|
| | | 1 | 2 | 3 | 4 | 5 |
| 教学目标 | 1. 突出领域特点，体现《指南》精神。 | | | | | |
| | 2. 目标具体明确，可检测，能面向全体幼儿，尊重个体差异。 | | | | | |
| 教学过程 | 1. 能适宜地观察幼儿在美术活动中的行为与表现。 | | | | | |
| | 2. 能正确地解读幼儿在创作过程中的美术语言。 | | | | | |
| | 3. 能恰当地分析幼儿出现上述行为背后的原因。 | | | | | |
| | 4. 能有效地回应幼儿在美术活动中出现的问题与困惑。 | | | | | |
| 幼儿表现 | 1. 幼儿在活动中的美术认知经验与水平有提升。 | | | | | |
| | 2. 幼儿有参与活动的兴趣，态度积极主动。 | | | | | |
| | 3. 能在美术活动中进行多元化、个性化的创作与表达。 | | | | | |
| 教师素养 | 1. 有先进的教学理念，并体现在美术活动的环节中。 | | | | | |
| | 2. 具有良好的美术素养及扎实的美术技能。 | | | | | |
| | 3. 有较强的活动设计能力、教学应变能力，能运用灵活多样的教学方法，形成一定的教学特色。 | | | | | |
| | 4. 能恰当运用信息技术，操作能力强，教学效果好。 | | | | | |

注：水平等级1表示"弱"，勉强达到30%的标准。等级2表示"较弱"，达到50%的标准。等级3表示"一般"，能达到70%的标准。等级4表示"较好"，能达到80%的标准。等级5表示"好"，能达到90%的标准。

表4-4-5 教师执行课程的评价指标(区域性美术活动)

| 个别化美术活动名称: | | | | | | |
|---|---|---|---|---|---|---|
| 被观察教师姓名: 年龄: 观察班级: | | | | | | |
| 项 目 | 内 容 | 水平等级 | | | | |
| | | 1 | 2 | 3 | 4 | 5 |
| 环境创设与材料支持 | 1. 提供宽裕的、有弹性的活动时间,充分有效地利用好活动室的空间;美术区域整体布局科学合理,体现幼儿认知与经验发展的阶段目标。 | | | | | |
| | 2. 为幼儿创设民主、宽松的环境与氛围,以引发幼儿自发、自主、自由地表现与创造。 | | | | | |
| | 3. 各类操作材料符合安全卫生标准,数量充足、种类丰富、摆放有序,具有低结构与层次性,凸显趣味性与挑战性。 | | | | | |
| | 4. 美术材料收集能够自然融合主题经验和园所特色。 | | | | | |
| 教师观察指导 | 1. 有明确的重点观察指导的内容和对象。 | | | | | |
| | 2. 介入的时机与方式较适宜。 | | | | | |
| | 3. 能有意识地观察、倾听,并捕捉有价值的信息。 | | | | | |
| | 4. 提供适时、适宜、适度的支持引导。 | | | | | |
| | 5. 在尊重幼儿个体差异,开展分层指导的基础上,使每一位幼儿获得满足和愉悦。 | | | | | |
| | 6. 采用即时回应和交流分享等方式支持幼儿将个体的美术经验转化为集体共享的美术经验,丰富和推进幼儿新经验的获得。 | | | | | |
| 幼儿活动状态与效果 | 1. 自主选择美术操作材料,有参与美术创作的热情、独立操作的意识。 | | | | | |
| | 2. 愿意投入到活动中,情绪愉快、神情专注、兴趣持久、乐于创作,能自主地感受与欣赏、表达与表现。 | | | | | |
| | 3. 活动中幼儿行为习惯良好,与教师、同伴之间的关系和谐。 | | | | | |
| | 4. 主动地寻求与同伴的合作互动,乐意交流分享。 | | | | | |

注:水平等级1表示"弱",勉强达到30%的标准。等级2表示"较弱",达到50%的标准。等级3表示"一般",能达到70%的标准。等级4表示"较好",能达到80%的标准。等级5表示"好",能达到90%的标准。

## 二、评价的方式与方法

《纲要》指出:"艺术活动是一种情感和创造性活动。教师要理解并积极鼓励幼儿与众不同的表现方式,注意不要把艺术教育变成机械的技能训练。"在美术活动中,评价是基本教学环节之一,它的目的是让幼儿对绘画产生浓厚的兴趣,提高幼儿美的感受力、创造力,促进知识、技能的掌握,增加幼儿对美术活动的兴趣。因此,评价是每一次美术活动中必不可少的环节,让幼儿成为评价的主体,使评价的过程变成孩子自我认识、自我提高、相互学习的过程。

### (一)诊断性评价

借助《阶梯式幼儿美术课程操作细则》,开展基于诊断的阶梯式幼儿美术课程评价,不断完善课程理念、目标与内容,增强阶梯式幼儿美术课程从理念到目标、内容之间的逻辑性,使《阶梯式幼儿美术课程》日趋完善与丰富。所谓诊断性评价,就是通过一定方式发现幼儿在美术活动学习中存在的问题,分析这些问题产生的原因,从而为改进和调整教学策略提供依据。幼儿在美术活动自主学习、探究的基础上,成为活动的主体,不再被动地接受教师所传授的知识,求知欲被延续着、保护着,激发幼儿的创新力,使他们成为自主的个体。在美术活动评价过程中,教师应该从长远的角度出发,如童趣、创想、兴趣、学习品质等,去看待作品,看待幼儿,才是正确的教育观。

在青花瓷系列活动中发现幼儿对于花纹种类的经验比较欠缺,限制了幼儿的表达表现,故教师在分享环节中组织幼儿进行讨论。讨论得出可以通过亲子参观活动,收集各种花纹的特点以及实地参观青花瓷,在此基础上进行的创作更加丰富有创意。

### (二)发展性评价

所谓发展性评价是指以"发展"为基调,从幼儿的全面发展出发,强调幼儿在活动过程中的进步的一种评价活动。强调运用多种评价方法,注重评价过程与结果并重,同时关注幼儿个体及其差异性。其评价内容包含幼儿在过程中的发展情况、达到的目标、个性的形成情况、自信心的建立情况等。以幼儿的发展为本,尊重幼儿的个体差异,避免用统一的标准评价不同的幼儿,在幼儿面前慎用横向的比较;根据幼儿的身心年龄和个性特征为幼儿提供适宜性评价,促进每一位幼儿的和谐发展。

在"树叶粘贴画"的美术教学活动中,老师为幼儿讲解了树叶粘贴原理后,幼儿开始自由创作。有的发展比较慢的幼儿不是很喜欢动手进行树叶粘贴画，但是老师很重视用自己的方式引导幼儿，给予幼儿鼓励和帮助，该幼儿成功地拼出自己喜欢的"汽车"。

### （三）期望式评价

对幼儿评价做到因人而异。对于美术表现力、创造力较强的幼儿来说，恰当的反馈能够为其进一步成长与发展指明方向；而对美术表现力不强、缺乏创造性的幼儿来说，教师可以通过期望式评价从正面积极引导，用激励的评价语言在工具、材料的使用、创作手法、用色、构图、画面的丰富、情感表达、观察与想象等方面给幼儿指引未来努力的方向，并及时鼓励，肯定其进步，使得幼儿拥有信心与希望，而不是停留于幼儿现有的发展水平。通过对幼儿作品作适当的评价，在评价中给予孩子充分的肯定，帮助他们逐渐消除画不好、画不像的胆怯心理。还能通过评价鼓励幼儿大胆尝试，只有在尝试中幼儿的情绪才得以释放，个性才得以张扬，好奇心才得以满足，从而才会有更大的进步。与传统的评价方法相比，此种评价方法在一定程度上能够帮助幼儿更好地树立自信心，能够切实促进幼儿综合素质的发展。

个别孩子在画荷花的时候，单单就只画了荷花，老师就可以提示幼儿：你画得很漂亮，可是一朵荷花有点孤单，能不能在天空中画上蜻蜓？水里是有小鱼、小虾，还是小蝌蚪呢？孩子就可以将作品设计、补充得更有趣和完美。

总之，恰当地运用评价，把评价贯穿于整个教学活动的始末，重视幼儿参与美术活动的情感态度，关注幼儿在美术活动中对美的情绪体验，帮助幼儿建立自信；通过评价重视幼儿的探索与创造精神，允许幼儿在创作时采用不同的方法，接纳孩子不同的创作结果，从不同的角度给予肯定；重视培养幼儿在创作过程中克服困难、大胆表现的勇气。由此，评价对幼儿的发展才是有意义的。

# 第五章 阶梯式幼儿美术课程的系列方案

○ 第一节　金山特色——金山嘴渔村系列方案

○ 第二节　赏心悦目——"走近艺术大师吴冠中"系列方案

○ 第三节　绘声绘色——青花瓷系列方案

○ 第四节　心灵手巧——剪纸系列方案

# 第一节 金山特色——金山嘴渔村系列方案

设计思路：从金山嘴渔村能看到澎湃的海水和金山三岛，这里被称为上海最后一块净土。我们身处这块海域的周边，有着得天独厚的天然资源，感受金山渔村独有的风情。而幼儿园阶段的幼儿更喜欢亲近大自然，在看看、玩玩中体验游戏化的美术教育活动。

活动目标：

1. 通过集体活动、参观活动、亲子活动等，引导幼儿观察渔村房子、小桥的形状和颜色以及周边的其他美景，尝试用写生的方式表现渔村的特征。

2. 通过各种活动感受渔村的美，萌发幼儿对渔村美景的喜爱，激发幼儿对家长的亲切感。

## 一、集体活动方案

### （一）小班集体活动方案

| |
|---|
| **年龄段**：3—4岁 |
| **活动名称**："金山三岛"探险记 |
| **设计者**：沈越 |
| **活动设计** |
| 《3—6岁儿童学习与发展指南》中指出"3—4岁幼儿喜欢观看花草树木、日月星空等大自然中美的事物"。为了让幼儿亲近大自然，感受金山特有的自然资源，以"探险"游戏的形式，增加趣味化的情境性，让幼儿能在操作中感受到活动的乐趣，体验动手撕一撕、晕染的技法，丰富幼儿的想象力和创造力。 |
| **活动目标** |
| 1. 在撕一撕、晕染中探索，尝试用自己的方式去表现和创造美。<br>2. 在"探险"游戏中，体验活动的乐趣。 |

(续表)

| 活动重难点 |
| --- |
| 在撕一撕、晕染中探索,尝试用自己的方式去表现和创造美。 |

| 活动准备 |
| --- |
| 1. 物质准备:反穿衣、铅画纸、墨水、湿纸巾等。<br>2. 经验准备:<br>　(1) 游玩过金山嘴渔村;<br>　(2) 对撕纸感兴趣,有一定的基础。 |

**活动过程**

| 活动环节及关注重点 | 关键提问及小结 |
| --- | --- |
| **1. 创设情境,导入主题** | |
| (1) 回忆金山嘴渔村<br>关注重点:幼儿能说出自己所看到的景象和内容。<br>(2) 引入金山三岛:<br>宝贝们做一回小渔民,今天我们一起去金山三岛探险吧。 | 师:宝贝们,上次和爸爸妈妈一起去玩了金山嘴渔村,渔民们以大海为生,在海上捕鱼,你们有看到大海吗?<br>提问:那你们仔细看过海上有三座小岛吗?<br>小结:探险之旅即将开始,我们找到了金山三岛,它们是大金山岛、小金山岛、浮山岛。 |
| **2. 贯穿情景,共同探索** | |
| (1) 引出创作主题<br>师:小渔民们,准备好探险了吗?<br>(2) 用撕和涂表现岛屿<br>① 比较三座岛屿的不同。<br>用情景化语言引导:大金山岛就像大哥哥,最高最大,小金山就像弟弟,浮山岛是弟弟的同学,哥哥和两个弟弟一起住在海面上。<br>② 教师尝试用手撕出岛屿的轮廓。<br>③ 按住岛屿轮廓,在纸上涂抹和晕染。 | 提问:你看清楚海上的三座岛屿了吗?它们长什么样?<br>小结:大金山岛就像大哥哥,最高最大,小金山就像弟弟,浮山岛是弟弟的同学,哥哥和两个弟弟一起住在海上。 |
| **3. 幼儿创作、感受体验** | |
| (1) 儿歌:"大拇哥,二拇弟,变成小夹夹,轻轻撕开小口子,沿着线条慢慢撕。"<br>(2) 涂抹和晕染出三座岛屿。 | 提问:小渔民们,你们探险的三座岛屿完成了吗?你是怎么涂抹和晕染的?<br>小结:撕的时候要慢慢撕,不着急,在晕染的时候也要小心翼翼,站在渔村的高处,我们就能看到金山三岛啦。 |
| **小贴士**:在创作环节,幼儿要一手按住纸,一手晕染。 | |

（续表）

| 活动花絮： |
|---|
| 图1 老师用儿歌的方式引导幼儿撕出三座岛屿　　图2 幼儿晕染出"金山三岛" |

## （二）中班集体活动方案

| 年龄段：4—5岁 |
|---|
| 活动名称：有趣的竹子 |
| 设计者：朱沁心 |
| **活动设计** |
| 　　陈鹤琴先生曾指出："大自然、大社会是知识的主要源泉。"在这一思想的引导下，我们将目光投向了金山嘴渔村的竹资源，了解各种竹制品，及其对渔村发展的帮助。 |
| **活动目标** |
| 1. 让幼儿认识竹子，了解竹子的生长过程及竹子的用途。<br>2. 尝试用水墨画竹子，学习用不同笔锋画出竹叶、竹竿。 |
| **活动重难点** |
| 尝试大胆进行竹子写生。 |
| **活动准备** |
| 1. 幼儿对竹林已有一定的感受。提供几枝带有叶子的竹子，摆在教室让幼儿观察。<br>2. 准备国画工具材料：宣纸或毛边纸、毛笔、国画颜料。 |

（续表）

| 活动过程 | |
| --- | --- |
| 活动环节及关注重点 | 关键提问及小结 |
| 1. 导入 | |
| 辨认竹制品，引发幼儿了解探索竹子的兴趣。 | 师：孩子们，你们知道这些是什么吗？<br>小结：看来参观后，你们都已经认识了竹篮、竹篓等，它们都是用竹子做成的。 |
| 2. 感受竹子，用各种感官来感知竹子 | |
| 感受竹子，用各种感官来感知竹子。引导幼儿眼睛看、鼻子闻、用手摸，同伴之间进行讨论后与教师进行讨论小结。 | 师：竹子是什么样的？小朋友可以用眼睛看，用手摸，也可以用鼻子闻，把你的发现告诉大家。<br>小结：竹竿长长的、挺挺的，分成一节一节的。竹叶扁扁、尖尖、细细的。你们观察得真仔细！ |
| 3. 竹子写生 | |
| 运用国画工具材料，尝试画出竹枝、竹叶。 | 师：让我们一起用国画工具朋友们，画出我们眼中的竹子吧！（幼儿用国画颜料、宣纸、毛笔进行写生）<br>教师进行个别指导，引导幼儿用笔尖表现竹叶尖尖的部位，可以蘸点水，表现叶子颜色的深浅不一。 |
| **小贴士**：写生后，引导幼儿将画夹起晾干，整理桌面作画工具，养成好习惯。 | |

**活动花絮：**

图1　幼儿对竹子产生兴趣，观察竹竿、竹叶不同特点，进行描述

图2　在观察、欣赏与讨论后，孩子们开始运用国画材料，进行竹子写生

## （三）大班集体活动方案

| 年龄段：5—6岁 |
| --- |
| 活动名称：走进渔村 |
| 设计者：姚萍萍 |
| **活动设计** |
| 　　上海金山嘴渔村位于杭州湾北岸，是上海沿海成陆最早，也是最后一个渔村。独特的民居、朴实的民风、传统的作息使之成为众多艺术家的追捧之地。作为生长在金山的孩子，我们走进金山嘴渔村，近距离用写生的方式观察、记录孩子们眼中金山嘴渔村秀丽的风景。 |
| **活动目标** |
| 1. 通过观察，尝试用写生的方式表现渔村的特征。<br>2. 感受并欣赏渔村的美，萌发对渔村美景的亲切感。 |
| **活动重难点** |
| 用写生的方式表现渔村的特征。 |
| **活动准备** |
| 1. 物品准备：写生板、小板凳、铅画纸、记号笔<br>2. 知识经验准备 |
| **活动过程** |

| 活动环节及关注重点 | 关键提问及小结 |
| --- | --- |
| 1. 谈话导入，初步感受 | |
| 关注幼儿能否观察到渔村中房子的特色，并用简单的语言进行描述。 | （1）你们知道这是哪里吗？<br>（2）你在这里观察到了什么和我们平时看到的不一样的地方？<br>小结：这是金山嘴渔村，这里的建筑风景和古代一样，有灰色的瓦片、尖尖的往上翘的屋檐。 |
| 2. 操作尝试，创作表现 | |
| 关注幼儿能否自主选择喜欢的角度发现渔村的美，并用线条表现出渔村的房子。<br>幼儿开始写生，教师巡回指导。 | （1）过渡：你想给这里拍张照吗？站在哪里拍好呢？站在不同角度看看渔村有什么变化。<br>（2）小结：远远看去，渔村的风景中有许多横线、竖线，纵横交错成一幅美丽的画。 |

(续表)

|  | (3) 要求：<br>① 选一个你自己喜欢的角度，带上小椅子和画板，开始写生。<br>② 看看你画的是什么样的，观察得仔细一点，让人一看就知道你画的是什么。<br>③ 画好的小朋友请把你的画放靠在栏杆上，和你的好朋友一起说说你的画。 |
| --- | --- |
| 3. 交流分享，提升观察 | |
| 幼儿自由观察同伴的作品，选出最喜欢的作品。 | 提问：说说最喜欢谁的画。为什么？<br>小结：看来，写生需要很细致地观察，只有仔细观察才能发现很多美的地方。 |
| **小贴士：**<br>　　学前幼儿在进行线条写生的过程中，主要是表达他们自己的感受，教师们要允许他们发挥，允许他们创造，允许他们画"错"，一切线条在他们的笔下都被注入了灵魂，稚拙地用点、线、面的形式，高度概括、简练地表现具象的小镇风景，表现大自然的美好。 | |
| **活动花絮：** | |

图1　这里的房子好特别，一幢幢连在一起，好像排起了队伍

图2　我们的渔村太美啦

## 二、区域活动方案

### （一）小班区域活动方案

| 年龄段：3—4岁 |
| --- |
| 活动名称：享渔情、玩渔趣 |

(续表)

| | |
|---|---|
| **设计者**：沈越 | |
| **活动设计** | |
| 　　在美丽的金山嘴渔村里有着农民画长廊,墙壁上还有镂空的各种海洋动物,仿佛呈现了一幅村民翻晒渔获的景象。幼儿通过参观游览了金山嘴渔村,对渔村有了全新的认识,对神秘的大海展开了浓厚的兴趣,积极并乐于探索海洋世界,为此设计了"享渔情、玩渔趣"的美术区域活动,旨在激发幼儿表现和创造,关注幼儿在过程中的感受和体验,鼓励幼儿大胆想象和个性化创造。 | |
| **活动目标** | |
| 1. 在贴一贴、画一画、刷一刷中,尝试用自己的方式去表现和创造美。<br>2. 用自己的语言、动作等描述美的方面,如颜色、形状、形态等。 | |
| **活动准备** | |
| 1. 经验准备：事先爸爸或妈妈带宝贝参观了解过金山嘴渔村,发现和探究渔村里的事物,了解捕鱼的相关知识,知道渔村和大海只有一步之遥。<br>2. 材料准备：剪好的小鱼、镂空的海洋动物、白色蜡笔、笔刷、颜料等。 | |
| **活动过程** | |
| 活动内容：享渔情、玩渔趣（个别化）<br>材料：剪好的小鱼、镂空的海洋动物、白色蜡笔、笔刷、颜料等。<br>玩法：<br>玩法一：幼儿在纸上用笔大胆刷画出大海,再贴上海洋里的各种小鱼并添画上眼睛。<br>玩法二：找一个镂空的海洋动物图形,刷出它的外轮廓,并说一说,这是什么海洋动物,它叫什么名字？你喜欢哪一种鱼？<br>玩法三：幼儿尝试用白色蜡笔大胆画出海洋里的各种动物,再用笔刷蘸上蓝色的颜料,刷出一幅海底世界的景色。<br>观察指导：<br>1. 观察幼儿是否自信、大胆地尝试刷颜料,鼓励幼儿贴上小鱼后添画。<br>2. 引导幼儿通过刷一刷,观察刷出后的形状,并大胆表述自己的想法。<br>3. 鼓励幼儿充分发挥想象,感知水油分离的艺术效果,体验自由创作的乐趣。 | |
| **活动延伸** | |
| 　　可以将幼儿创作的海底世界剪出各种形状,如三角形、正方形等,让幼儿自主拼图,感知自主创作作品的特点,加深对画面内容的认识。 | |

(续表)

| 活动花絮: | | |
|---|---|---|
| | 图1 渔村有很多鱼 | 图2 海里的鱼要游上来了! |

## （二）中班区域活动方案

| **年龄段：** 4—5岁 |
|---|
| **活动名称：** 小小竹编匠 |
| **设计者：** 吴双 |
| **活动设计** |
| 　　集体学习活动中，幼儿通过写生画的方式，已经初步了解到竹子的外形特征，对竹子这一植物产生了浓厚的兴趣，我们将活动延伸下去：竹子的用途有哪些？我们在渔村参观过程中，发现了哪些竹制品？它们有什么用处？对渔村有什么帮助？参观后，我们将活动投放进了区域活动中进行开展。 |
| **活动目标** |
| 1. 幼儿使用竹篾进行横向与竖向的编织，感受竹篮制品的制作过程。<br>2. 在操作过程中，加深对竹制品的了解与喜爱。 |
| **活动准备** |
| 1. 经验准备：有参观各类竹制品的经历。<br>2. 物质准备：竹篾、毛线、黏土、彩纸、蜡笔、白胶等。 |

(续表)

| 活动过程 |
|---|
| 活动内容：小小竹编匠（个别化）<br>材料：竹篾、毛线、黏土、彩纸、蜡笔、白胶等。<br>玩法：<br>玩法一：竹编的秘密。小小竹编匠用竹篾横向竖向穿插，尝试编织竹网。<br>玩法二：美丽的竹编网。小小竹编匠运用毛线、黏土、彩纸折纸、蜡笔等工具装饰自己的竹编网。<br>观察指导：<br>1. 观察幼儿能否有耐心，坚持将竹篾横向、竖向摆放穿插。<br>2. 观察幼儿装饰竹编网的方式方法，引导幼儿同伴间相互观察、讨论。 |
| **活动延伸** |
| 　　观察区域内的竹编网，尝试将它做成不同的造型，想一想：怎么继续编织，可以让网立起来，变成竹背篓？对照参观照片，看看能不能尝试编出照片中的造型。 |

## （三）大班区域活动方案

| 年龄段：5—6岁 |
|---|
| **活动名称**：老房子 |
| **设计者**：姚萍萍 |
| **活动设计** |
| 　　本活动源自大班学习教材"我们的城市"主题。幼儿平时多生活在城市里，对于城市的边缘和角落总有忽略，因而该活动旨在让幼儿有兴趣观察、欣赏、画画城市角落以及城市之外的老房子，比如农村里的老房子、海边渔村的房子、古建筑等等，了解它们的特征以及与人们生活的关系，从而引导幼儿感受和发现城市之外的老房子也有独特的美。 |
| **活动目标** |
| 1. 通过观察，了解几种老房子的特征并且尝试用不同的方式表现出家乡的老房子。<br>2. 在赏赏、画画的过程中感受家乡老房子独特的美。 |
| **活动准备** |
| 能区别不同的老房子，对基本的常见的老房子有所了解。 |
| **活动过程** |
| 活动内容：老房子（个别化）<br>材料：<br>1. 彩色手工纸、折叠步骤图、剪刀、胶水、记号笔<br>2. 各种老房子的图片、勾线笔、铅画纸<br>3. 毛笔、墨汁、抹布、调色盘、防水服 |

（续表）

玩法：
玩法一：巧手折出老房子
参照折叠步骤图折出各种老建筑，并且用粘贴、剪、画或者大小组合的方式构成各种"老房子"。
玩法二：线描勾出老房子
1. 在折出来的老房子上进行线条的装饰；
2. 根据提供的图片勾画出老房子，再用线描画的方式对房子进行装扮。
玩法三：水墨画出老房子
1. 挑选合适的老房子图片运用水墨的方式进行作画。
2. 自由创作水墨画"黑瓦白墙"，适当添加情境，使之更有韵味。
观察指导：
1. 观察幼儿能否根据折叠步骤图完成老房子的折叠。
2. 观察幼儿能否自主组合、构成老房子，遇到困难时怎样解决。
3. 指导幼儿合理运用线描来表现出不同老房子的特征。
4. 观察幼儿能否用水墨的方式大胆表现出"黑瓦白墙"的老房子。

**活动延伸**

1. 寻找本地具有特色的老房子、老建筑，比如金山嘴渔村、廊下郊野公园、枫泾古镇等，打印成照片供幼儿欣赏、观察，发现不同老房子的特征。
2. 主题开展期间请家长带孩子去郊外走走看看老房子，可以写生老房子，进一步感受其特征，激发幼儿对郊外老房子的兴趣。
3. 后期利用张贴、悬挂等方法布置成"家乡的老房子"作品展，与幼儿进行交流分享，让幼儿对老房子的特点更加了解，从而进一步激发幼儿对家乡的热爱之情。

**活动花絮：**

图1　瞧，渔村的房子这样的！　　　图2　屋顶尖尖的，有窗、有门……

## 三、参观活动方案

### (一) 小班参观活动方案

| |
|---|
| **年龄段**：3—4岁 |
| **活动名称**：进金山嘴渔村,寻艺术足迹美。 |
| **活动意图** |
|   金山嘴渔村作为上海最后一个渔村,有丰富的人文价值、历史价值和艺术价值。里面的农民画、糖人制作、工艺品展览等,充满着浓郁的艺术气息,为了让幼儿感受到渔村的艺术文化,了解渔家文化,沿着金山海岸线,我们金悦幼儿园的孩子走进了上海最后一个渔村,享渔情、寻渔忆、玩渔趣,一起寻找艺术的足迹美。 |
| **活动目标** |
| 1. 通过参观游览的方式,探秘渔村,了解上海最后一个渔村的地理位置和风貌。<br>2. 寻找艺术足迹,发现和感受渔村里的艺术美。 |
| **活动时间** |
| 2020年10月31日 |
| **活动地点** |
| 金山嘴渔村 |
| **活动对象** |
| 家长、幼儿 |
| **活动准备** |
| 1. 物质准备：遮阳帽、相机、零食等。海边风大,要注意保暖,海鲜产品种类居多,了解它们。<br>2. 经验准备：事先和家长一起查询和艺术相关的内容,比如农民画、民间艺术工艺品、建筑设计等。 |
| **活动过程** |
| 1. 走进金山嘴渔村<br>  金山嘴渔村是上海市沿海陆地最早的渔村,也是上海最后一个渔村,濒临杭州湾畔、沪杭公路北侧,与大海仅一步之遥,与海中的金山三岛隔海相望。 |
| 2. 渔村老街,感受建筑文化<br>  一进村,映入眼帘的是门前红色的"金山嘴老街"石头,雕饰精美的八角亭,微翘的亭角,层叠的瓦片,悬挂着的红灯笼,青瓦白墙,是岁月留下的渔业历史建筑文化美。<br>  灰色的基调、渔村元素的装饰,比如这个屋檐下的舵盘,有着别样的艺术美。 |

(续表)

3. 金山农民画，民间艺术色彩
  农民画：渔村里的金山农民画充满童趣，色彩明快，造型稚拙，具有江南水乡的独特风韵。农民画想象力丰富，艺术夸张，构思新颖，从金山嘴渔村的农民画中可看出渔村的面貌和村民的生活。
  瞧，这墙上画着渔民们在劳作，还有捕捉到的鱼。

4. 工艺品，民间传统艺术
（1）制作糖人
  它是中国的一种传统手工技艺，由蔗糖或麦芽糖加热、塑形、冷却而成。按照其制作工艺的不同，可分为吹糖人、画糖人和塑糖人三种。吃起来甜甜的，很美味。
（2）捏泥塑
  泥人是用黏土捏成的各种形象，它是一种深得百姓厚爱的汉族民间艺术品，有180多年的历史，形象生动，色彩丰富，令人万分喜爱。

## （二）中班参观活动方案

| | |
|---|---|
| **年龄段**：4—5岁 | |
| **活动名称**：探秘渔村的竹编艺术 | |
| **活动意图** | |
|   我班的整体环境创设为竹林，为了令幼儿在淡雅舒适却又不失童趣的环境中开展一日生活，我们将熊猫与竹林园艺融入班级环境中。孩子们在观察中，对熊猫和竹子产生了一些兴趣，在他们的提问中，我拥有了一些小灵感：竹子这一植物用途多样，长相美观，是否可以组织幼儿前往金山嘴渔村进行参观，寻找遗落的竹编艺术？看看曾经，这些竹编品为渔村带来了怎样的便利？通过这些放大幼儿的兴趣焦点。 | |
| **活动目标** | |
| 1. 在参观寻找中，有兴趣寻找各类隐藏在渔村的竹编制作品。<br>2. 体验参观式学习的乐趣。 | |

(续表)

| 活动时间 |
|---|
| 周末 |
| **活动地点** |
| 金山嘴渔村 |
| **活动对象** |
| 幼儿与家长 |
| **活动准备** |
| 1. 写生本、马克笔(随时做记录)。 |
| 2. 相机(家长辅助幼儿进行记录)。 |
| **活动过程** |
| 1. 欣赏渔村风景。<br>孩子们,这就是坐落在金山海边的渔村,我们一起去参观欣赏吧! |
| 2. 参观渔文化展览馆。<br>教师带幼儿走街串巷,进行整体构造参观后来到渔文化展览馆。<br>提问:早些时候,人们都是如何捕鱼的? 他们用到了哪些工具?<br>小结:你们发现了小船、渔网、竹编、竹背篓等等。这些工具在早些时候都是买不到的,需要大家自己动手制作。 |
| 3. 我们用马克笔和写生本将这些工具用自己的方式画下来,记录下来,带回家和朋友、家人们进行讨论:这些工具怎么制作?(亲子讨论、生生互动、师幼互动) |
| 4. 将讨论后的结果带来班级,和同伴、老师一起商量,在幼儿园尝试运用各类材料制作。侧重落脚在竹编品上。投放进区域活动进行探索。(详见区域活动方案) |

### (三) 大班参观活动方案

| **年龄段:** 5—6岁 |
|---|
| **活动名称:** 我是渔村小导游 |
| **活动意图** |
|   金山嘴渔村是上海市沿海陆地最早的渔村,也是上海最后一个渔村。渔民在长期的渔业生活中用双手和心灵创造了独特的民俗民间渔文化,经过时间的沉淀,博大而灿烂。让孩子们从小了解这些珍贵的民俗风情、传统,以后才会使之得以继承和发扬。 |
| **活动目标** |
| 1. 了解渔村文化,大胆连贯地讲述对渔村景点的认识,学做小导游。<br>2. 感受到渔村民俗文化的重要以及家乡的变化,萌发对家乡的热爱。 |

(续表)

| 活动时间 |
|---|
| 2020年11月 |
| **活动地点** |
| 金山嘴渔村 |
| **活动对象** |
| 大班幼儿 |
| **活动准备** |
| 1. 明确导游的工作内容,小组合作学做导游。 |
| 2. 了解渔村的民俗文化。 |
| **活动过程** |
| 1. 回忆讲述渔村的景点。<br>（1）提问：金山嘴渔村里有许多美丽的地方,你知道吗？<br>　　　美丽的地方的名字你记得吗？里面有什么？<br>（2）小结：原来渔村里有这么多美丽的景点,真是个有趣又好玩的地方。 |
| 2. 明确导游的工作内容,小组合作学做导游。<br>（1）提问：金山嘴渔村这么美丽,世界各地的朋友都想来看一看、玩一玩,可是他们来了以后不知道该怎么逛,我们作为金山人可以怎么做呢？<br>小结：在生活中有这样一份职业,他会带着客人们参观各个地方的景点,向他们介绍这个美丽的地方,他们就是导游。<br>（2）提问：作为一名渔村的小导游,你要做哪些？<br>小结：一是去哪里,带客人去渔村里的什么地方心中有数。二是怎么说,到了景点后要想好怎么介绍景点,让客人喜欢那里。 |
| 3. 小组选导游代表做讲解。<br>要求：四人为一组,一人当渔村导游,其余三人为游客。<br>（1）小导游介绍的时候要有礼貌,要客气热情。<br>（2）依次介绍,教师适当点评。 |
| 4. 幼儿互相点评。<br>说说你最喜欢哪个小导游,为什么？ |

(续表)

| 活动花絮: |
|---|
| 图1 我们一起进去看看房子里面是什么样的呢？　　图2 这里还有一座桥哦。 |

## 四、亲子活动方案

### （一）小班亲子活动方案

| 年龄段：3—4岁 |
|---|
| 活动名称：捏一段时光，与孩子共享 |
| 活动意图 |
| 　　泥塑是中国一项古老的民间艺术，是我国传统文化的形象符号。在金山嘴渔村的老街上还能看到老一辈民间艺术家在传承和延续非遗文化。<br>　　泥塑的创作过程集中反映了人们思维、认知的过程，是人们通过指尖精细活动探索未知世界的缩影。学前阶段的幼儿正处于思维能力发展、认知方式形成及知识文化习得的黄金时期。泥塑的教育价值在童心与自然的触碰下解放孩子双手，充分发挥其想象力进行创作，促进幼儿在认知方式、审美力、观察力等层面的发展。<br>　　通过泥塑亲子活动的开展，将泥塑民间技艺融入幼儿学习生活中，给幼儿带来良好的情感体验并对其进行文化熏陶。泥塑自身蕴含的教育价值不仅有利于幼儿想象力和创造力的发展，同时还锻炼了他们手眼的协调能力。亲子合作，有利于增进亲子间的良好关系。 |
| 活动目标 |
| 1. 初步尝试用揉、搓、压、团等技艺，捏出各种人物和形象。<br>2. 参与体验和动手，感受民族艺术，培养创造力、想象力和对艺术的兴趣。<br>3. 通过亲子合作和探索，增进亲子间的良好关系。 |
| 活动时间 |
| 2020年10月31日 |

(续表)

| |
|---|
| **活动地点** |
| 金悦幼儿园 |
| **活动对象** |
| 家长、幼儿 |
| **活动准备** |
| 1. 物质准备：超轻黏土、板、泡沫板、木棍儿等 |
| 2. 经验准备：事先和家长一起去金山嘴渔村欣赏过捏泥人，或者在书本里看过捏泥人等。 |
| **活动过程** |
| 1. 欣赏泥塑<br>（1）出示泥塑图片，引出泥塑是用泥做出各种造型。<br>（2）观察泥塑的各种造型。<br>（3）引出这些泥塑的创始人——张明山。<br>　　宝贝们知道吗？"泥人张"历史悠久，经过巧手匠人们的传承、发展，至今已经有180多年的历史了。在泥人张彩塑馆里，宝宝们看到了形象生动、色彩丰富的泥塑作品，不只是宝宝和家长们，泥人张彩塑还得到了万千世人的喜爱。<br>　　过渡语：今天你们和爸爸妈妈一起动手做一个自己的小泥人吧。 |
| 2. 亲子制作泥塑<br>（1）讨论：爸爸或妈妈和宝贝讨论做什么作品。<br>（2）老师介绍制作的步骤，并进行安全教育。<br>（3）亲子尝试制作泥塑作品。 |
| 3. 交流、展示作品<br>（1）请幼儿大胆交流自己的作品，比如作品名称、内容，用一句完整的话表达。<br>（2）投票选出你喜欢的泥人作品，说说喜欢的理由。 |
| 4. 延伸活动<br><br>　　孩子们可以看图片根据步骤，在班级的区域中再去体验"捏泥人"过程，体验传统文化带给我们的艺术感受和快乐。 |

## （二）中班亲子活动方案

| |
|---|
| **年龄段**：4—5岁 |
| **活动名称**：一起来做竹编匠 |
| **活动意图** |
| 　　幼儿在园通过区域活动的跟进，初步学会了竹篾的编织方式。坚持通过横向竖向的编织形成网状模样，并引导幼儿对竹网进行装饰。但幼儿也向我们提出了小疑问：竹网边边上的竹篾戳出来了，会有点刺刺的，我们应该怎么办呢？于是我们继续将活动延伸到了亲子合作环节，引导幼儿将竹网拿回家，和家人动动脑筋想一想：用什么办法包边，让竹网更好地使用和保存呢？（包布边、用彩泥封口等等） |
| **活动目标** |
| 1. 选择自己喜欢的材料，完成竹网的收口装饰。<br>2. 体验亲子共同创作的乐趣。 |
| **活动时间** |
| 周末空闲时 |
| **活动地点** |
| 家中 |
| **活动对象** |
| 幼儿与父母、祖辈等 |
| **活动准备** |
| 1. 经验准备：有编织经验，知晓编织中的困惑点。（收口） |
| 2. 材料准备：零碎花布料、彩泥、针线。 |
| **活动过程** |
| 1. 情境导入<br>　　今天，我们一家人都是小小竹编匠，我们一起来解决竹子宝宝的困难，让它们看上去可以更美丽！（幼儿向家人介绍自己在园的竹编作品——竹编网，并提出自己与同伴共同发现的困惑，与家人讨论，想出解决的办法） |
| 2. 欣赏各类竹编网的照片，提供灵感<br>我们在参观过程中，找到了各种竹编品，是怎么包边收口，让边边不会刺刺的？<br>观察这些收口方式，用到了哪些有趣的材料？<br>我们可以在家中寻找到这些材料，还是出去可以买到呢？<br>可以变废为宝吗？（寻找家中的零碎花布料等） |

(续表)

| |
|---|
| 3. 亲子共同解决编织困惑<br>怎么将花布料缝在边上,把刺刺的竹篾收进去,保护起来?<br>如果用彩泥,是不是更简单又美丽呢?<br>(亲子一起完成竹编网最后的步骤操作) |
| 4. 欣赏作品<br>宝贝们!我们一起来欣赏大家的作品吧!<br>我们还可以为竹编网加上好看的流苏挂件,装饰我们的班级。(教师引导幼儿观察,如何操作能使作品更精致,再次投放至区域活动中) |

### (三)大班亲子活动方案

| |
|---|
| **年龄段**: 5—6岁 |
| **活动名称**: 渔村寻宝 |
| **活动意图**<br>　　金山嘴渔村是上海最后一个渔村,它经历了六千余年的潮涨潮落,散发出别样的味道。青石老街,小桥流水,古朴民房,特色店铺中蕴含着许多古韵民风,家长带着孩子,四人一组,穿梭于渔村中探秘寻宝打卡,依次找到织渔网、海盗历险、渔民画工作室等闯关任务地点,始终以团队小组协作的活动贯穿,潜移默化中使孩子们体会到团结合作的重要性。 |
| **活动目标**<br>1. 四人一组,穿梭于渔村中探秘寻宝打卡。<br>2. 体验和父母及同伴一起合作寻宝打卡的快乐。 |
| **活动时间** |
| 2020年10月 |
| **活动地点** |
| 金山嘴渔村 |
| **活动对象** |
| 大班幼儿及家长 |
| **活动准备** |
| 1. 打卡纸、笔 |

（续表）

| |
|---|
| 2. 对渔村的渔文化有一定了解 |
| **活动过程** |
| 1. 导入<br>（1）提问：今天我们和爸爸妈妈一起来到了金山嘴渔村，这是一个怎样的地方？<br>（2）小结：渔村里有青砖黑瓦的古朴小屋，还有小桥流水，还有很多特别的地方需要你去发现，最重要的是，这里是渔民们的家。 |
| 2. 了解渔村打卡任务<br>（1）任务要求：① 四人一组，根据渔村地图上的标记寻找打卡点。<br>② 到达打卡点后，合作寻找打卡点和渔村有关的事物，并记录在打卡纸上。<br>③ 打卡完成后再根据记录在打卡纸上的打卡地点的数量兑换奖品。<br>3. 讨论如何打卡记录<br>提问：你找到了地图上标记出的地点后，该如何记录呢？<br>小结：可以利用"拍照"的方法，画下你的组员和打卡点里的秘密。 |
| 4. 寻宝打卡游戏<br>在一小时内4人一组自由组合、自由结伴，合作完成渔村寻宝打卡任务，完成后再根据记录在打卡纸上的打卡地点的数量兑换奖品。 |
| 5. 分享我发现的渔村秘密<br>提问：小朋友们你在打卡点发现了渔村里的什么秘密呀？跟我们一起分享一下吧！ |
| **活动花絮：**<br><br>图1 背上我们的小背篓，向宝藏出发！　　图2 这里好漂亮，合个影吧！ |

# 第二节 赏心悦目——"走近艺术大师吴冠中"系列方案

设计思路:近两年对于美术活动的研讨,我们一致认为在幼儿美术欣赏活动中,应当以《指南》为理念指引,为幼儿提供足够的时间和空间,提供丰富的材料,顺应孩子的直觉感受,引导幼儿与作品进行对话,提升解读大师作品的能力,提高审美能力。

活动目标:

1. 通过"走近艺术大师——吴冠中"系列活动,给幼儿欣赏的方法,引导幼儿与作品进行对话与想象。

2. 通过美术欣赏活动,进一步引导幼儿深入地理解作品的情感,从而激发幼儿创作的兴趣。

## 一、集体活动方案

(一)小班集体活动方案

| |
|---|
| **年龄段:**3—4岁 |
| **活动名称:**小鸟天堂 |
| **设计者:**沈蓓莉 |
| **活动设计** |
|   小班幼儿年龄小,认知发展水平有限,美术活动经验也相对局限,操作能力和中大班的幼儿有很大的差异,往往只对熟悉的事物感兴趣。因此在本次活动的选材上,我选了吴冠中的水墨画《小鸟天堂》,区别于幼儿经常用的绘画工具,毛笔和墨汁对于幼儿来说是新鲜的,而《小鸟天堂》所呈现出来的看似凌乱的黑白线条与彩色小鸟的鲜明对比,又显得尤为和谐,整幅作品画面给予人无穷的想象空间。 |
| **活动目标** |
| 1. 通过看一看、说一说,充分感受《小鸟天堂》这幅作品蕴含的大自然和谐之美。<br>2. 初步感受水墨画的表现手法,激发幼儿对美术活动的兴趣。 |

(续表)

| 活动重难点 ||
|---|---|
| 重点:多通道地欣赏画作,充分感受画作蕴含的大自然和谐之美。<br>难点:初步感受水墨画的表现手法。 ||
| **活动准备** ||
| 1. 经验准备:幼儿有去参观大班哥哥姐姐创作水墨画的经验,对水墨画有初步的认识。<br>2. 物质准备:教学课件;水墨画颜料若干、毛毡、宣纸若干等。 ||
| **活动过程** ||
| 活动环节及关注重点 | 关键提问及小结 |
| 1. 音乐导入,激发兴趣 ||
| 播放小鸟的音乐,幼儿仔细倾听。 | 关键提问:今天老师带来了一段好听的音乐,听听音乐里有谁? |
| 2. 出示图片,表达感受 ||
| 分析作品,帮助幼儿逐步理解画面内容。<br>(1) 感受小鸟的色彩(幼儿自由讲述在哪里找到了小鸟)。<br>(2) 感受小鸟的动态。<br>(3) 模仿小鸟的动作。<br>(4) 通过观察树的不同造型,初步了解画家的主要作画手法。 | 关键提问:找找看,小鸟藏在哪里?<br>关键提问:<br>小鸟的身体上有哪些好看的颜色?<br>小结:黑和灰是画上用得最多的颜色,而小鸟的颜色又很鲜艳,我们一看这幅画就能找到小鸟。<br>关键提问:画上的小鸟在干什么?<br>关键提问:小鸟们在哪里唱歌呢?<br>这些树都一样吗?<br>小结:吴冠中爷爷画的树可都不一样呢,有的树深一点,是用浓墨画的;有的树浅一点,是用淡墨画的。<br>关键提问:这些树都长得一样吗?<br>小结:原来这些树可都不一样,有的直有的弯,有的粗有的细,有的长有的短。<br>过渡语:吴冠中爷爷可真厉害,我们一起看看这幅《小鸟天堂》是在哪里画的好不好? |
| 3. 播放视频,初步认识水墨画 ||
| (1) 欣赏《小鸟的天堂》视频,感受艺术来源于生活,美丽的树林就是小鸟的天堂。<br>(2) 尝试给画作起名字。<br>(3) 教师初步介绍水墨画。 ||
| 4. 活动延伸 ||
| 在区域活动中尝试创作吴冠中爷爷的水墨画。 | 过渡小结语:水墨画可真有趣,下次我们在区域活动也可以来试试。 |

(续表)

| 活动花絮： | |
| --- | --- |
| 图1 小鸟是怎么在树上唱歌的呢？ | 图2 小鸟高兴地在树林里飞来飞去 |

### （二）中班集体活动方案

| | |
| --- | --- |
| **年龄段**：4—5岁 | |
| **活动名称**：《江南水乡》之美 | |
| **设计者**：张欣兰 | |
| **活动设计** | |
| 　　吴冠中作为中国当代最有成就的绘画大家之一，他的作品融汇中西文化，《江南水乡》主要以白墙黑瓦为主色调，吴冠中用极简的手法通过西方绘画理解、东方审美意识，将两者结合，营造出小桥流水，青石雨巷，烟雨深处，撑一小舟，在江南里慢摇，一壶酒喝到薄醉，一壶茶品到微甜，尽享世外桃源的清逸意境。我们上海周边也有许多古镇，中班的孩子们随着家长踏青积累了一定的生活经验，引导孩子们欣赏如此美景的名画，是一种美的熏陶。 | |
| **活动目标** | |
| 1. 通过欣赏名画《江南水乡》，初步了解江南黑瓦白墙的建筑风格及画家作画的独特韵味。<br>2. 幼儿能大胆表达自己的想法和感受，萌发热爱家乡的情感。 | |
| **活动重难点** | |
| 1. 重点：感知欣赏名画《江南水乡》，并大胆表达自己的想法和感受。<br>2. 难点：通过欣赏名画《江南水乡》，了解江南黑瓦白墙的建筑风格。 | |
| **活动准备** | |
| 1. 经验准备：幼儿有去古镇参观的经验；幼儿对水墨画有初步的认识。<br>2. 物质准备：水墨画颜料若干、毛毡、宣纸若干等；吴冠中作品《江南水乡》、PPT课件 | |

(续表)

| 活动过程 | |
|---|---|
| 活动环节及关注重点 | 关键提问及小结 |
| 1. 导入介绍 | |
| 欣赏名画《江南水乡》，感知黑、灰等色块在画面中的冲击感。 | 关键提问：<br>你们喜欢旅游吗？去过哪些地方？<br>过渡小结：<br>今天我要介绍的大画家——吴冠中爷爷也很喜欢旅游，他特别喜欢我们的江南小镇，还为我们的江南小镇画了一幅《江南水乡》。 |
| 2. 感知欣赏 | |
| 分析作品，帮助幼儿逐步理解画面内容。<br>观看视频，在"游戏"情境中体验水墨画的乐趣。 | 关键提问：<br>这幅《江南水乡》，你看到了什么？房子是怎么样的？（局部放大房子部分）<br>小结：<br>黑色的色块表示屋顶，白色的色块表示房子，是江南特有的黑瓦白墙的房子，还有的是灰色的。<br>关键提问：<br>（1）房子和房子组成了什么？（村庄）<br>（2）这些房子相同点是什么？（黑瓦白墙）<br>（3）房子和房子之间不一样的地方在哪里？<br>小结：<br>看似相似的房子因为方向、大小的不同，有的还被遮挡了起来，看起来连在了一起。<br>关键提问：<br>（1）这幅作品给你带来什么感觉？<br>（2）那这些彩色的点，你觉得是什么？（人来人往）<br>（3）江南水乡与我们城市的区别是什么？<br>小结：<br>江南水乡安静，我们的城市热闹。吴冠中爷爷就是用毛笔画出了恬静优美的江南水乡，用彩墨点出了人来人往的温馨和乡村美丽的风景。<br>关键提问：<br>吴冠中爷爷是怎么创作的呢？（看视频）<br>小结：<br>吴冠中爷爷用毛笔蘸墨，时而重、时而轻，画出了这样一幅优秀的江南名画。 |

(续表)

| 3. 活动延伸 | |
|---|---|
| 通过再次介绍作者,让幼儿对中国画家有进一步的认识,萌发爱国、爱家乡之情。 | 关键提问:<br>(1)(观看视频)吴冠中爷爷作为中国当代最有成就的绘画大家之一,除了今天我们欣赏的《江南水乡》,还有许多优秀的作品值得我们去观赏和学习。<br>(2)我们下次也可以试一试,用浓墨淡彩来感受一下江南黑瓦白墙的独特之美。 |
| **小贴士:**<br>1. 幼儿前期尝试过用毛笔作画,感受毛笔与记号笔、蜡笔的不同。<br>2. 前期经验需要幼儿对水墨画有一定的了解,循序渐进,中班以感受为主。 | |
| **活动花絮:** | |

　　我知道吴冠中爷爷画的江南水乡是白墙黑瓦,所以我先用黑色的墨水画屋顶和墙,而且你知道吗,如果我再沾点水,我毛笔上的颜色就变淡了哦!

## (三)大班集体活动方案

| **年龄段:** 5—6岁 |
|---|
| **活动名称:** 有趣的点与线 |
| **设计者:** 王旭晴 |
| **活动设计** |
| 　　小鸟天堂的主体实际上是一棵长于明末清初的水榕树,水榕树的树枝垂到地上,扎入土中,成为新的树干,随着时间的推移,大榕树独木成林,林中栖息着成千上万只鸟雀,鸟树相依。通过欣赏作品《小鸟天堂》与作品《建楼曲》感受大师吴冠中"线之纵横,疏密穿插"的绘画特点,感受点与线交织、水墨交融的绘画特色。 |

(续表)

| 活动目标 |
|---|
| 1. 欣赏发现中国水墨画点与线的组合表达方式,体会水墨画的意境。<br>2. 能用清晰、完整的语言大胆表达自己对作品的感受与联想。 |
| **活动重难点** |
| 1. 重点:感知欣赏名画《建楼曲》《小鸟天堂》,并大胆表达自己的想法和感受。<br>2. 难点:通过欣赏名画《建楼曲》《小鸟天堂》,感受中国水墨画中"点、线"艺术的独特魅力。 |
| **活动准备** |
| 1. 经验准备:前期美术经验——已有水墨画的经验。<br>2. 物质准备:视频PPT,作品《小鸟天堂》。 |
| **活动过程** |

| 活动环节及关注重点 | 关键提问及小结 |
|---|---|
| 1. 导入介绍 | |
| 回顾中国水墨画,引导幼儿回忆对中国水墨画的认识。 | 关键提问:<br>我们最近都在看水墨画,我们也在尝试用水墨来画画,说说你们对水墨画的了解。<br>小结:对,水墨画是我们中国传统的绘画方式,需要用到笔墨纸砚,以墨汁为主进行画画,画的时候浓墨淡墨深浅不一,不同的用笔方法就能把生活中的场景画得很真实、很漂亮。 |
| 2. 感知欣赏 | |
| 感受、对比吴冠中水墨画,帮助幼儿逐步理解画面内容。进一步欣赏感受作品中的点与线,了解吴冠中的绘画风格。<br>过渡:今天我带来一位画家——吴冠中爷爷的作品,我们来看看他画的作品和我们看到的有什么不一样。<br>(1) 欣赏名画《建楼曲》<br>(2) 欣赏名画《小鸟天堂》 | 关键提问:<br>(1) 在这幅水墨画中,你看到了什么?线和点是怎么样的?猜猜这些线和点画的是什么。<br>(2) 请大家听听这是什么声音,再猜想一下可能画的是什么。<br>(3) 现在再来看一看线条表示什么,点点表示什么。<br>小结:吴冠中爷爷会把我们生活中的场景用水墨画的方式画出来,简单的线条和点就能表现出建筑工地的脚手架和建筑工人的安全帽。<br>关键提问:<br>(1) 这幅画叫《小鸟天堂》,你们来看一看为什么它叫《小鸟天堂》?<br>(2) 画面中你看到了什么?猜猜这些线和点可能画的是什么?<br>小结:小鸟生活的地方真的很美,有树林、有河流、有阳光,真的像天堂一样。 |

(续表)

|  | （3）吴冠中爷爷是怎么画出来的？为什么要这样画呢？<br>小结：吴冠中爷爷同样用点和线来表达小鸟天堂的场景，有大树、有河流、有阳光，景色十分优美，小鸟在这里怡然自得地生活着，无比快乐。<br>（4）同样都是用点、线画的两幅画，它们有什么不一样？点、线有什么不同？<br>小结：原来《建楼曲》用粗细不同、长短不一、深浅的线条来表现纵横交错的脚手架，用明亮的颜色表现戴着安全帽的建筑工人。而《小鸟天堂》是用曲线、波浪线和螺旋线来画枝枝节节的榕树枝、蜿蜒流淌的小河，用淡淡的颜色表现隐隐约约看到的小鸟。 |
| --- | --- |
| 3.活动延伸 | |
| 通过再次介绍作者，让幼儿对吴冠中有进一步的认识，提升幼儿热爱水墨画的情感。 | 关键提问：<br>（1）你们还想看看吴冠中爷爷用点、线以水墨画的方式画出了什么吗？<br>（2）回教室我们也可以学一学吴冠中爷爷用水墨画的方法以点、线的方式记录下生活中看到的场景。 |

**小贴士：**
1. 幼儿在前期需要简单了解大榕树的外形特征，知道大自然中和谐共存的美好。
2. 前期经验需要幼儿熟悉水墨画的主要作画工具，了解中国传统水墨画"浓淡相间、疏密有致、简洁凝练"的艺术特色。

**活动花絮：**

图1 引导幼儿观察作品上的点和线　　图2 这些点和线像什么呢？

## 二、区域活动方案

(一)小班区域活动方案

| |
|---|
| 年龄段:3—4岁 |
| **活动名称**:会跳舞的点 |
| **设计者**:沈静怡 |
| **活动设计** |
| 　　欣赏吴冠中作品,观察作品中点和线的位置、色彩和形状。把点和线联系起来,通过游戏让幼儿体会点变成线的动态过程。幼儿在欣赏和创作中体会点和线之间的动态联系,最终走进一个广阔的艺术世界。 |
| **活动目标** |
| 1. 欣赏吴冠中作品,观察图片中点和线的位置、色彩和形状。<br>2. 能够通过游戏感受由点变成线的过程,并用摇一摇的方式进行创作。 |
| **活动准备** |
| 宣纸、纸盒若干、彩墨颜料、各种大小的珠子、吴冠中作品照片欣赏陈列等。 |
| **活动过程** |
| 活动内容:趣味滚珠画(个别化)<br>材料:宣纸,盒子,国画颜料,各种大小的珠子,吴冠中作品照片等。<br>玩法:<br>玩法一:首先把宣纸放入纸盒中,珠子裹上颜料放到盒子里摇一摇。来回几次,最后用海绵印章印出彩色的点。<br>玩法二:幼儿尝试用点和线相结合,大胆借形想象,个性化创作。<br>观察指导:<br>1. 珠子蘸颜料时,注意提醒幼儿不要蘸太多或太少。<br>2. 引导幼儿上下左右来回滚动纸盒里的滚珠。<br>3. 引导幼儿自主选择材料,对作品进行想象添画。 |
| **活动花絮**:<br><br>图1　弹珠宝宝在跳舞,跳出来一条条彩色的线　　图2　看,印出了小鸡宝宝 |

## （二）中班区域活动方案

| |
|---|
| **年龄段**：4—5岁 |
| **活动名称**：初探江南水乡 |
| **设计者**：朱玲 |
| **活动设计** |
|   幼儿园要通过多种手段，萌发幼儿对于美的感受、美的体验，丰富幼儿对于美的想象、美的创造，引导孩子用自己喜欢的方式去表现美、创造美。我们在幼儿园艺术启蒙教育的背景下，结合系列活动的开展，以阶梯式体验活动为依托，通过创设适宜的水墨绘画环境，运用游戏化的水墨教学手段，以写意化的笔墨表达技巧作为基础，孩子可以体验水、墨、色在笔中、宣纸上的奇妙变化，培养孩子对于中国传统文化的兴趣和爱好。 |
| **活动目标** |
| 1. 幼儿在区域活动中，通过不断尝试探索、大胆创作，感受水墨画的魅力。<br>2. 幼儿在区域活动中通过玩中学、学中玩进而认识水墨画工具，激发创作兴趣。 |
| **活动准备** |
| 1. 相关的环境创设：江南水乡环境创设。<br>2. 水墨画的相关材料：水墨颜料、宣纸、毛笔、毛毡等。 |
| **活动过程** |
| 活动内容：我眼中的江南水乡（个别化）<br>材料：作品欣赏若干、水墨颜料、宣纸、毛笔、毛毡等。<br>玩法：<br>玩法一：幼儿尝试用粘贴的方式，感受江南水乡的黑瓦白墙，并尝试用蜡笔等进行装饰。<br>玩法二：幼儿根据视频提示，大胆尝试用毛笔蘸墨，用黑、白色块、线条等进行"水墨之乡"的创作。<br>玩法三：幼儿能尝试用彩墨对江南水乡的美景进行大胆想象与创作。<br>观察指导：<br>1. 幼儿是否对江南水乡的黑瓦白墙有一定的认知。<br>2. 幼儿是否能正确使用水墨画的相关材料。<br>3. 幼儿是否能根据自己的已有经验进行水墨画的大胆创作。 |
| **活动延伸** |
|   幼儿水墨画体验对培养儿童的想象力、创造力、形象思维能力以及绘画的兴趣都有积极的意义。经过一系列的活动，幼儿对水墨画越发喜爱。水墨画进行作画的工具包括毛笔、水、色、墨等，幼儿将画笔拿在手中挥洒自如，通过形与似感受着笔的韵律、色的和谐、水的融合以及墨的趣味。对于这种独具一格的绘画形式使幼儿得到艺术上的熏陶。<br>  但是，由于水墨画创作是一个需要长期不断尝试与体验的活动，如若形式单一，同时对幼儿作品进行成人化的评价，会消磨幼儿学习水墨画的兴趣和自由创作的情感冲动。因此后续我们要继续采取"游戏化"体验模式，让幼儿从心底萌发对中国文化的热爱。 |

(续表)

| 活动花絮: |
| --- |
| 图1　五颜六色的江南水乡　　　图2　江南水乡有很多很多美丽的花 |

## （三）大班区域活动方案

| 年龄段：5—6岁 |
| --- |
| 活动名称：春如线 |
| 设计者：肖飒 |
| **活动设计** |
| 　　吴冠中的许多作品都曾以"春如线"命题，也是这位艺术大师出版次数最多的作品。水墨画中的点、线从具象的事物发展到抽象的情结，纵横交错，上下遨游，自由地在宣纸上表达。幼儿通过欣赏吴冠中大师"点与线"系列作品，增加幼儿对中国水墨画浓墨淡彩的欣赏和感受，也让大班幼儿体验自主、独立地绘画，大胆运用线条与点进行美术创作。 |
| **活动目标** |
| 1. 幼儿在区域活动中，通过看看说说，感受《春如线》系列作品中点与线的表达。<br>2. 幼儿在区域活动中通过玩中学、学中玩进而尝试水墨画创作，激发创作兴趣。 |
| **活动准备** |
| 1. 相关的环境创设：《春如线》系列作品的环境创设。<br>2. 水墨画的相关材料：水墨颜料、宣纸、毛笔、毛毡等。 |
| **活动过程** |
| 活动内容：我的点与线（个别化）<br>材料：作品欣赏若干、水墨颜料、宣纸、毛笔、毛毡等。<br>玩法：<br>玩法一：幼儿欣赏系列作品《春如线》，大胆表达对作品的感受与理解。 |

（续表）

| |
|---|
| 玩法二：幼儿根据班级开展主题，尝试用水墨画中点与线的方式进行绘画创作。<br>玩法三：幼儿能尝试用墨的浓淡深浅大胆表现与创作。<br>观察指导：<br>1. 幼儿是否对点与线、线与线的组合有一定的理解能力。<br>2. 幼儿是否能正确使用水墨画的相关材料。<br>3. 幼儿是否能根据自己的已有经验运用水墨画点与线进行大胆创作和分享。 |
| **活动延伸** |
|   中国画的笔墨千变万化，意韵深远，当墨汁滴入水中，在纸上晕染开来，慢慢形成各种图案，能够给人无限的遐想，趣味无穷，因此以水墨画为游戏内容，幼儿能在轻松愉快的氛围下掌握水墨画的基本技能。但是，幼儿的创作大多集中在集体活动时的一段时间，随着时间推移参与的幼儿渐渐变少，失去趣味是幼儿的集中反应。如何让水墨游戏更贴合幼儿的发展，教师结合大班幼儿的年龄特点和兴趣，对游戏材料投放进行进一步的思考和改进。游戏是幼儿的天性，它伴随幼儿的成长，教师应当以《指南》为依据，增加对活动区材料的投放来支持幼儿的游戏活动。教师对幼儿游戏行为的观察、分析和指导能助推幼儿的学习与发展。 |
| **活动花絮：**<br><br>图1　彩色的点点在跳舞　　图2　我的花瓶很特别吧！ |

## 三、参观活动方案

### （一）小班参观活动方案

| |
|---|
| **年龄段：** 3—4岁 |
| **活动名称：** 跟哥哥姐姐一起玩转水墨画 |

(续表)

| | |
|---|---|
| **活动意图** | |
| 　　小班的幼儿入园时间较短,对于美术活动的形式只局限于用蜡笔、水彩笔在画纸上涂画,对于用墨汁在宣纸上作画是比较新鲜的。所以,我设计了这次参观活动,带幼儿看看大班的哥哥姐姐是怎么模仿吴冠中爷爷创作美术作品的,让幼儿认识更多作画工具的同时,激发幼儿对美术活动的兴趣。 | |
| **活动目标** | |
| 1. 熟悉吴冠中爷爷的作画工具,知道毛笔的使用方法。<br>2. 在参观哥哥姐姐创作美术作品的同时,激发幼儿对美术活动的兴趣。 | |
| **活动时间** | |
| 2019年9月28日 | |
| **活动地点** | |
| 金悦幼儿园美工室 | |
| **活动对象** | |
| 金悦幼儿园小一班幼儿 | |
| **活动准备** | |
| 1. 美工室的场地安排及桌椅摆放。<br>2. 桌面上摆放好材料:墨汁、毛笔、宣纸以及一些玩具印章。 | |
| **活动过程** | |
| 1. 组织教学<br>　(1) 师:宝贝们,今天大班的哥哥姐姐在创作吴冠中爷爷的作品,老师带你们一起去看看吧!<br>　(2) 教师带幼儿进美工室观看哥哥姐姐的美术游戏活动,幼儿讨论。<br>问:宝贝们,哥哥姐姐是用什么材料来作画的?<br>　(3) 教师指导幼儿认真观看,引导幼儿轻声讨论作画的材料。(教师对幼儿的回答先不加以小结) | |
| 2. 尝试作画<br>　(1) 师:宝贝们,看了哥哥姐姐的美术游戏,我们也来试试画一幅吴冠中爷爷的画吧。<br>　(2) 幼儿动手操作,教师巡回指导。<br>　(3) 大班幼儿帮助能力差的幼儿共同操作。<br>　(4) 对创作好的幼儿进行再指导再创作,使画面更丰富。 | |

（续表）

| |
|---|
| 3. 小小画展 |
| （1）师：宝贝们真能干，在哥哥姐姐的帮助下，都创作了自己的作品，我们开个画展一起参观下吧。<br>（2）教师带领幼儿参观画展。<br>师：这是谁的作品？是用什么材料作画的？画了什么？请画家为我们讲一下。 |
| 4. 幼儿随音乐走出美工室回教室 |
| **活动花絮：** |
| 图1 瞧，哥哥姐姐在创作呢！　　图2 看看哥哥姐姐的画 |

（二）中班参观活动方案

| |
|---|
| **年龄段：** 4—5岁 |
| **活动名称：** 我与水墨画的一次亲密接触 |
| **活动意图** |
| 　　水墨画是中华民族的传统绘画方式，是世界艺术宝库中一颗璀璨的明珠。儿童是祖国的未来，民族的希望。从娃娃时期接触、了解水墨画，能够有效提高孩子对水墨画的认知和理解水平，提高艺术欣赏能力，丰富想象力与创造力，同时萌发爱国之情。 |
| **活动目标** |
| 1. 通过参观活动，让幼儿身临其境地感受吴冠中作品的特色。<br>2. 通过参观活动，萌发对中国画的探索之情。 |

（续表）

| **活动时间** |
| --- |
| 2019年11月4日—2019年11月8日 |
| **活动地点** |
| 金悦幼儿园 |
| **活动对象** |
| 金悦幼儿园中班幼儿 |
| **活动准备** |
| 1. 吴冠中的相关介绍视频。 |
| 2. 水墨画材料、水墨画作品。 |
| **活动过程** |
| 1. 各班在班级中组织开展学习关于吴冠中的介绍，初步了解他的绘画风格。 |
| 2. 各班组织幼儿参观校内关于吴冠中的环境，进一步了解其绘画特色。 |
| 3. 组织幼儿探索水墨画材料。 |
| 4. 组织幼儿大胆尝试使用水墨画材料进行创作。 |
| **活动花絮：** |
| 　　我知道了水墨画需要很多材料，有墨汁、毛笔、宣纸、砚台、镇纸，我也知道宣纸有熟宣和生宣的区别，原来吴冠中爷爷的水墨画有那么多知识需要我们去了解啊！ |

## （三）大班参观活动方案

| |
|---|
| **年龄段：**5—6岁 |
| **活动名称：**与大师对话——吴冠中作品展 |
| **活动意图** |
| 　　吴冠中说："中国的审美素质需要提高，我希望美术馆里能一直挂着我的画，人民看到这些画以后能感受到生活中的美好，知道什么是真正的艺术，知道中国有优秀的艺术和艺术家，那我就心满意足了。""我的一生就是做两件事：一是油画的民族化；一是中国画的现代化。"本次活动通过欣赏吴冠中爷爷的画作，引发幼儿对于美好生活的感悟，培养幼儿对水墨画的民族自豪感。 |
| **活动目标** |
| 1. 通过前期欣赏收集信息，帮助幼儿了解吴冠中及其作品的相关知识。<br>2. 通过参观活动，让幼儿身临其境地感受吴冠中作品的特色。 |
| **活动时间** |
| 2019年10月9日—2019年11月10日 |
| **活动地点** |
| 中华艺术宫 |
| **活动对象** |
| 金悦幼儿园大班幼儿 |
| **活动准备** |
| 1. 吴冠中的相关介绍视频。 |
| 2. 联系家长，组织幼儿分批进行参观活动，出行前指导幼儿参观礼仪。 |
| **活动过程** |
| 1. 各班在班级中组织开展学习关于吴冠中的介绍，初步了解他的绘画风格。 |
| 2. 收集信息，了解吴冠中的人物特点和相关作品。 |
| 3. 各班组织家长陪同幼儿分批参观中华艺术宫"我的艺术属于人民"吴冠中作品展，进一步了解其绘画特色。 |
| 4. 组织幼儿分享自己喜欢的艺术作品，大胆交流表达自己的看法。 |

(续表)

| 活动花絮： |
|---|
| 看看，我们画的美不美？ |

## 四、亲子活动方案

### （一）小班亲子活动方案

| 年龄段：3—4岁 |
|---|
| 活动名称：一片白桦树 |
| **活动意图** |
| 　　通过几次的水墨作画后，幼儿对于吴冠中的水墨画很感兴趣，因此我们利用亲子活动的时间让幼儿与家长合作完成一幅白桦树，使得幼儿享受在欣赏和创作美术活动中带来的乐趣，同时也让家长感受我园浓浓的艺术氛围。 |
| **活动目标** |
| 1. 尝试初步欣赏吴冠中作品的表现手法，并愿意自己作画。<br>2. 幼儿和家长一起体验美术创意活动的快乐，加强家长与孩子之间的情感交流。 |
| **活动时间** |
| 2019年12月8日 |
| **活动地点** |
| 金悦幼儿园 |
| **活动对象** |
| 金悦幼儿园小班幼儿 |

（续表）

| 活动准备 |
| --- |
| 1. 黑卡纸、牙刷、画笔、棉签、快递箱、颜料等。 |
| 2. 吴冠中作品介绍PPT。 |
| **活动过程** |
| 1. 欣赏吴冠中由点和线组成的作品，积累幼儿创作经验。 |
| 2. 家长用剪刀将快递箱剪开，并沾上颜料，在黑色卡纸上画出白桦树的枝干。 |
| 3. 幼儿自主选择各种材料，按照自己喜欢的方式在白桦树上进行涂画、拓印、添画等。 |
| 4. 用牙刷或画笔等材料，对画面做最后的装饰调整。 |

活动花絮：

图1　和妈妈一起点出秋天的树叶吧！　　图2　瞧，我们的画纸上出现了一片白桦林！

## （二）中班亲子活动方案

| **年龄段**：4—5岁 |
| --- |
| **活动名称**：我与爸爸妈妈玩转水墨画 |
| **活动意图** |
| 　　水墨画是中华民族的传统绘画方式，是世界艺术宝库中一颗璀璨的明珠。儿童是祖国的未来，民族的希望。从娃娃时期接触、了解水墨画，能够有效地提高孩子对于水墨画的认知和理解水平，提高艺术欣赏能力，丰富想象力与创造力，同时萌发爱国之情。 |
| **活动目标** |
| 1. 通过亲子活动，帮助幼儿上网搜索吴冠中的相关知识。<br>2. 通过亲子体验，让幼儿多维度地感受吴冠中作品的特色。 |

（续表）

| 活动时间 |
|---|
| 2019年11月9日—2019年11月16日 |
| **活动地点** |
| 各自家中 |
| **活动对象** |
| 金悦幼儿园中班幼儿 |
| **活动准备** |
| 1. 多媒体设备。<br>2. 条件允许自备水墨画材料、水墨画作品。 |
| **活动过程** |
| 1. 各班组织家长陪同幼儿上网搜索关于吴冠中的人物特点。<br>提问：吴冠中老爷爷是谁呢？<br>小结：吴冠中（1919—2010），江苏宜兴人，当代著名画家、油画家、美术教育家。 |
| 2. 各班组织家长陪同幼儿上网搜索关于吴冠中相关作品。<br>提问：吴冠中老爷爷画过哪些画呢？<br>小结：油画代表作有《长江三峡》《北国风光》《小鸟天堂》《黄山松》《鲁迅的故乡》等。 |
| 3. 各班组织亲子探索水墨画材料，有条件的亲子可以尝试使用水墨画材料进行创作。<br>提问：吴冠中老爷爷的这些画是用什么材料画的呢？<br>小结：是用中国传统绘画工具——毛笔和墨汁来画的。 |
| 4. 各班鼓励家长节假日带孩子参观相关的水墨画画展，进一步感受其画风。<br>可以和爸爸妈妈一起在家里模仿一下吴冠中老爷爷画画哦。 |
| **活动花絮：**<br><br>妈妈和我一起在网上搜索了吴冠中爷爷的作品，然后妈妈陪我一起用水墨画的材料画了江南水乡，你看我的江南水乡有白墙黑瓦的房子，还有柳树和桃树，这是我最喜欢的季节——春天。 |

## (三)大班亲子活动方案

| |
|---|
| **年龄段**：5—6岁 |
| **活动名称**：我眼中的吴冠中 |
| **活动意图** |
|   一千个人的眼中有一千个哈姆雷特,同样,每个幼儿眼中的吴冠中爷爷也不尽相同,在初步了解过吴冠中及其作品的风格后,幼儿能与家长共同完成一幅水墨亲子作品,通过愉快的亲子时光,进一步感受大师吴冠中作品中所表达的生活之美,大胆分享自己的作品解读。 |
| **活动目标** |
| 1. 通过亲子活动,增进幼儿与家长的亲密互动,感受亲子活动的乐趣。<br>2. 通过操作绘画,熟悉水墨画的绘画方式。 |
| **活动时间** |
| 2019年9月16日—2019年9月20日 |
| **活动地点** |
| 金悦幼儿园 |
| **活动对象** |
| 金悦幼儿园大班幼儿 |
| **活动准备** |
| 1. 有基本的水墨绘画经验。 |
| 2. 水墨画材料、水墨画作品布置。 |
| **活动过程** |
| 1. 各班在班级中组织吴冠中作品欣赏集体活动。 |
| 2. 组织家长参与亲子活动,大胆进行创作。 |
| 3. 组织家长幼儿共同布置作品展示。 |
| 4. 幼儿分享自己的亲子绘画作品。 |

(续表)

活动花絮：

粗粗细细的线条在一起玩游戏呢！

## 第三节 绘声绘色——青花瓷系列方案

设计思路：青花瓷以其突出的历史风格和独特的艺术特色被誉为中国的"国瓷"，是中国文化的象征。为了进一步让幼儿感受中国艺术文化的底蕴，我们以"青花瓷"为切入点，从中感受青花纹样独特的简约之美，并激发幼儿对传统民间艺术的喜爱之情。

活动目标：

1. 在观察和交流的基础上，通过各种形式的活动引导幼儿认识青花瓷，了解其特点，感受青花瓷的色调美和纹样美。

2. 通过活动，激发幼儿继续探究的愿望，尝试设计有关青花瓷元素的作品。

3. 知道青花瓷是中国人发明的，增强民族自豪感。

### 一、集体活动方案

（一）小班集体活动方案

| 年龄段：3—4岁 |
| --- |
| 活动名称：小青花 |

(续表)

| 设计者：龚怡霞 |
|---|
| **活动设计：**<br>　　青花瓷是中国瓷器的主流品种之一，它造型优美，色彩淡雅，是我国最富有民族特色的瓷器。小班艺术活动"小青花"借助儿童故事的形式，通过幼儿对故事的理解，引导幼儿欣赏青花瓷的花纹，感受青花瓷独特的纹样美，激发幼儿对中国传统民间艺术的喜爱之情。 |
| **活动目标**<br>1. 倾听故事，初步感知青花瓷的花纹。<br>2. 萌发喜爱中国民间传统艺术的情感。 |
| **活动重难点**<br>1. 重点：倾听故事，理解故事内容。<br>2. 难点：通过观察，初步感知青花瓷的花纹。 |
| **活动准备**<br>1. 经验准备：幼儿看过青花瓷。<br>2. 物质准备：PPT课件、青花瓷。 |
| **活动过程** |

| 活动环节及关注重点 | 关键提问及小结 |
|---|---|
| 1. 故事导入 | |
| 倾听故事，讨论故事内容。 | 关键提问：<br>(1) 你们觉得小青猫是真正的猫吗？<br>(2) 景德镇的爷爷捏的猫是什么猫呢？<br>小结：原来呀，小青猫是真正的猫。景德镇的爷爷会用陶瓷坯制作出和小青猫长得很像的青花猫。 |
| 2. 感知欣赏 | |
| 观察各种各样带有青花瓷元素的物品和物品图片，发现青花瓷的纹样特征。 | 关键提问：<br>(1) 你看，青花瓷的花纹是什么样的？<br>(2) 青花瓷是什么颜色的？<br>小结：青花瓷的颜色是白色和蓝色的，它的花纹就像很多花组合在一起。青花瓷又名白地青花瓷，也叫作青花。<br>关键提问：<br>(1) 青花瓷花纹还出现在了哪些地方？<br>(2) 你觉得哪些地方也可以画上花纹呢？<br>小结：原来，还有这么多的物品上面都有着青花瓷的元素。小朋友还可以到我们的生活中去寻找什么地方有青花瓷的花纹哦！ |

(续表)

| 3. 观察辨认 | |
|---|---|
| 通过观察,辨认选出带有青花瓷花纹的纸盘。 | 关键提问:<br>请你来找一找,哪些纸盘上的花纹是青花瓷的花纹呢?<br>小结:你们的本领都很大,青花瓷的颜色和花纹你们都认识了,能从这么多的纸盘里找到。颜色不一样的不是青花瓷,花纹不一样的也不是青花瓷。 |

**小贴士**:幼儿在生活中寻找过青花瓷,见过青花瓷。

**活动花絮**:

图1　青花瓷实物展示　　　　　图2　孩子们仔细观察纹样

## (二)小班集体活动方案

| 年龄段:4—5岁 |
|---|
| 活动名称:美丽的青花瓷 |
| 设计者:赵瑢 |
| **活动设计**<br>　　青花瓷以其突出的历史风格和独特的艺术特色被誉为中国的"国瓷",是中国文化的象征。有关青花瓷的日常用品虽然很多,但孩子们对中国传统文化中这一清新、秀丽的设计了解甚少。因此,设计了本次活动,以情景导入——找宝藏,激发幼儿的兴趣。以观察和交流为基础,通过提问、讨论,引导孩子认识青花瓷,了解其特点,激发继续探究的兴趣。设计有关青花瓷元素的作品,从中感受青花纹样独特的简约之美,并激发幼儿对传统民间艺术的喜爱之情。 |
| **活动目标**<br>1. 认识青花瓷,能利用美丽的线条、图案将青花瓷进行装饰。<br>2. 乐于参与活动并大胆创作及表现,初步感受到白底青花的美。 |

(续表)

| 活动重难点 | |
|---|---|
| 1. 重点：了解青花瓷与普通瓷器的不同之处。<br>2. 难点：尝试大胆创作及表现白底青花的美。 | |
| **活动准备** | |
| 1. 音乐《青花瓷》伴奏。<br>2. 课件（米奇妙妙屋场景、现代瓷器图片及青花瓷图片）。<br>3. 幼儿人手一张画纸（剪成各式瓶状）、蓝色水彩笔。 | |
| **活动过程** | |
| 活动环节及关注重点 | 关键提问及小结 |
| 1. 导入 | |
| 发现米奇的藏宝箱，教师与幼儿一同揭开藏宝箱里的秘密，初步欣赏青花瓷。 | 这些是什么宝贝呀？（瓷器）<br>它们上面画了什么？<br>有什么形状？<br>它们的颜色呢？ |
| 2. 欣赏 | |
| 比较普通瓷器与青花瓷器的不同。 | 刚才我们看见的两种不同的瓷器，你们发现了什么？<br>在颜色上这两种瓷器有什么不一样？ |
| 3. 创作 | |
| 尝试用蓝笔在"白色花瓶"上进行创作，进一步感受古代青花瓷的美，尝试大胆表现。 | 小朋友认识了这么多美丽的青花瓷，如果请你来设计青花瓷，你想画什么美丽的图案或者故事？ |
| **小贴士：**<br>　　在班级中开设青花瓷的欣赏区并选择有中国传统元素的图案，让幼儿感知欣赏。 | |
| **活动花絮：**  图1　幼儿观察青花瓷的花纹特点　　图2　区别青花瓷与普通瓷器 | |

## （三）大班集体活动方案

| 年龄段：5—6岁 |
| --- |
| 活动名称：青花瓷 |
| 设计者：杜静 |
| **活动设计** |
| 　　青花瓷是我国最富有民族特色的瓷器，白底青花，素雅美丽。本次活动从欣赏民族舞蹈《青花》导入，引发幼儿兴趣，进而欣赏各种青花艺术作品，营造出浓厚的艺术氛围。同时，引导幼儿以线描装饰画的表现手法，在白色的瓶、盘上装饰青花图案，从中感受并表达青花独特的简约之美。幼儿还将作品布置在展台上，通过小小讲解员的活动，激发幼儿对传统民间艺术的热爱之情。 |
| **活动目标** |
| 1. 欣赏青花瓷，观察纹饰，感受青花瓷的独特之美。<br>2. 在观察和交流的基础上学习用不同的线条和图案设计和装饰青花瓷。 |
| **活动重难点** |
| 1. 重点：会用不同的线条和图案设计和装饰青花瓷。<br>3. 难点：用重叠法、对称法、间隔法进行装饰。 |
| **活动准备** |
| 1. 民族舞蹈《青花》<br>https://v.youku.com/v_show/id_XNTAyNzMyNzI=.html?debug=flv<br>2. 课件《青花艺术》<br>3. 白色卡纸瓶、盘的半成品<br>4. 蓝色蜡笔<br>5. 青花瓷作品展台 |
| **活动过程** |

| 活动环节及关注重点 | 关键提问及小结 |
| --- | --- |
| 1. 导入，激发兴趣 | |
| 请幼儿欣赏民族舞蹈《青花》，观察舞蹈演员服装的青花图案以及青花瓷瓶的造型。 | （1）舞蹈中出现的花瓶图案有几种颜色？<br>小结：白色的底，蓝色的花，这样的图案叫青花。<br>（2）我们还在哪里见过青花图案？<br>小结：花瓶、茶杯、盘子、茶叶盒、妈妈的衣服、围裙上都有青花图案。 |

(续表)

| | |
|---|---|
| 2. 看课件,了解青花瓷 | |
| 播放《青花艺术》课件 | (1) 你觉得这些青花瓷艺术品美丽吗?美在哪里?<br>小结:虽然只有蓝白两种颜色,但通过不同线条与图案的组合,就能成为一件艺术品。<br>(2) 如果让你设计一个青花瓷,你如何设计?<br>小结:设计青花瓷有很多方法,比如重叠法、对称法、间隔法。每个人都有不同的想法,每个人都能成为设计师。 |
| 3. 装饰,青花瓶 | |
| 幼儿自主选择瓶、盘等半成品,用蓝色笔进行装饰。<br>鼓励幼儿大胆想象、激发创意,用不同线条与图案组合,进行创作。 | (1) 请设计师说说自己的装饰计划。(颜色、图案、设计在哪个部位等)<br>(2) 你喜欢哪一件青花瓷作品?<br>小结:我们还可以在生活中多留意青花瓷作品,用白底蓝花创作出更多的青花瓷作品。 |
| **小贴士**:在美工区布置一个青花瓷作品展台。幼儿可以担任小小讲解员,向观众介绍自己的创作过程。 | |

**活动花絮:**

图1 中国人发明青花瓷真了不起啊!　　图2 看看我画得怎么样?

## 二、区域活动方案

( ) 小班区域活动方案

| |
|---|
| 年龄段：3—4岁 |
| 活动名称：有趣的青花瓷 |
| 设计者：谭志敏 |
| 活动设计 |
| 　　小班幼儿的认识依赖于行动，他们的能力是在与材料的互动中得以提高的。良好的个别化学习环境能为幼儿提供自我学习、自我探索、自我发现、自我完善的空间。我们通过相对宽松的活动氛围，将青花瓷的元素采用多种形式投放到幼儿的个别化学习活动中，旨在通过幼儿的探索，发现青花瓷的美，感知青花瓷的花纹特征，萌发幼儿对中国传统文化的喜爱之情。 |
| 活动目标 |
| 1. 幼儿在区域活动中，通过不断尝试，感知青花瓷的花纹特征。<br>2. 幼儿在区域活动中通过涂涂画画，尝试表现青花瓷的花纹。 |
| 活动准备 |
| 1. 相关的环境创设：青花瓷环境创设。<br>2. 青花瓷的相关操作材料。 |
| 活动过程 |
| 活动内容：有趣的青花瓷（个别化）。<br>材料：青花瓷拼图、青花瓷的轮廓花瓶、蜡笔。<br>玩法：<br>玩法一：幼儿尝试旋转拼图碎片，将青花瓷花瓶或盘子拼完整。<br>玩法二：幼儿选择合适的蜡笔，在青花瓷的花纹中涂上颜色。<br>观察指导：<br>1. 幼儿是否对青花瓷的花纹有一定的认知。<br>2. 幼儿是否能根据自己的已有经验进行青花瓷的大胆表现。 |

（续表）

| 活动延伸 |
| --- |
| 　　青花瓷的表现形式可以多种多样，不局限于简单的平面表现，可以选用玻璃瓶、折扇、白T恤等多种立体材料，给予幼儿不同的材料，如青花瓷花纹的印章，尝试在不同的物品上拓印出青花瓷的花纹。 |
| **活动花絮：** |

图1　我喜欢这个花纹，你喜欢哪个花纹呢？

图2　我们一起来画青花瓶吧！

## （二）中班区域活动方案

| |
| --- |
| **年龄段：** 4—5岁 |
| **活动名称：** 青花瓷 |
| **设计者：** 许静 |
| **活动设计** |
| 　　通过集体活动和亲子参观活动，孩子们进一步激发了对青花瓷的喜爱，并尝试在多种材料上进行创作。考虑到班级幼儿的能力差异，于是投放了各种不同的材料，以平面、立体等不同维度和难易程度，让孩子们去挑战创作，激发幼儿的兴趣。 |
| **活动目标** |
| 1. 尝试运用各种不同的材料及方式进行青花瓷的创作。<br>2. 在创作中体验青花瓷白底青花之美和中国传统民俗文化之美。 |
| **活动准备** |
| 花瓶（铅画纸剪）、纸盘、纸杯、玻璃瓶（刷白底）、蓝色马克笔或蓝色水彩笔、粗细双头笔、线描画图示、中国传统图案图解。 |

(续表)

| 活动过程 |
|---|
| 玩法一：尝试用蓝色水彩笔或双头笔在花瓶（平面、铅画纸剪）上进行线描绘画。<br>玩法二：尝试用蓝色水彩笔或双头笔在纸盘纸杯上进行绘画，可参考中国传统图案图解，在盘心进行描绘，并尝试用有规律的绘画方式，在盘边进行描绘。<br>玩法三：用白色颜料为玻璃瓶上色，待晾干后，尝试用蓝色水彩笔或双头笔在瓶身上进行装饰。<br>观察指导：<br>1. 观察幼儿是否能够选择不同材料进行挑战尝试。<br>2. 在绘画过程中，能够尝试使用中国传统图案进行描绘，并运用有规律的图案装饰盘子与瓶身。 |
| **活动延伸** |
| 在区域中创作各种不同的青花瓷元素供幼儿欣赏感知。 |
| **活动花絮：** |

图1 看，我画的是这个花纹　　图2 你的花纹是什么形状的？

## （三）大班区域活动方案

| 年龄段：5—6岁 |
|---|
| 活动名称：多种多样的青花 |
| 设计者：杜静 |

(续表)

| 活动设计 |
| --- |
|   集体活动"青花瓷"后,幼儿对青花这一独特的表达方式产生了浓厚的兴趣。因此,在美工区投放更多的材料,满足幼儿对创作青花的欲望。希望通过幼儿的自主操作,能接触到更多的美工材料,掌握更多的创作方法,提升美工技能以及对美的鉴赏力。 |
| **活动目标** |
| 1. 能用画、印、染的方法创作更多的青花作品。<br>2. 进一步丰富美工区的青花艺术品展台,提升幼儿的鉴赏力。 |
| **活动准备** |
| 毛笔、酞青兰颜料、毛毡、宣纸、一盘(白色盘)清水、晾绳、夹子。 |
| **活动过程** |
| 活动内容:青花艺术品(个别化)<br>材料:毛笔、酞青兰颜料、毛毡、宣纸<br>玩法:<br>玩法一:用毛笔蘸酞青兰颜料,在宣纸上创作。体会宣纸独有的晕染效果。<br>玩法二:将宣纸多重折叠后,蘸酞青兰颜料,打开后观察图案特点,再用毛笔深加工,形成青花作品。<br>玩法三:用毛笔蘸酞青兰颜料点到一盘清水中,形成一个图案,然后将宣纸平铺按在盘子里,再用双手轻轻拿起宣纸放在毛毡上,完成青花印染画的创作。<br>观察指导:<br>鼓励幼儿三种玩法都玩一玩。<br>在操作中掌握青花的多种创作方法。<br>通过不同材料的运作,创作出独特的作品。 |
| **活动花絮:** |

图1　笔绘青花　　　　　　图2　水影拓印青花

（续表）

| 活动延伸 |
| --- |
| 可以将这些作品进行深加工,除了继续装饰青花瓶、青花盘之外,还可以在自主性游戏中,开展服装设计的活动,用这些作品制作青花小围裙、青花帽子、衣服等。 |

## 三、参观活动方案

### （一）小班参观活动方案

| 年龄段：3—4岁 |
| --- |
| **活动名称：** 寻找青花瓷 |
| **活动意图** |
| 　　青花瓷是中华民族传统文化的瑰宝。幼儿对于青花瓷这一中华民族传统文化的感知是对中华民族传统文化传承的起点。幼儿通过在超市等生活场景中寻找青花瓷,发现青花瓷的美,从而萌发出对中华传统文化的喜爱之情。 |
| **活动目标** |
| 通过参观活动,让幼儿在生活中感知青花瓷的花纹。 |
| **活动时间** |
| 2019年11月9日——2019年11月10日 |
| **活动地点** |
| 超市、家中、幼儿园 |
| **活动对象** |
| 金悦幼儿园小五班幼儿 |
| **活动准备** |
| 青花瓷的各种物品。 |
| **活动过程** |
| 1. 在班级中组织开展对青花瓷花纹的初步感知活动。 |
| 2. 组织家长陪同幼儿前往超市寻找各种各样带有青花瓷花纹的物品。 |
| 3. 组织家长陪同幼儿在家中寻找各种带有青花瓷花纹的物品。 |

(续表)

4. 组织幼儿参观幼儿园,寻找幼儿园中带有青花瓷花纹元素的物品。

**活动花絮:**

图1　爷爷喝茶的壶上有很多青花瓷花纹　　图2　看,我找了青花瓷花纹的茶壶!

## (二) 中班参观活动方案

| 年龄段: 4—5岁 |
| --- |
| **活动名称:** 寻找身边的"青花瓷" |
| **活动意图** |
| 　　通过集体活动"美丽的青花瓷",激发了孩子们对青花瓷的兴趣。于是,我们进一步延伸,让孩子们去找一找身边美丽的青花瓷元素,将青花瓷白底青花的古典美,带给爸爸妈妈们。 |
| **活动目标** |
| 1. 能够辨别青花瓷与普通瓷器的不同之处,找找生活中的"青花瓷"元素。<br>2. 向家长和同伴大胆介绍自己发现的"青花瓷"元素,感受白底青花的美。 |
| **活动时间** |
| 2018年11月10日 |
| **活动地点** |
| 金山嘴渔村<br>金山大道瓷器店 |
| **活动对象** |
| 褚喆安家庭、濮梓瑞家庭、薄子煜家庭、李沈宸家庭 |

(续表)

| |
|---|
| **活动准备** |
| 1. 幼儿们与家长先沟通活动地点。 |
| 2. 活动记录表、记号笔。 |
| **活动过程** |
| 1. 聊聊生活中的"青花瓷"元素。<br>（1）讨论生活中的青花瓷元素可能会出现在哪里（古色古香的渔村和品种繁多的瓷器店）。<br>（2）家长协助幼儿制作记录表。 |
| 2. 找一找"青花瓷"元素，并尝试进行记录。<br>（1）到达目的地后开始寻找"青花瓷"元素。<br>（2）尝试记录自己所找到的"青花瓷"（可用绘画、拍照等方式记录）。 |
| 3. 说一说自己发现的"青花瓷"。<br>（1）在班级中分享自己周末的"发现之旅"。<br>（2）介绍自己去的地点和找到"青花瓷"元素的地点。 |
| **活动花絮：** |
| 图1　这里的青花瓷花纹好漂亮！　　图2　这个花纹我没有见过，妈妈你见过吗？ |

## （三）大班参观活动方案

| |
|---|
| **年龄段：** 5—6岁 |
| **活动名称：** 亮晶晶寻青花 |
| **活动意图** |
| 　　青花元素已渗入现代人的生活，它美化人们的生活，给大家带来视觉上的愉悦。此次活动是请家长带幼儿去附近的大型超市、花鸟市场，用亮晶晶的眼睛去发现与寻觅白底蓝花的青花，并将自己采撷的"青花"信息用相机带回幼儿园。 |

(续表)

| |
|---|
| **活动目标** |
| 1. 走出校门、走向社会寻觅青花,感受青花对生活的美化作用。<br>2. 欣赏不同"青花"作品的美,能用相机自主拍摄"青花",学习整理参观资料。 |
| **活动时间** |
| 2018年11月4日 |
| **活动地点** |
| 大型超市、花鸟市场 |
| **活动对象** |
| 幼儿及家长 |
| **活动准备** |
| 1. 做好外出防护工作、安全教育。 |
| 2. 相机,记录表格,笔。 |
| **活动过程** |
| 1. 请家长布置外出参观任务(教师事先进行指导)。 |
| 2. 幼儿自主检查相机(电池是否有电),检查家长及自己的防护工作(口罩),作安全教育。 |
| 3. 幼儿开启"亮晶晶寻青花"的活动,发现青花元素后,欣赏它们的美,并能用相机拍下,资料整理后带回幼儿园进行分享。 |
| 4. 幼儿展示自己的发现,根据展示的照片和自己整理的表格上的资料,说说发现它的地点,它装饰的特点,美在哪里。 |
| **活动花絮:** |
| 图1 哇,这里有青花瓷缸。　　图2 这瓶子上的花纹我很喜欢! |

## 四、亲子活动方案

### (一) 小班亲子活动方案

| 年龄段：3—4岁 |
|---|
| 活动名称：青花纸盘 |
| **活动意图** |
|   现今社会,父母工作繁忙,陪孩子的时间少,与孩子的沟通也少,容易造成亲子关系紧张。通过亲子活动,能够增强亲子间的亲近感和亲密性。家长以朋友或同伴的身份参与幼儿的活动,能够帮助幼儿获得人际交往的态度、方法,从而迁移到与同伴的游戏中去。青花瓷的造型优美,色彩淡雅。通过亲子制作青花纸盘,能够促进亲子关系,帮助幼儿感知青花瓷的花纹,并大胆表达。 |
| **活动目标** |
| 通过亲子活动,帮助幼儿大胆表现青花瓷的花纹。 |
| **活动时间** |
| 2019年11月9日—2019年11月10日 |
| **活动地点** |
| 金悦幼儿园 |
| **活动对象** |
| 金悦幼儿园小五班幼儿 |
| **活动准备** |
| 1. 纸盘 |
| 2. 蓝色水彩笔 |
| **活动过程** |
| 1. 在班级中组织开展对青花瓷花纹的初步感知活动。 |
| 2. 组织家长陪同幼儿共同制作青花纸盘。 |

**活动花絮：**

图1 我的青花瓷碗好看吗？ 图2 爸爸画花我涂色,好看的青花瓷盘马上完成！

## （二）中班亲子活动方案

| | |
|---|---|
| **年龄段**：4—5岁 | |
| **活动名称**：青花瓷 | |
| **活动意图** | |
| 　　发动幼儿和家长一起收集其他品种的青花瓷器，如青花瓷瓶、罐头、茶杯、笔筒等，引导幼儿关注其花纹图案，关注其外部造型、彩绘等特色，也可有意识地收集一些具有中国传统文化特色的"年年有鱼""万事如意"等系列的青花图案，以丰富幼儿相关的民俗知识与经验，进一步引发幼儿对中国传统民俗文化的喜爱与自豪之情。 | |
| **活动目标** | |
| 1. 在创作时体验色彩和图案对称带来的均衡美感。<br>2. 欣赏青花瓷盘的花纹和图案，了解其纹样装饰特点，感受其独特的色调美和纹样美。 | |
| **活动时间** | |
| 2018年11月6日 | |
| **活动地点** | |
| 班级<br>各自家中 | |
| **活动对象** | |
| 中五班全体幼儿 | |
| **活动准备** | |
| 1. 幼儿和家长共同收集青花瓷盘实物或图片、画册等相关宣传资料，从中感受青花瓷盘的色调美和纹样美，初步了解中国传统装饰纹样的知识。<br>2.《青花瓷盘》课件一套，《青花瓷》MP3纯伴奏音乐，一次性纸圆盘、蓝色勾线笔人手一份。 | |
| **活动过程** | |
| 1. 欣赏青花瓷盘照片，发现青花瓷盘的装饰纹样特点。<br>　（1）出示两张青花瓷盘照片，初步感受青花瓷盘的装饰纹样特点。<br>　（2）出示两幅"鱼盘"青花瓷盘图片，对比装饰纹样疏密不同的效果。<br>2. 观察青花瓷盘绘制步骤图，了解"青花盘"的绘制顺序与装饰要点。<br>　（1）观察中心布局图示，了解盘心主题花纹的装饰要点。<br>　（2）观察盘边布局图示，了解盘边"有规律排列花纹"的装饰要点。 | |

(续表)

| |
|---|
| 3. 展示幼儿与家长共同绘制的青花瓷盘,相互欣赏与交流。<br>（1）展示幼儿作品,个别家庭分享自己的作品与寓意。<br>（2）幼儿互评与教师分享相结合。 |
| 活动花絮: |
| 图1　边边再装饰下就更漂亮啦!　　图2　妈妈跟我一起完成的作品哦! |

## （三）大班亲子活动方案

| |
|---|
| 年龄段:5—6岁 |
| 活动名称:青花创意 |
| 活动意图 |
| 　　每一位中国人心中总有一个青花情结,青花创意活动是让家长的大手与幼儿的小手牵在一起,迸发亲子的创意与技能,让孩子们学到的本领与家长中的能工巧匠都有一个表现的舞台。在亲子合作、互学互鉴中共同抒发对青花的喜爱之情。 |
| 活动目标 |
| 1.亲子合作,用多种形式进行创意青花的制作。<br>2.了解青花代表着中国人的情结,展现当代人对青花的传承。 |
| 活动时间 |
| 2018年11月9日 |
| 活动地点 |
| 教室 |

(续表)

| |
|---|
| **活动对象** |
| 幼儿及家长 |
| **活动准备** |
| 1. 蜡笔、毛笔、酞青兰颜料、铅画纸、宣纸、瓶子。 |
| 2. 邀请书、剪刀、一盘(白色盘)清水、晾绳、夹子、双面胶等。 |
| **活动过程** |
| 1. 参观幼儿青花艺术展。 |
| 2. 请家长与幼儿一起做设计师、做小工匠,进行青花创意。<br>不拘体裁、不拘形式地展现白底蓝花的青花元素。 |
| 3. 亲子制作。<br>家长可以用活动室提供的材料,也可以用自己自备的材料进行创意设计与制作。<br>幼儿共同参与制作,并将作品布置于艺术展内。 |
| 4. 师生、家长共同参观亲子青花艺术展。<br>请优秀作品的设计者与制作者介绍作品,谈谈创作灵感与启迪。 |
| **活动花絮:** |
| 图1 和妈妈一起设计青花作品　　图2 画笔竖起来能画出细细的线条! |

## 第四节　心灵手巧——剪纸系列方案

设计思路:幼儿生性好动,喜欢运用多种工具进行美术活动,用剪刀在彩色纸上任意剪出自己喜爱的各种造型,把这些造型通过想象力和创造力再组合出新的作品,这样的活动深受幼儿的喜爱,同时也发展了幼儿的动手能力和思维创新能力。

活动目标:

1. 通过观察、交流和讨论,激发幼儿对剪纸活动的兴趣。

2. 通过各种活动启发幼儿了解剪纸的用途,提高他们的动手能力及创造力。

3. 激发幼儿热爱生活,体验美术活动后的成就感。

## 一、集体活动方案

### (一)小班集体活动方案

| 年龄段:3—4岁 | |
|---|---|
| 活动名称:电话叮铃铃 | |
| 设计者:庄贝 | |
| **活动设计** | |
| 　　现在的家庭装有固定电话的越来越少,很多孩子都不认识固定电话,他们只认识手机。通过了解固定电话的组成,知道固定电话和手机最大的区别就是电话线。小班第一学期的孩子动手能力还比较欠缺,手部肌肉的发育还不完全。所以让孩子尝试着剪一剪弯弯曲曲的电话线,不仅可以锻炼手部肌肉,让小手灵活起来,同时也能激发孩子对于剪纸的兴趣。 | |
| **活动目标** | |
| 1. 尝试绕着圆学剪螺旋线,能运用已有剪纸经验,进行剪贴电话和电话线。<br>2. 在剪贴电话叮铃铃过程中体验剪螺旋线的乐趣。 | |
| **活动重难点** | |
| 本次活动重难点在于左右手如何协调配合好剪出长长的螺旋线,而且能尽量不把螺旋线剪断。 | |
| **活动准备** | |
| 彩纸、剪刀、白纸、浆糊、PPT。 | |
| **活动过程** | |
| 活动环节及关注重点 | 关键提问及小结 |
| 1. 导入,电话的本领大 | |

(续表)

| | |
|---|---|
| 重点需关注固定电话是有一条电话线的,是弯弯曲曲的。 | (1) 有什么用处?<br>(2) 你见过的电话是什么样子的?<br>小结:我们家里用的电话叫固定电话,每个固定电话的听筒上都有一条弯弯绕绕的电话线,这根电话线可以拉长可以缩短,线是一圈一圈的,我们叫它螺旋线。 |
| 2. 剪贴小电话 | |
| 重点需关注的是,电话机上缺了一条电话线,老师示范剪螺旋线,是弯弯曲曲的。 | (1) 这个电话机上缺了什么?没有电话线能打电话吗,怎么办?<br>(2) 这是什么形状?<br>(3) 看看我的电话线怎么变出来。<br>(4) 安全提示:剪的时候小心手,不要让电话线断了。<br>小结:剪刀绕着圆跑啊跑,小手拿着圆转啊转,转了一圈又一圈,变成了电话线。 |
| 3. 电话叮铃铃 | |
| 重点需关注为什么同样的圆剪出来的电话线长短不一样呢?幼儿在分享交流时,有没有体现是在打电话。 | (1) 电话线做好了,比比谁做的长,谁做的短,为什么同样的圆剪出来的电话线长短不一样呢?<br>(2) 电话做好了,你想和谁打电话呢?想说什么?<br>小结:一样的圆,你剪的电话线粗细不一样,长度就不一样哦。 |
| **小贴士**:<br>使用剪刀要小心,不伤自己,不伤别人。 ||

**活动花絮:**

图1 我的电话线是长长的。　　图2 跟剪刀玩游戏好有趣!

## （二）中班集体活动方案

| | |
|---|---|
| 年龄段：4—5岁 | |
| 活动名称：不怕冷的松树 | |
| 设计者：赵俐媛 | |
| **活动设计** | |
| 剪纸是最能体现中国传统民间艺术的一种艺术种类，它具有渊源流长的文化底蕴和悠久的历史，但现在的孩子对它们了解得很少。逢年过节、喜庆婚宴，人们都喜欢用剪纸进行装饰美化。在幼儿园中，剪纸也是幼儿较喜欢的活动之一。大部分幼儿掌握了剪刀的基本用法，在剪纸过程中，孩子与剪纸零距离接触，通过看——看、说——说、剪——剪等活动，全身心地去体验这门独特的传统民间艺术。为从小培养幼儿对本民族艺术的兴趣和爱好，感受到剪纸艺术与众不同的美感，提高幼儿使用剪刀的技能，特设计此活动。 | |
| **活动目标** | |
| 1. 尝试运用对边折法折剪松树，大胆运用镂空的方法对松树进行装饰。<br>2. 在打扮松树的过程中体验剪纸的神奇与快乐。 | |
| **活动重难点** | |
| 用对称的方法，尝试剪出不同形状的松树。 | |
| **活动准备** | |
| 手工纸、记号笔、剪刀、步骤图。 | |
| **活动过程** | |

| 活动环节及关注重点 | 关键提问及小结 |
|---|---|
| 1. 导入 | |
| 嗨！你们好，我是小松树，今天是我的生日，看我的松树朋友穿着她自己设计的衣服来了，你们觉得她的衣服怎么样啊？<br>小结：小松树的两边都是对称的，要用对边折剪的方法制作。衣服上镂空了各种漂亮的花纹。 | 你们觉得小松树的衣服是怎么样的？<br>小结：小松树的左右两边都是对称的，衣服上镂空了各种漂亮的花纹。 |
| 2. 幼儿剪纸 | |
| 小松树也想要漂亮的衣服，大家可以帮帮它吗？<br>要求：<br>（1）对边折剪注意叠整齐，看步骤图逐步画样稿。<br>（2）在镂空时可以运用已学剪纸符号，也可以想出新的符号来装饰。<br>（3）剪纸时注意安全，剪下的废纸放进中间的篮子里。 | |

(续表)

| |
|---|
| 3. 交流分享 |
| （1）谁愿意来介绍一下你剪的松树是什么样的,镂空了哪些花纹?<br>（2）根据幼儿的介绍进行点评,重点点评幼儿的对边折剪能力。 |

**小贴士：** 在幼儿剪纸的过程中,教师需要时时提醒幼儿安全使用剪刀,防止剪到手指。

**活动花絮：**

图1 用折叠法对称剪的小松树完成啦！　　图2 幼儿正在尝试剪下不一样的镂空花纹。

## （三）大班集体活动方案

| |
|---|
| **年龄段：** 5—6岁 |
| **活动名称：** 剪窗花 |
| **设计者：** 姚煊韡 |
| **活动设计** |
| 　　大班幼儿随着年龄的增长,知识面的拓宽,已具备一定的审美经验和手工剪的技能,逐渐对一些民间艺术很感兴趣。窗花是中国剪纸艺术中的一种,它是用纸折叠剪成的。窗花不仅烘托了喜庆的节日气氛,也集装饰性、欣赏性和实用性于一体。窗花对称、形态各异的特征,生动有趣的美深深吸引了幼儿。设计本次活动,旨在让幼儿剪剪玩玩,鼓励幼儿在不断寻找乐趣中动脑、动手,通过折剪的方法剪出窗花,感受中国传统节日带来的喜庆,并提高剪、折的技能,从中获得成功和美的愉悦体验。 |

(续表)

| 活动目标 |
| --- |
| 1. 在感受窗花美的基础上,通过探索、交流等形式学习折、剪自己喜欢的各种不同形状的窗花。<br>2. 培养幼儿对剪纸的兴趣,发展幼儿手部动作的灵活性。 |
| 活动重难点 |
| 在感受窗花美的基础上,通过探索、交流等形式学习折、剪自己喜欢的各种不同形状的窗花。 |
| 活动准备 |
| 1. 视频:(1)窗花的由来;(2)各种各样的民间窗花。<br>2. 彩色纸若干,剪刀、胶水等。 |
| 活动过程 |

| 活动环节及关注重点 | 关键提问及小结 |
| --- | --- |
| 1. 介绍窗花的由来,欣赏窗花作品,引发幼儿剪窗花的兴趣。 | |
| 观看有关窗花由来的视频<br>师:2021年,新的一年要来到了,老师给小朋友们带来了新年礼物,你们想不想看啊?<br>(幼儿观看视频1、视频2) | 师:看了这些美丽的窗花,你们发现了什么?(师幼一起观察探索窗花的特征,感受窗花的色彩美、对称美、镂空美)<br>小结:贴窗花可以美化我们的生活,传递喜庆的信息,所以人们特别喜欢在过春节或者喜庆的节日里贴窗花。窗花的内容很丰富,有可爱的动物,美丽的花朵,栩栩如生的人物,这些都是我国劳动人民的智慧结晶,是我国的传统艺术,有些窗花它的左边和右边的图案大小、样子都是对称的。 |
| 2. 观察分析窗花,幼儿探索尝试剪窗花。 | |
| (1) 师:小朋友们,你们猜一猜,这些窗花是怎么做出来的?你想剪什么?<br>(2) 提出要求:<br>① 把碎纸扔到筐里,保持干净。 | 提问:你知道窗花是怎样做出来的吗? |

(续表)

| | |
|---|---|
| ② 记住自己是怎么折、怎么剪的。<br>幼儿自由选择喜欢的彩纸进行剪窗花活动。<br>(3) 幼儿第一次探索剪窗花<br>① 提问：你知道窗花是怎样做出来的吗？<br>② 幼儿自由讨论制作方法。师：现在小朋友讨论一下，这些窗花是用什么方法做出来的？<br>(4) 幼儿展示作品，并示范讲述制作方法。<br>师：现在老师要请小朋友上来表演一下，介绍一下你是怎么把窗花做出来的。<br>(请个别能力强的幼儿示范讲述制作窗花的方法)<br>(5) 教师示范和小结。<br>示范折纸：学习平等对分的折纸技能，鼓励多种折法。<br>示范剪法：学习挖空的剪纸技能，鼓励多种剪法。<br>(6) 幼儿第二次探索剪窗花。<br>师：你们想不想剪出更美的窗花作为新年礼物，送给自己喜欢的人啊？下面就让我们的小手小脑动起来，看一看、比一比谁做的窗花最漂亮。<br>交代要求，幼儿操作，老师指导。 | 小结剪窗花的技能：这些窗花各式各样，很漂亮，它们是用折剪的方法做出来的，剪的时候要注意：① 剪最长的边和打不开的短边能使窗花的中间变得漂亮。② 剪能打开的短边会使窗花的边缘变得漂亮。③ 剪中心点的角能使窗花的中心部分变得漂亮。④ 剪另外两个角会使窗花变成其他形状。⑤ 能打开的短边剪成弧形会使窗花变成圆形。⑥ 可以剪各种图形，不能剪断或从一条边一直剪到另一条边。<br>小结剪窗花的基本方法：选纸→折叠→选择图案→沿轮廓剪→打开。 |
| 3. 评价作品，引导幼儿说出自己剪窗花的心情，结束活动。 | |
| 请幼儿在同伴中选出有创造性、层次分明的窗花，互相评价。<br>师：小朋友们，你是不是认为自己剪的窗花就是最漂亮的啊？说说谁的窗花更美，有什么与别人不同的地方。<br>师：今天我们小朋友自己动手剪出了美丽的窗花，此时此刻你是什么样的心情？（幼儿说出自己的感受） | |
| **小贴士**：幼儿已有较为丰富的剪纸经验。 | |

(续表)

| 活动花絮: |
|---|
| 图1 我要把喜欢的花纹先画下来哦　　图2 我们剪好看的窗花一起来装扮教室吧 |

## 二、区域活动方案

### (一) 小班区域活动方案

| 年龄段: 3—4岁 |
|---|
| 活动名称: 小兔爱吃草 |
| 设计者: 张佳惠 |
| **活动设计** |
| 　　小班幼儿的手部小动作精确性较差,所以他们剪纸的随意性大,剪纸前心中无目的,剪的过程不思考,靠意外效果吸引幼儿。如:剪直线的练习,对于小班年龄的幼儿来说较为困难,特别是一些低龄化的幼儿更是如此,往往剪出的是弯弯的斜线。根据小班幼儿的年龄、心理特点,我们设计了"在情境中产生兴趣——在对话中帮助理解"的活动模式,努力使剪纸活动更富趣味性,使学习变得更为轻松并有吸引力。在"学本领"主题活动中,我们设计了"小兔爱吃草"的活动,让幼儿学习剪直线。 |
| **活动目标** |
| 1. 情境的环境创设,激发幼儿对于剪纸的兴趣。<br>2. 通过观察小草的外形是直直的,让幼儿尝试剪出直直的小草,并体会剪纸带来的乐趣。 |

(续表)

| |
|---|
| **活动准备** |
| 剪刀、各色手工纸外,还有胶水、彩笔等辅助材料。 |
| **活动过程** |
| 活动内容:小兔爱吃草(个别化)<br>材料:剪刀、各色手工纸外,还有胶水、彩笔等辅助材料。<br>玩法:<br>玩法一:选择自己喜欢的彩色手工纸,用小手撕出小草。<br>玩法二:选择自己喜欢的彩色手工纸,在纸上用彩笔画出小草,然后用剪刀剪下来。<br>玩法三:选择自己喜欢的彩色手工纸,直接用剪刀剪出小草。<br>观察指导:<br>1. 观察幼儿是否能准确地撕出或剪出直直的小草。<br>2. 指导不能用力的幼儿选择不同的方式,呈现出不同样子的直直的小草。 |
| **活动延伸** |
| 　　小兔不仅喜欢和小草交朋友,她还喜欢和小花、小树交朋友,她还喜欢住漂亮房子,她还想邀请其他动物朋友一起来玩。可是,现在只有小兔和小草,我们小朋友一起来帮帮她,帮她实现愿望好不好? |
| **活动花絮:** |
| 图1　绿绿的是小草的颜色哦　　图2　你的小草是深绿的,我的小草是浅绿的,颜色不一样哦 |

## (二)中班区域活动方案

| |
|---|
| 年龄段:4—5岁 |
| 活动名称:农场动物多 |
| 设计者:濮青怡 |

（续表）

| 活动设计 |
| --- |
| 　　中班幼儿对动物很感兴趣，结合中班幼儿学习用书"在农场里"主题，让幼儿在剪剪贴贴的艺术形式中，继续探索农场动物的秘密，感受剪纸的乐趣。 |
| **活动目标** |
| 1. 尝试用剪剪、贴贴的方法表现农场里动物的特征。<br>2. 探索农场动物的秘密，感受剪纸的乐趣。 |
| **活动准备** |
| 手工纸、剪刀、双面胶、彩笔。 |
| **活动过程** |
| 活动内容：农场动物多<br>材料：小羊形状的卡纸、手工纸、皱纹纸、剪刀、双面胶、彩笔、眼睛贴纸等<br>玩法：<br>玩法一：1. 在手工纸上画一个大圆、一个小圆，小心剪下。<br>　　　　2. 将两个圆拼接起来，变成小鸡的身体。为小鸡贴上眼睛，画上翅膀、尾部的羽毛等。<br>　　　　3. 将皱纹纸剪碎，粘贴在翅膀等羽毛上，变出毛茸茸的可爱小鸡。<br>玩法二：1. 用手工纸剪出直直的、弯弯的花纹，粘贴在小鱼的身上。<br>　　　　2. 将小鱼对折，在小鱼身上剪一些镂空的花纹，让小鱼变得更漂亮。<br>玩法三：1. 将手工纸剪成长条的形状，卷一卷，变成立体的羊毛。<br>　　　　2. 画一画螺旋线，小心地从外往里剪下来，变成卷卷的羊毛。<br>　　　　3. 把这些羊毛粘贴在小羊身上，为小羊穿上厚厚的棉衣。<br>观察指导：<br>1. 观察幼儿剪花纹时，眼手是否协调，拿剪刀的姿势是否合适。<br>2. 引导幼儿发挥想象力，剪出不一样的花纹来装饰小动物。 |
| **活动花絮：** |

图1　小鸡已经拼贴好了，现在要画上漂亮的羽毛

图2　螺旋形的羊毛很容易剪断，我要慢慢地、小心地剪……

## （三）大班区域活动方案

| |
|---|
| **年龄段：** 5—6岁 |
| **活动名称：** 剪窗花 |
| **设计者：** 袁臻 |
| **活动设计** |
| 　　通过剪窗花这一学习活动，幼儿有了强烈的创作兴趣，看到的窗花都想尝试着剪一剪，所以我们创设了这一个别化学习活动，鼓励幼儿尝试各种花纹的画和剪，并自己创意新式窗花。 |
| **活动目标** |
| 1. 剪自己喜欢的各种不同形状的窗花。<br>2. 发展幼儿手部小肌肉动作的灵活性。 |
| **活动准备** |
| 1. 各种各样的民间窗花。<br>2. 彩色纸若干，剪刀、胶水等。 |
| **活动过程** |
| 活动内容：剪窗花（个别化）<br>材料：彩色纸若干，剪刀、胶水、各种各样的民间窗花。<br>玩法：<br>玩法一：用各种颜色的彩纸按照民间窗花的样子进行剪。<br>玩法二：先自己创意窗花的样子，绘制在彩纸上再剪出窗花。<br>观察指导：<br>1. 观察幼儿折彩纸的方法是否正确。<br>2. 观察幼儿用剪刀时是否能稳定地沿着线条剪。 |
| **活动延伸** |
| 与爸爸妈妈一起设计自己家的窗花，并剪出来。 |
| **活动花絮：** |

图1　这是我设计的窗花　　　图2　我喜欢剪窗花！

## 三、参观活动方案

### （一）小班参观活动方案

| |
|---|
| **年龄段**：3—4岁 |
| **活动名称**：爱廊园 |
| **活动意图** |
| 　　通过参观廊下中学的爱廊园，了解剪纸艺术浑厚、单纯、简洁、明快的特殊风格，同时激发幼儿对于剪纸的兴趣，形成良好的学习习惯和创新意识，增强幼儿的审美情趣和审美素养。 |
| **活动目标** |
| 1. 激发幼儿对于剪纸的兴趣。<br>2. 形成良好的学习习惯和创新意识。 |
| **活动时间** |
| 2019年10月28日 |
| **活动地点** |
| 廊下中学 |
| **活动对象** |
| 小班部分幼儿 |
| **活动准备** |
| 1. 事先对剪纸有初步的概念。 |
| 2. 参观的时间及人数安排。 |
| **活动过程** |
| 1. 了解廊下中学的特色课程——剪纸<br>提问：这些作品都是用纸做出来的，你知道是怎么做出来的吗？<br>小结：这就是剪纸。剪纸大师非常厉害，用一把剪刀就能够剪出好看的图案。 |
| 2. 参观剪纸展以及爱廊园<br>过渡：这是廊下中学的爱廊园，里面陈列了好多老师和哥哥姐姐的剪纸作品，我们去看一看。 |
| 3. 体验并制作作品<br>过渡：今天，我们也来试一试用剪刀剪纸，看看你能变出什么吧。<br>幼儿尝试简单的剪面条等剪纸作品。 |

（续表）

| 活动花絮： |
|---|
| 图1　听爸爸讲这些作品的故事呢　　　　图2　一起来动动手 |

## （二）中班参观活动方案

| 年龄段：4—5岁 |
|---|
| 活动名称：有趣的剪纸 |
| 活动意图 |
| 通过参观剪纸集市，让幼儿感受非遗文化剪纸艺术的魅力。 |
| 活动目标 |
| 1. 感知剪纸的不同方法。<br>2. 感受非遗文化——剪纸艺术的魅力。 |
| 活动时间 |
| 2019年6月 |
| 活动地点 |
| 海阔东岸 |
| 活动对象 |
| 中三班幼儿 |
| 活动准备 |
| 经验准备：剪纸艺术是一门古老的民间艺术，有不同的表现形式，形象生动，趣味性强。 |

(续表)

| 活动过程 |
| --- |
| 1. 听一听剪纸艺术的历史、现状及发展趋势。<br>过渡：剪纸又称刻纸，中国最古老的民间艺术之一。剪纸是一种镂空艺术，其在视觉上给人以透空的感觉和艺术享受。是以纸为加工对象，以剪刀（或刻刀）为工具进行创作的艺术。剪纸在民间流传极广，历史也很悠久。作为中国传统民间艺术的一种在民俗活动中占有重要位置。南宋已出现了专业民间剪纸艺人。<br>2. 实地参观。<br>剪纸因表现形式不同，分好几种。<br>小结：剪纸有窗花、喜花、礼花等不同分类，可以作不同的用处。<br>3. 幼儿现场参与剪纸活动，体验剪纸带来的乐趣。<br>过渡：你们可以试一试自己来剪纸哦。 |

**活动花絮：**

图1　姐姐妹妹在剪纸时很投入哦！　　　图2　剪纸是门技术活，一定要仔细哦！

（三）大班参观活动方案

| 年龄段：5—6岁 |
| --- |
| **活动名称：** 走近剪纸 |
| **活动意图** |
| 　　剪纸艺术是我国非物质文化遗产的瑰宝之一，具有近2 000年的历史。剪纸艺术题材广泛、材质简单、贴近生活、风格多样，真实地表达人们生活中的喜怒哀乐，为广大人民群众所喜爱。剪纸参观活动能进一步加深幼儿对剪纸艺术的了解，培养幼儿的欣赏能力，同时也能提高幼儿的艺术修养和审美情趣，让剪纸这门古老的民间艺术真正带给幼儿无限的乐趣与智慧。 |

(续表)

| |
|---|
| **活动目标** |
| 1. 参观枫泾古镇剪纸展览馆,感受剪纸的特点、生动的形象和夸张变形的造型等。<br>2. 了解剪纸是中国特有的民间特色,萌发民族自豪感。 |
| **活动时间** |
| 2019年12月21日 |
| **活动地点** |
| 崔博云剪纸像艺术中心 |
| **活动对象** |
| 龙皓大三班 |
| **活动准备** |
| 1. 自备相机、记号笔、铅画纸。<br>2. 各色彩纸、剪刀。 |
| **活动过程** |
| 1. 了解剪纸<br>　(1) 你们知道剪纸吗?什么是剪纸?你见过什么样的剪纸?<br>　(2) 你知道不同图案的剪纸代表什么意思吗?<br>小结:剪纸是中国特有的民间艺术,剪纸贴近我们的生活,表达了我们的喜怒哀乐,很有趣。 |
| 2. 参观枫泾剪纸<br>过渡:在枫泾古镇上,就有一个可以欣赏剪纸的地方,你们去看看那里都有些什么样的剪纸,你可以用相机或者笔记录一下。<br>　(1) 家长利用休息时间带幼儿去崔博云剪纸像艺术中心参观剪纸艺术。<br>　(2) 用相机或者画画的方式记录你喜欢的剪纸作品,并了解剪纸的意义。 |
| 3. 说说喜欢的剪纸作品<br>　(1) 参观了剪纸艺术,请幼儿介绍记录下来的剪纸作品。<br>　(2) 说说剪纸所蕴含的意义。 |
| 4. 活动延伸<br>师:你们记录了很多有趣的剪纸作品,可以把你记录下来的剪纸作品剪出来吗?动动脑筋,去试一试。 |

（续表）

| 活动花絮： | |
|---|---|
| 图1 好多漂亮的剪纸作品啊！ | 图2 一起去试试吧！ |

## 四、亲子活动方案

### （一）小班亲子活动方案

| 年龄段：3—4岁 |
|---|
| **活动名称**：剪窗花，过新年 |
| **活动意图** |
|   感知窗花的特征，观察各种变化。学会运用剪纸的基本技法制作窗花。培养和提高幼儿的创造性思维能力和动手能力。 |
| **活动目标** |
| 1. 感知窗花的特征，观察各种变化。<br>2. 学会运用剪纸的基本技法制作窗花。<br>3. 培养幼儿的创造性思维能力和动手能力。 |
| **活动时间** |
| 2019年12月31日 |
| **活动地点** |
| 金悦幼儿园龙皓部 |
| **活动对象** |
| 小班小朋友和她的妈妈 |
| **活动准备** |
| 窗花作品若干，各色手工纸，剪刀。 |

(续表)

| |
|---|
| **活动过程** |
| 1. 认识剪纸艺术<br>（1）剪纸的艺术特点：单纯、明快、简洁、朴实、富装饰性。<br>（2）剪纸的题材：花鸟虫鱼、人物、自然景观、吉祥图案、传说、神话。<br>（3）制作方法：剪、刻。<br>（4）纹样的构成形式：对称、均衡。 |
| 2. 制作剪纸<br>（1）说说剪纸好不好看，喜不喜欢，想不想自己也动手制作一幅剪纸作品。<br>（2）准备工具、材料（每人一份）。<br>（3）让妈妈与孩子们一起用剪纸形式把心中最喜欢的窗花剪出来。 |
| 3. 活动总结<br>（1）看一看、比一比：剪纸作品与其他艺术作品比较有哪些优点？<br>（2）议一议：自己剪纸作品的优缺点。 |
| 4. 活动延伸<br>一幅命题作品：以"母亲"为题，设计一幅剪纸作品。 |
| **活动花絮：** |

图1 看，妈妈跟我一起剪的窗花好看吗？　　图2 我要自己试一试！

## （二）中班亲子活动方案

| | |
|---|---|
| **年龄段**：4—5岁 | |
| **活动名称**：快乐的小鱼 | |
| **活动意图** | |
| 体验亲子一起创作小鱼的乐趣，享受成功的喜悦。 | |

（续表）

| 活动目标 |
| --- |
| 1. 学习把圆形剪去一角并粘贴、添画出不同动态的小鱼。<br>2. 体验亲子一起创作小鱼的乐趣,享受成功的喜悦。 |
| **活动时间** |
| 2018年12月 |
| **活动地点** |
| 金悦幼儿园龙皓部 |
| **活动对象** |
| 中三班幼儿及家长 |
| **活动准备** |
| 1. 彩纸若干、蜡笔、剪刀人手一份、垃圾筐。 |
| 2. 多媒体课件,背景音乐。 |
| **活动过程** |
| 1. 激发兴趣<br>师：河里小鱼游啊游,摇摇尾巴,点点头, 会上 会下……小朋友,你们喜欢这群快乐的小鱼吗？仔细看看小鱼的嘴巴和尾巴,你发现了什么？<br>小结：原来小鱼的尾巴就是小鱼嘴巴上剪下来的一个角呀,将小鱼的尾巴拼在嘴巴上变成一个圆。 |
| 2. 观看课件、学习方法<br>　（1）学习对折剪圆形<br>出示方形彩纸,你们会用剪刀将正方形变成圆形吗？你是怎么变的？<br>个别幼儿演示,教师播放圆形剪纸示意图讲解要领：单边朝下,从左端画弧线到右端,画的时候尽量碰到上面的双边。<br>　（2）播放小鱼剪纸示意图,学习把圆形剪去一角并粘贴、添画出不同动态的小鱼。<br>看看老师用圆形纸是怎么变出小鱼的,讲解制作步骤。引导幼儿按自己的想法确定剪角的大小,并启发幼儿粘贴出朝不同方向游动的小鱼。 |
| 3. 幼儿学做"快乐的小鱼"<br>　（1）幼儿操作。<br>　（2）鼓励能力强的幼儿多剪几条鱼,贴的时候让小鱼往不同的方向游,提醒幼儿给小鱼添上眼睛,并尝试添画背景（水草、泡泡……）。<br>　（3）家长和幼儿一起完成作品。 |
| 4. 展示作品<br>　（1）幼儿相互欣赏作品,评选出最漂亮的小鱼。<br>　（2）幼儿和家长一起跳《欢乐舞》。 |

(续表)

| 活动花絮： |
|---|
| 图1 看,妈妈跟我一起剪纸!     图2 认识剪纸的材料 |

## （三）大班亲子活动方案

| 年龄段：5—6岁 |
|---|
| **活动名称：** 秋天的树叶 |
| **活动意图** |
|   剪纸是我国的一种民间艺术,题材来源于生活和大自然。秋天到了,幼儿熟悉的、常见的树叶开始飘舞。我发现幼儿对树叶特别感兴趣,于是生成了一系列树叶的活动。本次活动从大班幼儿的年龄特点出发,通过亲子活动的方式带幼儿去户外充分观察、体验多彩的树叶,感知生活中树叶的美。在"秋天的树叶"剪纸活动中引导幼儿感知剪纸树叶的色彩美、图案美,激发幼儿对大自然的热爱。 |
| **活动目标** |
| 1. 初步感受剪纸特点,能看懂剪纸图示和图样,大胆运用不同的折叠方式折剪树叶。<br>2. 亲子大胆创作,萌发对大自然的热爱。 |
| **活动时间** |
| 2019年10月31日 |
| **活动地点** |
| 公园 |
| **活动对象** |
| 龙皓大三班 |
| **活动准备** |
| 1. 各种树叶的照片（或实物）、PPT、各种剪纸图示和图样。 |

(续表)

| |
|---|
| 2. 各色彩纸若干、剪刀若干、记号笔若干。 |
| **活动过程** |
| 1. 走一走,看一看<br>（1）利用双休日家长带幼儿去公园、小区走一走,找一找各种秋天的树叶。<br>（2）观察秋天的树叶,用拍照或者绘画的形式把树叶的样子记录下来。 |
| 2. 看一看,说一说<br>师：孩子们,我们利用休息的时间去找了秋天的树叶,我们一起看看你们都找到了什么样子的树叶。<br>（1）欣赏孩子收集的秋天的各类树叶的照片或绘画。<br>（2）说说你找到的树叶是什么颜色的、什么样子的。<br>小结：秋天的树叶颜色不同、形状各异,真美丽。 |
| 3. 试一试,剪一剪<br>师：秋天的树叶真美丽,接下来我们和爸爸妈妈一起来试着剪一剪。<br>（1）依据提供的剪纸图样,尝试剪一剪秋天的树叶。<br>（2）尝试画一画树叶的图样,按照自己的图样剪出秋天的树叶。<br>（3）要求：<br>① 鼓励能力强的幼儿大胆地创作,要求幼儿能大胆创新,运用多种方法折叠纸的各个部位后镂空,镂空的图案要丰富。<br>② 提醒幼儿保持作品卫生和整洁,将剪下的废纸扔在纸篓里。 |
| 4. 赏一赏,说一说<br>师：我发现你们剪的秋天的树叶真好看,我们一起来欣赏一下。<br>（1）欣赏亲子剪纸秋天的树叶。<br>（2）说一说你是怎么折的,怎么剪的。<br>师：今天我们尝试了剪秋天的树叶,下次可以去参观一下枫泾古镇上的剪纸,去欣赏一下不一样的剪纸。 |
| **活动花絮：** |

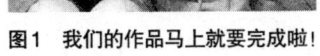

图1 我们的作品马上就要完成啦！　图2 好看的花纹马上就要剪出来了,好期待哦！

# 第六章 阶梯式幼儿美术课程的实践探索

○ 第一节　阶梯式幼儿美术课程的经验总结

○ 第二节　阶梯式幼儿美术课程的案例分享

○ 第三节　阶梯式幼儿美术课程的学习故事

基于体验的阶梯式幼儿美术课程由幼儿、教师、课程内容等诸多要素构成,其中幼儿与教师是两个紧密联系、互为主体且不断相互作用的要素。教师在实施阶梯式幼儿美术课程的过程中,打破了传统的教育理念,教师的美术教育行为能力与水平明显提升,从活动设计、活动组织、活动反思、活动评价等各方面都有了突破。教师在研究过程中积累了大量的实践经验而形成文本进行交流讨论。本章主要包括经验总结、案例分享、学习故事三方面的内容。

## 第一节 阶梯式幼儿美术课程的经验总结

在实践研究的过程中,教师根据阶梯式幼儿美术课程的构建,针对不同年龄段幼儿、根据不同教学目标开展多种形式的教学活动,在实践中观察、调查、研讨、反思,并在年级组中进行实践、反思、再实践、再反思,不断修改完善课程目标和内容。同时,教师将自己的实践活动定期进行整理,梳理出了宝贵的经验总结。

### 体验促提升,稚笔绘童心[1]
——论体验式美术活动开展的意义

席勒在《美育书简》一书中提出:艺术是一种审美自由的体验,人的审美活动和游戏一样,是利用过剩精力的使用,剩余精力是人们进行艺术这种精神游戏的动力。美术活动是幼儿众多艺术表现形式之一,其涉及的内容和形式相对比较广泛,但在不断实践与探索的过程中,我们不难发现,一次美好的体验对于幼儿美术创作所展现出来的作用不容忽视,美好的体验能让幼儿在美术创作中收获愉悦的情感。

杜威认为:"教育即生活,教育即生长,教育即经验的不断改造。"只有真实的生活,才是身心成长和经验改造的正当途径。因而,要把幼儿园变成一种加以控制的特殊社会情境,把课堂变成幼儿活动的乐园,让幼儿在活动中通过观察、操作、直接接触各种事实,获得有用的经验,即"从做中学""从体验中学习"。体验式美术活动重在多方位、多元化地为幼儿创设感知美的环境,目的就是最大限度地给予幼儿体验和感知美的机会,充分运用多种手段,引导幼儿自觉建立良好的审美感觉,激发他们的艺术情感,形成表现美和创

---

[1] 作者:景丽丽,本科,一级教师。

造美的强烈兴趣,从而让幼儿不自觉地迸发出"动之以情、感之于心、思之于形、联之于境、赋之以美"的艺术情感。

## 一、体验式教学是美术活动积极有效的实现形式

体验式美术活动更多代表了幼儿成长和发展过程中所需的各种能力的内化性养成过程。它对于指导其中的教师来说,注重于"体验",发之于心的指导是推进其多元化指导予以实现的必由之路。

美学家斯托洛维奇提出:"人的美育通过多种途径实现,但不能否认,艺术是对人目的明确的施加审美影响的基本手段,因为正是在艺术中凝聚和物化了人对世界的审美关系。"生活中的美无处不在,幼儿美术活动的重点就是要让幼儿更好地融入生活,学会欣赏生活中美的事物,置身其中寻找、发现生活中的美,并运用自己喜欢的方式表现出来。例如,体验式写生属于绘画中较高的艺术表现形式。教师不要求幼儿一定要实现对实物惟妙惟肖地写生,而是更多关注幼儿想象力的激发,关注幼儿对美的感受,对美的表现的兴趣和自信心。在写生中,教师总是立足于一个意象事物,引导幼儿进行表象的观察,在写生实践时,教师鼓励幼儿结合自己的感触在实践中进行意象的再造,使得写生而来的画面包含更多的思想意蕴。对于幼儿实践中的灵光一现,教师及时给予充分的肯定,从而树立幼儿的自信心,提高幼儿的创造力,使得幼儿的想象更大胆、更丰富。例如,一次静物写生中,我给孩子提供了各种车类。在孩子们观察时,我提醒孩子们:仔细地观察这些车,想一想,谁会骑车呢?还会发生哪些有趣的事情?……不少孩子们耷拉着脑袋,睁大眼睛端详着……与此同时,我再次提醒孩子们:"你觉得怎么好就怎么画,如果觉得有困难,可以找老师帮忙……"我的一系列引导,在为孩子们指明方向的同时,也在创作的范围上为孩子们松了绑。在幼儿呈现的作品上除了车以外还添上了红绿灯、人行道;有的添上了小朋友骑自行车的场景……

这种看似简单的操作体验,相对于教师自导自演的示范讲解,幼儿更易于接受,也更易于幼儿在体验过程中不断建构自己的经验,在做中想象,相当于游戏一般地被幼儿所接纳。

## 二、体验贯穿活动,让美术活动更具生命力

美术活动既需要幼儿充分表达自己的艺术构思和想象过程,还需要教师巧妙地将对美的体验、创作美的体验、表现美的体验由浅入深、循序渐进、形

式多样地贯穿始终,并经常让"我们一起来尝试"。体验式美术活动主要强调以幼儿为主,突出幼儿在美术教育中的地位,有效促进幼儿全面发展。"玩中画""学中画"体验式美术活动模式是幼儿自主进行美术创作的有益尝试,已成为教师与幼儿之间、幼儿与幼儿之间互动的有效形式。

同时,关注幼儿的视点,激发幼儿亲自动手试一试的兴趣。大班的幼儿已经有了一定的创作基础,也能初步用多种形式表达对美的感受,但是,如何让他们始终在一种最自然的状态下,将稚嫩的感受和想法完全表现出来呢?通过实践,我们发现美术活动中幼儿始终置身其中的体验,更能激发幼儿创作表现的动力,能让幼儿沉浸其中,享受动手体验的快乐。例如,大班"我要上小学"主题活动中,我们请来一个小学生做模特让幼儿写生。我们给予孩子们以充分的选择自由,孩子们自主选择,自主观察,自发地向小学生提问一些问题,然后想象一下自己心目中的小学生。在体验式活动中,幼儿从小学生姐姐的肢体动作、脸型、发式、五官长相、衣着等方面感知小学生姐姐的体貌特征。在体验式美术活动中,我们不要求孩子们描摹式地写生,而是要求孩子们戴着"有色眼镜"进行观察。小学生姐姐给你最深的印象是什么?你最喜欢小学生姐姐的什么?……可以用你看到的结合你自己的感触画下来。在老师的指导下,多数孩子有了目标依据,开始依据自我视角和情感需要进行观察。孩子们看的视角很独特,有的偏重于脸的五官构造,有的偏重于姐姐身上的服饰,有的偏重于姐姐的动作……不得不说,孩子们看得还是很深入的,基本上把自己所要表达对象的突出特征把握住了,并且在基于对象的写生表现中赋予了浓重的个人体悟色彩,带有鲜明的个人情感趋向。在体验式的宽松氛围中,实现了对幼儿个人写生和情感的铺垫性关照。

### 三、提供多样化的体验材料,让体验式美术活动更具活力

丰富、新颖的材料为幼儿提供了体验的空间,引发他们主动地探究和想象,进而激发其运用自己喜欢的材料进行创作的欲望。如"笔",教师可以提供棉签、马克笔、排笔、竹签、毛笔等材料;"纸",教师可以提供刮蜡纸、报纸、纸盘、雨伞、鞋盒、箱子、石头、扇子、瓶子等材料;"颜料",教师可以提供水粉、墨水、碎纸片、果汁、蔬菜汁等材料。又如,我们还可以利用乡土资源,就地取材。菜园里,孩子们每天都会经过鹅卵石通道,我们借助这样的自然资源,让孩子们用各种材料在鹅卵石上作画,整个过程,幼儿都积极愉快地参与其中,从自己的视角进行充分联想、充分表现,体验发现自然、生活中的美的乐趣。

## 四、采取合作游戏的方式体验,让美术活动更具张力

《3—6岁儿童学习与发展指南》指出:幼儿园教育需要寓教育于生活、游戏之中。游戏使幼儿在美术活动中收获的不仅仅是喜悦,更多的是形成一种喜欢美、需要美、接纳美、表现美的助力。同时,以游戏为依托的美术活动能够让幼儿更加自如地进行表现和创作,也为幼儿提供了一个情感交流的平台。美术活动是一种创造性活动,幼儿的思维世界可谓千变万化,天马行空,只靠教师简单地引导或者让幼儿自主操作是不够的。因此,在美术活动中教师可以通过游戏形式把幼儿带入想象的王国、美的世界,让幼儿从中获得对美的事物多角度、多层次的认识。例如,在撕纸贴画"奇妙的碎纸片"活动中,请幼儿两两或多人组合,把小纸条变成一片片碎片,然后将小纸片贴在一起,设计成各种各样的图案。在这些有趣的游戏中,小伙伴间相互商量着彼此间的分工,或画图、或修饰、或粘贴、或帮忙粘胶水,我们总能听到尝试合作的幼儿骄傲地说道:"老师,你看!这是我和我的好朋友一起完成的作品哦!"幼儿不但愉快地掌握了剪、贴、捏、画、撕等基本技能,而且对美术活动也产生了浓厚的兴趣。

体验式美术活动是幼儿进行自我感受、自我探索、自我发现、自我表现的创作过程,也是幼儿追求美的体现和创造的有力支撑。同时,极大地丰富了幼儿美术活动的组织和实施的内涵,冲破了幼儿呆板临摹的教学模式,让幼儿在感受、思考、创造的过程中达成对美的追求。体验式美术活动,让幼儿提升了对事物美的感悟和欣赏,提升了幼儿的审美能力和观察能力,培养了幼儿大胆自我表现美和创造美的能力以及良好的审美情趣,进一步塑造了幼儿良好的个性品质,对幼儿人生的成长与发展产生了深远的影响。

# 创新教学方式,深度探索美[1]
## ——阶梯式幼儿美术活动中教学组织方式的探索

外国研究者们很早就关注幼儿的美术教育,并且取得了很多成果。艾尔·赫维茨和迈克尔·戴在《儿童与艺术》一书中提到了艺术教育的基础的

---

[1] 作者:杨苗贤,本科,一级教师,教龄6年,科研组长。

三个内容——"儿童、艺术、社会",艺术教育的萌芽从儿童时期就需要了。

美术活动的内容是多种的,怎么样选择有效的教学方式组织活动是教师需要关注的。《幼儿园教育指导纲要》在艺术教育要求中提到:"提供自由表现的机会,鼓励幼儿用不同艺术形式大胆地表达自己的情感、理解和想象。"我们要组织多种形式的教学方式让幼儿去发现、表现。

现今学前课程处于改革的重要时期。它更多地给予了孩子们全面自由发展的空间和机会。教育部发布的《幼儿园教育指导纲要》将幼儿的发展分成了五大领域,进行细化的改革。这系列的变化,对于幼儿园美术教育造成了很多变化。相比较于传统的美术教学,现在的美术教学模式也发生了很大的变化。

### 一、美术教学活动的分类

根据幼儿一日生活作息时刻表,我们主要通过集体和区域两种形式开展美术活动。除此之外,参观活动、亲子活动等非常规性形式也被广泛应用。

(一) 集体活动

意大利教育家瑞吉欧提出了"集体学习"的概念。他认为的集体学习是指若干个体在认知、情感和审美方面共同解决问题、创造作品,在这个过程中每个人自主地学习,同时还通过向他人学习的方式学习。通过集体活动,教师在有限的时间和资源下最大限度地完成教学目标,有助于教师评价幼儿的发展、整理提升幼儿的经验。其中,幼儿也完成了社会性的建构。这些评价充分肯定了集体活动的必要性。在集体学习过程中,我们更要强调记录儿童学习过程的重要性,同时也要强调儿童和教师重温学习时刻的重要性。瑞吉欧认为集体学习的目的是为了充分发挥儿童的自主性。

(二) 个别化学习活动

瑞吉欧的理论给予当代教育一个新的理念,让我们开始注意学习方式的改变对于幼儿的不同作用。因此,为了发挥幼儿的自主性,另一种形式的组织方式也开始渗透到幼儿园幼儿的学习活动中,那就是自主活动,即个别化学习活动。

个别化学习活动是针对学习的个别化教育。幼儿园个别化教育,是指根据每个幼儿的需要、兴趣、能力的不同来设计、实施适应个人能力的教学形式。

早在20世纪80年代,加德纳等人提出的多元智能理论,强调了学生中心或者"个体为中心的学校模式"。他提出,我们不能专注于单一的学科教学,而应该更加重视整合性的教学,提出学生中心以及个体为中心的学校模式。教育是高度个别化的工作,必须配合每位学生所具有的独特智能之组型。总而言之,多元智能理论包含了整体化、个别化、自主化与多元化的教育含义。这理论的提出在一定程度上促进了以个别化形式开展的活动,让幼儿自主地开展活动,教师也从班级授课的方式过渡到了个别教授。

(三)其他

幼儿在认识探索世界的过程中,我们要给予幼儿机会去接触世界,去了解自己身边的事物。我们在园一日生活中开展正规的教学活动之外,还组织其他各种形式的活动进行美术欣赏和艺术体验,如参观活动——走进古镇、亲子活动——辰山植物园一日游等。通过这些活动,让幼儿能够在自我感知和自我探索中感受美、发现美,提升幼儿的审美能力和欣赏能力。

不同形式的美术教学有很大的不同,包括教学目的、提供的教学材料资源、教学方式等都会存在一些异同。但是,这些活动都有自己独特的作用,给予幼儿不同方面的成长。

## 二、美术教学活动的探索

(一)从"发展个性"出发,活动要保障幼儿的主体性

幼儿在成长过程中常产生要了解周围世界,并证明世界的神奇冲动。他们能把大千世界中变化万千的事物,自由地以自己特有的方式表现出来。美术活动内容的开放性,直接影响幼儿表达自我情感的效果。我们要尊重每一位幼儿的创造与表达,要充分尊重幼儿独立思考、独立创作的主动性和积极性,树立幼儿的自信心。

(二)从"幼儿兴趣"出发,活动要具有趣味性

幼儿在美术活动中表现出来的热情和投入程度取决于一种内在动力,它源自幼儿对这个活动的兴趣,除了幼儿自身有强烈的表现欲望之外,老师可控的有可能是有趣的教学方法,也有可能是好玩的可操作材料,因此在开展美术活动的时候,一定要具备可激发幼儿兴趣的因素,尝试不同种类的教学方式,比如说游戏活动、创意活动等,让他们体验到美术活动带来的无穷乐趣。

(三)从"贴近生活"出发,活动要具有联系性

根据幼儿的年龄特点,幼儿的直接经验都是与其生活相关的。日常生活中存在着大量的美的元素,教师可以根据幼儿生活中客观事物的不同现状、

不同特征找到不同的美术活动资源。如我们金山的百花节,引导幼儿观察各种花卉、水果,参与各类田野活动,就有很多体验再利用和挖掘。又如秋天是瓜果成熟的季节,引导幼儿对瓜果的感知与比较,通过触觉、嗅觉和味觉,提供各种各样的水果,和幼儿开展"品尝大会"活动,教师可以寻找有关瓜果的美术作品与幼儿分享。这些都是通过各种有趣的生活体验,进行想象与创造,表现生活中的美。

## 三、启示

### (一)学会放手,多留一些时间和空间

幼儿模仿能力很强,教师单纯的示范很容易让幼儿形成思维定势,跟着教师的方式去表现,这会局限幼儿创造力的发展。因此,在实际教学活动中,教师如何启发幼儿想象是一个重点。比如,幼儿在集体活动中表现内容基本上完全符合活动的目标,这样最后的作品呈现比较单一。所以,教师在活动中要放手,让幼儿自由联想表现。教师应该充分利用多样丰富的色彩、线条、组合,来诱发幼儿的艺术积极性和创造潜力。

此外,多给幼儿一些时间,让他们能够充分表达自己,认真细心地完成自己的作品。如在自主活动"盆栽写生"中,活动场地就是在植物角,教师只提供基本材料,让幼儿自己去观察,去表现。没有完成的幼儿可以之后继续完成。最后,幼儿的作品各不相同,都具有各自的特色。我们要放手让幼儿自己画,不用范画去限制他,使幼儿的绘画真正成为"儿童画"。

### (二)注重差异,注重循序渐进

幼儿的发展表现水平都是不一样的,存在较大的个别差异。在班级中,会有热爱画画的幼儿,也会有一些对美术具有抵触情绪的幼儿。对于后一类幼儿,我们首先要尊重每一位幼儿的个性,接受个体之间的差异,其次要深挖其背后的原因,是没有自信,还是不会画,还是没有兴趣等。对于这样的幼儿,我们应该更具有耐心,尽可能地鼓励他们去尝试。对于他们来说,自信才是进行活动的基础。尊重个别差异,根据每个幼儿的特点开展引导,让每个幼儿都能够愉快地活动。

### (三)自评互评,逐步培养兴趣

教师在评定幼儿结果的时候,会自然地加上自己的主观色彩或者用技巧去框定评定。幼儿是一个独立的个体,有自己的情感和心理需要。我们在观看他们作品的时候,要尊重他们的表现,培养他们的积极性和个性。在

"蝴蝶飞飞"的时候,活动目标是要让幼儿了解对称的含义,在两只翅膀上画上相对应的花纹。但是,一个小朋友画上了对称的图形,她在上色的时候就画了不一样的。这时候,教师是否要否定她呢?其实不然,从图画上表明,幼儿已经存在对称的意识,教师这时候要做的就是用肯定的语言来鼓励幼儿。

另一方面,对于中大班幼儿,幼儿之间的合作交往意识已经有一定的发展,适当引导幼儿去进行自评和互评。学前前阶段,幼儿之间的交往对于幼儿的发展起着非常重要的作用。教师要利用同伴的积极作用,通过别人表达的建议感受,让幼儿自己去评定自己的作品,会更有效果。这也是一个提高幼儿认知、观察、分析能力的有效途径。在这个过程中,也满足了幼儿的心理需求。这时候,就将幼儿的角色从学生转变到了"教师"。

## 美,源于自然　画,源于体验[1]
### ——自然资源在幼儿体验的阶梯式美术活动中的运用

"美"源于自然。大自然是幼儿发展的资源,不同年龄段的美术活动,都会鼓励幼儿走出教室,走进大自然。让幼儿与自然互动,引导幼儿用自己的眼睛和心灵去观察、感受自然,认识周围的世界,并根据幼儿的年龄特点进行美术教学,让幼儿接触大自然,开阔幼儿视野,让幼儿更生动地描绘眼前活灵活现的事物。在自然中创作是人与自然的和谐对话,是幼儿内心最真实的体现。

### 一、走进自然,激发幼儿的感知能力

对于幼儿美术活动来说,我们要抓住幼儿学习绘画的特点,使他们用自己的感觉方式去体验自然。陈鹤琴先生曾说过:"大自然,大社会是活教材。"自然中一切可以听到、看到、闻到、摸到以及其他感官能感受到的资源都是可以引入到孩子们的美术中去的。大自然是最好的老师,自然中的美是源源不断的。

---

[1] 作者:朱玲,本科,教龄14年,教研组长,金山区新长征突击手,上海市"见习教师规范化培训"优秀指导教师,上海市金山区优秀共产党员。

## （一）提供丰富自然资源，激发幼儿感知能力

美术的内容十分广泛，有风景美术、植物美术、人物美术、动物美术等，只要安排适当的内容，选择适合的场所，让孩子接触一下大自然，描绘眼前活灵活现的事物，孩子是十分乐意接受的。在老师的带动鼓励下，还可以激起他们对绘画的兴趣。让幼儿深入到生活中去美术，也能激发出他们的创作潜能。

例如自由活动时，有时谈谈打水仗、有时聊聊堆沙丘、有时说说保卫战，这些都是户外活动时进行的自主性游戏，孩子们意犹未尽就是美术最好的催化剂，教师就能组织开展美术活动。为了体现不同年龄不同的表达表现方法，小班以涂鸦式的创作《玩沙的孩子们》、中班以写生绘画《悦园真热闹》，而大班则可以通过多种形式——线描、彩砂等进行《登高的孩子们》等绘画，利用这些自然资源，结合自己的游玩经历，让他们边看边画边想，把欢乐的气氛也在他的作品中呈现出来。

## （二）创设趣味自然环境，激发幼儿感知能力

上海四季分明，自然资源更为丰富，孩子们能在散步的时候用眼睛去观察、去发现大自然不一样的美景，然后用画笔将脑海中的景象展现出来。四季中有许多孩子们喜爱的景致，他们用眼观察、用心体会。幼儿走进自然，有了更多机会去探索和发现。

例如大班"春夏秋冬"主题下的美术活动，让幼儿去探索发现悦园中的四季变化：春天，树枝抽出新芽，画画"悦园"的春意绵绵；夏天，树叶繁茂，果实累累，幼儿园的荷花也开了，"悦园"里的蔬果都成熟了，草地上还有五颜六色的小花，就像一幅美丽的大画卷；秋天，虽然秋风扫落叶，但是"悦园"里又一批不同的蔬果在成熟，而且部分植物的树叶变得枯黄，孩子们在枯叶中欢乐地穿行；冬天，满目萧条，虽然不适合户外美术，但是冬季的萧条美也是不可或缺的。

中班"秋天""好吃的食物"主题，可以组织孩子通过看秋风扫落叶的凄美，品硕果的甜美，利用五官来感受，用画笔去记录。

小班"火辣辣的夏天"，则可以玩水、玩色的形式组织开展各类美术游戏活动，让孩子在游戏中、在自然环境中去感受自然美。

自然环境是幼儿发展的资源，幼儿只有通过与环境交互作用才能获得发展。我园有着得天独厚的优势和条件，园内设有四季不断更替的"悦园"，老师们要充分发挥大自然赋予的优势，利用"悦园"里的自然环境开展丰富多

彩的美术活动，带幼儿们在自然中探索发现。

## 二、感受自然，促进幼儿的观察能力

### （一）在自然中对比观察

户外美术活动首先是培养学生的观察能力。绘画大师马蒂斯把"看"当作一种"创造性的视觉能力"，这里的"看"就是观察，是直接领悟事物本质特征的直觉能力，即所谓的在绘画中的透视力和洞察力。在亲近自然的过程中，幼儿通过看一看、摸一摸、比一比的对比观察，真实地发现身边大自然中蔬果、植物的差异。

例如，中班的美术活动"春天的小树"，我让孩子们去仔细观察春天小树的变化，然后把自己的发现进行交流、分享，说说树叶是什么样的，树干是什么样的，它们像什么。等孩子们充分说了自己的感受之后再鼓励孩子动手去绘画，这样更容易定型，而不是盲目地"画树"，后者不容易抓住树的细节特征。

### （二）在自然中跟踪观察

跟踪观察就是让幼儿对某一蔬果、植物进行长期的观察，发现其变化和发展，并能间断性地用美术的方式进行记录，从而形成完整的认识。

例如：秋天到了，菜园里的萝卜逐渐成熟了，经过一段时间的跟踪观察，幼儿了解了萝卜种植、发芽、长大到最后拔出来的整个生长过程和规律，不但锻炼了幼儿的耐心，同时也促进了幼儿的观察力。

## 三、发现自然，激发幼儿的创作能力

良好和谐的自然环境有利于幼儿创造力的发展。幼儿在户外美术的过程中观察自然、体验生活。美术的过程是孩子观察、分析、理解、概括的过程，与照本宣科的绘画方式不同，幼儿在与自然的互动中，积极发现，努力创造，敢于求异。

### （一）回归自然

大自然的资源对于幼儿的观察和体验来说是取之不尽，用之不竭的。这些资源都是幼儿最喜欢、最感兴趣的材料。随着季节的交替，自然界会无私地向幼儿奉献特有的产品。大自然是一本很好的教科书，它不仅拓宽了幼儿的知识面，更赋予了幼儿丰富的社会情感，增加了幼儿与自然环境的互动。陶行知先生指出：活的乡村教育要用活的环境，不用死的书本。让幼儿走出教室，在了解四季变化、人类生活变化的过程中，体验人与自然的亲密关系，了解自然和生活的基本规律,萌发保护和改善自然和社会环境的最初意识,使幼儿的潜能得到最大限度的挖掘,使不同层次的幼儿都能得到发展。

例如大班主题活动"有用的植物",教师带孩子去"悦园"观察蔬果、植物,从而探索其发展规律和变化,知道不同植物的常绿与落叶情况,了解蔬果不同部位的可食用性,让原本单一枯燥的学习活动更生动。

（二）浸润自然

幼儿的思维没有定势,积累了大量户外自然美术的观察经验,幼儿的思维自然会打开,有助于想象力、创造力的提高。幼儿会有千奇百怪的想法,美术作为他们表达表现的媒介,没有固定的思维模式,没有固定的绘画对象,相对的,评价也没有统一的标准,为他们的想象力、创造力装上了一对飞翔的翅膀。

在自然环境下美术,幼儿并不在乎绘画作品最后呈现出来的效果,他们更热衷于与大自然的互动以及绘画过程的本身,而在这个过程中获得的知识经验和情感满足远远超过作品自身的价值。

有人认为:"幼儿所处的环境,应召唤他向往某种事物,教给他某种东西。可见,教育环境中各种美的因素对幼儿都具有强烈的暗示和引导作用,幼儿在耳濡目染、潜移默化中,加深了美感体验,丰富了审美情感,净化了审美趣味,并从中更进一步激发了对自然的热爱,对生活的向往和对美好理想的追求。"

例如大班"有用的植物"活动,让幼儿去寻找"悦园"中形态各异的蔬果,有的能画出植物的根茎,有的则观察到植物的果实,同样的蔬果植物,从幼儿们的不同角度和不同思维出发,画出来的效果也是出人意料的,他们还会自圆其说,愿意在人前大胆地表示自己的观点和想法。

## 四、收获自然,培养幼儿的审美能力

自然环境的开放性可以促进幼儿发散性思维、解放情感,脱离室内美术的单一模式,提升幼儿的审美能力与表达表现的品质。在自然课堂中,教师引导幼儿以自己的眼光观察、感受自然,通过美术活动,用艺术语言去表达自己的审美感受,将所见所闻呈现在作品中。

（一）园外自然资源中感受美

户外美术活动通过对大自然和生活的观察,让幼儿体会到其中的美,我们还经常带领幼儿去周边小区散步远足,让幼儿到小区绿化带树林里听大自然的声音,分辨鸟叫、蝉鸣、风声、水声、各种小虫的叫声……大自然中五彩缤纷的花草、树木,形态各异的小昆虫调动了幼儿们的好奇心和注意力,使幼儿们在尽情的玩乐嬉戏中,感受和体验大自然的千变万化,促进了幼儿感受美、创造美、欣赏美能力的发展。

(二)园内自然资源中创造美

大自然是最好的老师,通过户外美术教学的熏陶和培养,使幼儿更加贴近自然、热爱生活,使幼儿在学习、认识、表现客观世界的过程中感受到世界的美丽、奇妙和变化无穷,增加对美的感受力,对物、对景和对人的亲切感。

例如,大班户外美术活动"悦园真热闹",先让幼儿去寻找"悦园"里自认为最美的景致,通过谈话、分享、美术把幼儿们眼中"悦园"最美的景致表现出来,幼儿们选择的每个角落都有它的特点,都有自己的理由,在不断观察、不断发现、不断尝试、不断表现的过程中提升自身的审美能力。

总之,在大自然中开展基于体验的幼儿阶梯式美术活动,幼儿成了学习的主人,师生关系平等互敬,幼儿根据自己的观察、了解表现对自然界事物的认识与情感,让自己的想象与创造无限扩大,既可以提高幼儿的观察力,又能培养他们的审美情趣,同时丰富他们的想象力、创造力,开拓了幼儿们的视野。

## 回归童心 "评"出精彩[1]
### ——阶梯式幼儿美术活动中评价方式的探索

幼儿期是人生的关键期,幼儿期的经历会影响人一生的发展。在这个时期,幼儿需要成人的关注和理解,而美术作品正是幼儿表达内心的重要手段,回归童心的幼儿美术作品评价就是立足于以评价促发展,对幼儿在美术活动中的主体地位予以支持,对幼儿内心世界进行主动探索和积极理解。由于这种评价给予幼儿充足的表现空间,给予幼儿充分的表达机会,所以有助于促进幼儿自信心的培养,以及想象力、创造力的提高。这种评价关注幼儿的真实心理状态和成长过程,也有助于幼儿情感的发泄,并有利于发现个性中存在的问题,促进个性的发展。这种评价主张提高幼儿的参与度和幼儿互评与

---

1 作者:朱小兰,本科,二级教师。

自我评价的成分,有助于幼儿学会表达,学会理解,增加对美的向往。

## 一、回归童心的幼儿美术作品评价

### (一)回归童心

历史对"童心"的认识经历了一个漫长的过程,有着儿童是"小大人",是"白板",是"有罪的",是"花草树木",是"私有财产"等不科学的看法,但也不乏能够正视"童心"的思想出现。进入20世纪后,越来越多的人开始关注教育和儿童,如杜威、蒙台梭利、皮亚杰等持以儿童为中心的理念,与之前或同时的洛克、斯宾塞、舒尔茨等站在成人权威角度的理念产生了激烈碰撞,人们对"童心"的认识从中慢慢发展。

### (二)彰显儿童的主体地位

我们主张幼儿美术作品评价应该围绕幼儿展开,突出幼儿的主体地位,这主要表现在评价幼儿美术作品时的评价标准和话语权,要从成人世界回归到幼儿本体。首先,回归童心的幼儿美术作品评价强调以儿童为基准进行评价。评价标准取决于是否符合与能否促进幼儿的发展,而不是取决于成人的审美态度和标准。在教育评价中,由于幼儿园—教师—幼儿的由上到下的隶属关系,使得教育活动的所有要求和标准最终都会变成对幼儿的要求和标准,因此所有教育评价最初就应围绕幼儿展开。幼儿美术作品评价作为与幼儿本身十分贴近的环节,以及学前教育评价中相对基础的评价环节,更应该符合幼儿的独特发展,重视幼儿的童年值,以能否促进幼儿的发展作为评价指标。

### (三)关注幼儿美术作品的过程

回归童心的幼儿美术作品评价以记录的过程作为评价的主要依据。瑞吉欧成功的实践中强调通过对学生学习发展过程的记录和重温,从而增进教师和家长对学生的理解,并促进与学生共同建构世界的意义。我们也主张将幼儿美术生活和活动的整个过程观察和记录下来,将过程作为评价的依据,更好地收集幼儿的信息,了解幼儿的真实想法和发展状况,根据过程来理解和分析幼儿的作品。

### (四)强调幼儿的差异性表现

强调幼儿的差异性表现是指,我们在进行幼儿美术作品评价时,相较于评价幼儿作品是否达到教学目标的评价标准而言,我们更注重幼儿在过程中的个性化发展,更强调幼儿能否表现出不同于他人的自述或见解。我们在对幼儿美术发展一般规律了解的基础上,强调对幼儿个体差异的关注。我们要求教师不但要学习前辈们总结和发现的幼儿美术发展的一般规律,也要关注班级幼儿的地域差异、家庭差异等,最重要的是最终要把目光放在每个幼儿身上,强调多元主体和多元价值。

### 二、树立回归童心的专业理念

教师在幼儿美术作品评价中的问题主要源于教师理念的缺失和执行不统一,其中理论知识的学习可以在幼儿园园领导的组织下进行,因此本文主要对教育理念的改善和实施给出一点建议。

#### (一)学习以幼儿发展为本的理念

教育价值观对评价具有直接影响,教师的儿童观对教育也起着至关重要的作用,因此我们在为幼儿美术作品评价寻找回归童心之路时,首先就是要加强教师队伍在理念和理论上的建设,由热爱到尊重。大部分幼儿教师能够热爱学前教育,也能爱孩子,但是正确的儿童观只有爱是不够的,现在我们更需要对幼儿的尊重,尊重幼儿的主体地位,尊重幼儿的稚嫩,尊重幼儿的发展,尊重幼儿的差异,尊重幼儿的天性,尊重幼儿的生存权、发展权、游戏权等,信任幼儿。

#### (二)实施的具体步骤

为了让评价更好地着眼于过程与个体差异,我们建议能够采用观察与记录的方法作为评价的依据;为了让评价更好地促进幼儿的自信,加强教师对幼儿的了解,我们主张在评价中多做倾听并采取欣赏与肯定的方式回应幼儿;为了让评价更好地促进幼儿的想象与表达,我们鼓励教师在评价中多与幼儿进行对话引导;为了让评价给幼儿提供更多自主创造的机会,我们提出多为幼儿创建有准备的环境;为了让评价更好地良性循环,我们倡导教师进行评价活动的反思,并帮助幼儿积累评价的经验与素材。

1. 倾听——回应

《指南》要求我们"了解并倾听幼儿艺术表现的想法或感受,领会并尊重幼儿的创作意图"。倾听是对幼儿最大的尊重。例:今天教师让幼儿画太阳,明明总是喜欢把太阳画成蓝色。老师三番五次告诉他太阳是红色的,但明明就是不愿意改过来,还振振有辞地说:"蓝色的太阳比红色的太阳凉快!"此案例,明明在画太阳时已经把自己的情感融入了画中。日常生活中的太阳太热了,他想把凉快的太阳带给小伙伴,所以总是不愿意把太阳改回红色。成人在评价时,在不否定蓝太阳的前提下,但也要告诉他,现实中的太阳是红色的。我们不仅要在幼儿进行美术创作时耐心倾听,在幼儿进行评价时也要耐心倾听,把倾听作为了解幼儿和理解幼儿的手段,领会并尊重幼儿的创作,从而发现幼儿的童心童趣和个性特征。对幼儿在表达喜爱之情时要"耐心倾听并给予积极回应和鼓励",我们倡导以肯定与欣赏的态度对幼儿进行回应,为幼儿的心理健康建立自信的基础,为幼儿对美好的向往建立安全的心理氛围。我们在欣赏幼儿美术作品时,不做浮夸的评价,而是根据幼儿发展的一般规律和个体发展的个性特征,结合幼儿的经历与经验,以表达自己的感受的方式向幼儿描述他的作品所体现的发展阶段与作品的特点;我们在肯定幼儿作品时也要引导其提高,但这种提高是指对情感、想象、创造方面的提高,而不是技能的提高,也要用表达感受的方式引导。

2. 准备—创建

回归童心的幼儿美术作品评价以幼儿评价为主,教师在帮助幼儿进行美术作品评价时,需要让幼儿自主选择或引导幼儿一起找到评价的话题或切入点,但这需要创造条件为幼儿提供评价的环境、素材、经验,从而刺激幼儿表达的冲动,促进在评价活动中主动性的发挥,同时可以增强幼儿对信息的获取能力。为幼儿创造有准备的评价环境,首先要在日常生活中鼓励幼儿多观察自然中美的事物,多引导幼儿用自己的语言动作表达自己对美的感受,并多进行发挥想象力与创造力的美术活动。在我的班级中除了在美术活动的时候让幼儿有评价作品的机会,我还创设了可以让幼儿展示自己美术作品的空间和场地,孩子在完成自己的作品后可以展示在其中,他们可以评价自己的作品也可以去评价其他幼儿的作品。

3. 对话—延伸

对话与延伸可以解决幼儿创作过程受阻的问题。对于那些主动探索和想象创作欲望被打击消磨的幼儿,在他说"我不会画""我不会做"的时候,我们要采用"提问兴趣"的方式引导延伸,帮助幼儿开启自主探索美术世界的大门。记得我们班的月月小朋友对于绘画活动很是抵触,也经常会说"我不会",在鼓励了之后,画出来的作品基本就是一团线条,我并没有马上去评价他的作品而是让他说一说他画的是什么,让他去分享介绍自己的绘画作品。我们大人看不懂但是孩子却很有想法,这时我们更多的就是给他回应,给他肯定,让他对美术活动更感兴趣。我们可以先让幼儿观察自己的作品,让幼儿自主评价,如果幼儿表达仍然受挫,可以选择提问幼儿最喜欢或者最满意自己作品的哪一部分，然后引导他们用自己的语言或者动作来描述自己的作品，表达自己的看法。对于表达十分不顺畅的幼儿，我们不但要提问其感兴趣的经验，还要进行深入具体的提问，刺激幼儿对经验的回忆，甚至要进行动作和环境的提示，为幼儿提供表达的材料，刺激幼儿表达的冲动。

4. 积累—反思

要使评价促进美术活动和评价本身良性循环，教师就要对整个评价活动进行反思总结，在美术活动或主题活动结束后，比对量表和记录的信息，对幼儿的发展进行评量，为改善下一步的美术活动和美术作品评价做准备；把幼儿在创作和评价中的表达记录和整理下来，帮助幼儿感受生活的美好和时间的变迁，积累经验和素材，在下一次评价中可以进一步激发幼儿的记忆，从而促进幼儿表达和想象的欲望。

评价具有鉴定水平、诊断问题、改进不足、激励和导向的功能，回归童心的幼儿美术作品评价强调评价的激励和导向功能，因此我们要求教师不要把评价作为给幼儿找错的工具，不要拿幼儿的优点缺点困惑他们，而是把评价作为鼓励幼儿提高对美术的兴趣和对自身自信的手段，通过评价了解幼儿，促进幼儿想象力、创造力的发展。评价的激励功能多被理解为通过了解自己增强改善意识，从而调动人们的积极性，但是对于幼儿来说，我们更加希望评价能够增强的是自信心和对美的向往，而不是单纯的参与积极性和技能性的发展。因此，我们主张幼儿教师能够多以鼓励和欣赏的心态来评价幼儿美术作品。

## 挖掘多元资源　丰富美术创想[1]
### ——基于幼儿体验的阶梯式美术活动之有效延伸

幼儿的美工活动能够促进幼儿审美能力的发展，又能促进幼儿的感性体验、情感表达，特别是想象力和创造力的发展，从而促进幼儿健康人格的形成。陶行知先生说："到处是生活，即到处是教育；整个社会是生活的场所，亦即教育之场所。"幼儿美术活动起源于生活，又服务于生活。开展幼儿美术活动的原点在于关注幼儿的生活，关注幼儿的真实体验，所以也就意味着美术活动的学习不应仅局限于集体教学，更应该挖掘多元资源，将幼儿课堂美术

---

[1] 作者：黄晓琴，本科，中共党员，教龄8年，早教负责人，上海市金山区优秀早教志愿者。

面向生活进行强化有效延伸。从不同的角度促进幼儿多元的美术体验,从而为帮助幼儿形成全面发展奠定良好的基础。

### 一、立足校园开展美术延伸活动,实现延伸多样化

作为美术特色幼儿园,我们开展幼儿美术活动有一定的优势,我们的美术材料储备丰富,比如在布置美工区活动场景时,老师要按照各种美术活动的特点,因材施教式地提供游戏材料,一方面可以在班级里单独创设独立美工区域,另一方面利用幼儿园的公共区域,因地制宜地设置一些大型的创意美工活动室,儿童完成的美术作品可用来装饰和美化环境。此外,我们课程类型也较为丰富,同时为凸显我们的特色教育活动,我们教师也绞尽脑汁为幼儿营造一切有利于孩子创作的氛围。

**(一)绘画活动延伸丰富环境布置,营造艺术氛围**

《幼儿园工作规程》中指出:"要充分利用周围环境的有利条件,以积极运用感官为原则,创设与教育相适应的良好环境,为幼儿提供活动和表现能力的机会和条件。"幼儿的绘画作品是我们每一位老师布置环境的首选题材,无论在哪个年龄阶段,在班级美工区环境布置中展示幼儿美术作品不仅美化环境增强艺术性,还能给予幼儿对于美术活动的回顾和欣赏,激发幼儿更棒的创作灵感;在班级主题墙环境布置中投入幼儿美术作品不仅丰富了主题经验,更增加了幼儿与作品间的互动性。例如,大班美术活动"青花瓷",幼儿完成青花瓷的作品后教师可以将其布置在主题墙上或者做成吊饰挂起来,通过平面化或立体化的布置既丰富了教室的环境,又提高了幼儿的自信。因而在班级环境的布置中融入幼儿的美术作品不仅体现幼儿的自主性,稚拙的美术作品又丰富了幼儿的日常生活环境,使课堂得到有效的延伸。环境少了一些刻板,多了一些灵动气息,从而营造一种独特的艺术氛围。

**(二)绘画活动延伸促进区域开展,激发探索乐趣**

集体美术活动因为幼儿的能力差异性导致有的孩子可能在课上无法独立完成创作,那么将课程延伸至自主式区域活动,不仅可以完善幼儿的作品,更能激发幼儿的探索欲望。以大班美术活动"创意名片"为例。首先,教师可以在美工区投放材料,让幼儿完善自己的个性名片制作,并且可以互相赠送自己的名片,欣赏同伴作品及了解同伴信息。其次,在阅读区收集名片,收集幼儿互相赠送的名片制作成一本名片集,同时在阅读区进行调查、记录整理个人信息资料,将其投入阅读区作为班级信息资源库供大家查询。最后,

教师还可以引导幼儿在益智区开展探索,从资料库中搜索好友的生日日期,并在日历中找到自己及同伴生日的正确位置;通过观察名片中的日期,尝试按出生日期的先后,比较每个人的年龄大小,并记录于纸上。这样,整个活动并不仅仅局限于集体美术教学,还将它有效延伸至自主区域活动,更有利于激发幼儿进一步去探索的兴趣,丰富了幼儿体验的主体参与性及创造性,从中获得乐趣,获得喜悦感。

## 二、面向家庭开展美术延伸活动,实现延伸生活化

家庭在幼儿心中有着举足轻重的位置,家长更是每一个幼儿的第一任教师,教师应该及时有效地把握家长资源,将美术课程在幼儿日常生活中得到有效延续,从而实现延伸生活化。幼儿在家长的帮助下互相协作完成作品,不仅在绘画技能上得到互助提高,而且在亲子情感上也能得到一定的升华。

### (一)美术欣赏活动的延续,促进家庭互助式教育

从我园的园情来看,我园在某种意义上可称为"城乡结合学校"。我们有的孩子出生于城镇,有的则是农村买房进入城镇入学的,周末则会回到农村与爷爷奶奶同住。所以尝试利用多方资源开展美术教育的延伸活动,有利于促进家园合作。例如大班美术欣赏活动"墨竹图",在课堂上幼儿欣赏了郑板桥的竹子水墨画,虽然对于大班孩子来说竹子并不陌生,可有几个孩子能真正感受过竹林的魅力以及挖竹笋的野趣呢?所以在竹笋繁茂季节,我们发动家长周末带孩子去农村感受竹园的魅力。因为资源优势,我们班级多个小朋友家中都有竹园,他们自发约上班中小朋友去竹园嬉戏。当天孩子们收获满满,有孩子们带着自己的写生板在竹园里写生竹子;有的孩子在竹园里挖竹笋成为小画家的模特;有的则是爸爸妈妈带着孩子一起进行竹子水墨画的创作等等。家长和孩子们在欢声笑语中度过了一个其乐融融的周末。因而,家园的有效互动让美术活动得以进一步延伸,幼儿的生活经验得到有效拓展,使得整个美术欣赏活动尽显生机。

### (二)美术欣赏活动的延续,促进家庭生活式教育

在物质生活逐步富裕的时代,孩子的生活感受却比较贫瘠。例如小班美术欣赏活动"可爱的蓝色巴士",在课上孩子们对捷克著名画家贝勒·兹马利歌《可爱的蓝色巴士》欣赏中,我们发现孩子对于色彩认识非常热衷,但是对于乘坐巴士的经验似乎有些缺乏,在描述车内乘客感受的时候孩子的语言表达也比较局限,在理解画面中巴士开在石子路上的颠簸俏皮感孩子们几乎没

有共鸣。因此,针对这种现象,我们让家长有时间放弃自己的私家车和孩子们一起乘着巴士去趟超市,陪着孩子感受一下乘坐公交巴士的体验,和孩子交流在巴士转弯或者遇到坡道时乘客的感受。这样不仅丰富了孩子们的生活体验,也能提高幼儿创作的真实性。

### 三、引领社会开展美术延伸活动,实现延伸趣味化

《幼儿园教育指导纲要(试行)》指出:"幼儿园应与家庭、社区密切合作,综合利用各种教育资源,共同为幼儿的发展创造良好的条件。"因此,我们将幼儿美术学习从"校园围墙内学习"延伸到"社会情景中学习",挖掘社区的环境资源,促进有效延伸,实现延伸的趣味性。

节日筹备是每一个社区的重点工作,比如我们的春节,社区内张灯结彩,开展各种各样的民俗活动以庆佳节。那么我们就能将大班剪纸活动"年味·窗花"在社区得到有效延伸。幼儿可以在社区将自己学会的剪窗花活动融入社区,同时在社区开展的写福字、做灯笼、做年糕、舞龙打鼓等各项活动中感受浓浓的年味,直观参与活动感受浓厚的民间文化,并为之产生浓厚的兴趣。

教师致力于开发和利用幼儿园、家庭、社区丰富、多元的美术教育资源,创新社区美术资源形式,树立开放的美术教育资源观。积极在美术教育活动中进行园内、外各种教育资源的多形式整合,拓展有效的美术延伸活动,从而实现园内、外美术教育资源使用综合化和最优化。

美术教育资源无时不在,无处不在,关键是教师要时刻带着善于发现的眼睛关注幼儿的兴趣。兴趣是最好的老师,利用孩子喜欢的事物将美术活动加以延伸,让美在孩子们心中绽放。关注幼儿身边事物,捕捉有价值的信息。生活中的材料有着独特的价值,我们可以利用生活元素将美术活动加以延伸,让美在生活中绽放。关注节日活动的特殊教育价值。如今社会注重内涵建设,我们要把握契机,在节日氛围中将美术活动加以延伸,让美在节日里绽放。总而言之,以幼儿为本挖掘多元资源,强化有效延伸,从而丰富幼儿美术新体验。

## 第二节　阶梯式幼儿美术课程的案例分享

通过案例的记录与研讨,教师从个体到集体反思了阶梯式幼儿美术课程中活动的设计、活动内容的选择、目标制定的适宜性等。案例主要以活动案

例为主,通过教师在活动中对幼儿行为表现、情感态度等方面进行观察分析,从而反映教师在组织实施阶梯式幼儿美术课程中的方法、原则与策略。

## 有 趣 的 车[1]
### ——小班美术活动中幼儿涂色能力的探究

**【背景】**

幼儿天生是艺术家,他们喜欢涂涂画画,因此美术活动通常很受幼儿喜欢,因为美术带给他们的是无限的想象力和创造力。小班幼儿对色彩已有一定的认识,会大胆地用色彩来表现自己的所见所想。他们好奇心强,喜欢鲜艳的色彩,在涂涂画画中,认识色彩对幼儿是一种不可抵挡的诱惑。从小班开始培养幼儿对色彩的兴趣,能提高他们感受美、表现美的能力,同时对促进幼儿良好性格的形成和智力的发展具有重要的意义。因此,随着"小司机"主题的展开,结合"怪汽车"设计了涂色车辆的活动"有趣的车"。

**【实录一】**

"一然,你看我的南瓜车!"玥玥对旁边的一然说道。一然看了看玥玥的车,说:"这个是橘黄色的南瓜车,我的车也是橘黄色的!""对呀,南瓜是橘黄色的。"玥玥回道。过了两三分钟,玥玥说道:"一然,不能涂到外面去,要在黑色框框里面。"一然一边涂,一边说:"我知道了。"一然接下来都在南瓜车里面涂色,没有涂到外面去。"老师,你看我的南瓜车,没有涂出去。"玥玥拉着我说道。我走过去看了看,说道:"哇,不错哦,都在图案里涂色,也没有留下白点点,你的南瓜车很漂亮。"

**【分析一】**

按物体轮廓涂色是小班绘画学习的一个重要内容,是幼儿在以后的活动中所必须掌握的技能,是一种表现技法,对发展小班幼儿的小肌肉群、各种动作的和谐发展,起着促进作用。通过实录一可看出,幼儿能在轮廓内进行涂

---

[1] 作者:沈焱,本科,教龄6年,高级育婴师,金山区职业技能竞赛技术能手,金山区职业技能竞赛青年岗位能手。

色,且正确使用油画棒,并在此过程中能分辨几种基本的颜色。通过一系列的美术活动,本班幼儿的绘画兴趣慢慢养成,绘画技能也有了较大提高,连口头语言表达能力也有很大的进步(一然和玥玥都能大胆、主动地与同伴、老师交谈)。因此,为幼儿提供适宜的材料,让幼儿在玩中学,达到"寓教于乐"的教学效果,这样幼儿的学习积极性调动起来了,自然会用他全副的精神去做他要做的事情,让幼儿在轻松、愉快的环境中参与活动,促进身心健康地发展。

### 【实录二】

"老师,你快看,依依在乱涂!"彤彤大叫道。我走过去一看,依依的胡萝卜车上涂了好几种颜色,有蓝色、粉色、橘色等。"依依,你这辆是什么车呀?"我问道。"萝卜车呀。"依依一边涂色一边和我说。"那胡萝卜是什么颜色的呢?""橘黄色的呀。""那你的胡萝卜车有点特别呀,有这么多的颜色。""这个叫彩虹车!""老师,依依就是在乱涂!"彤彤和我说道。"没有!这个就是彩虹车!"依依嘟着嘴和我说道。"老师,我就喜欢彩虹呀,为什么不能涂啊?"依依的声音越来越低了,手里的蜡笔也不动了。"依依,你这可真是一辆怪汽车!很漂亮,等会可以请你和大家一起分享一下你的彩虹色胡萝卜车吗?"我拍拍依依的小脑袋说道。"嗯嗯!大家肯定喜欢我的彩虹车!"依依又开始继续涂色了。

### 【分析二】

实录二中的依依是班中创造力较强的孩子,每一次美术活动中都能看到她和别人不一样的地方,她能够充分发挥想象力。在本次活动"有趣的车"中,班中的孩子们都是根据自己所拿到的汽车的形状来联想并涂色的,如南瓜车和胡萝卜车都是橘黄色的,西瓜车都是绿色的等,但是依依并不仅仅局限于根据汽车的形状来涂色,而是自己创造出了彩虹车。她虽然运用到了蓝色、粉色、橘色等多种颜色,但是每种颜色涂色饱满,并且都在胡萝卜车的轮廓中涂色,整体画面也很清晰。而在分享交流的时候,依依也非常乐意将自己的作品分享给朋友们,能大胆表述自己的想法。

### 【启示】

绘画是幼儿喜爱的活动,幼儿从小就喜欢乱涂乱画,他们把乱涂乱画作为一种自由的游戏活动。自己想怎么画就怎么画,美术活动恰恰符合幼儿的天性,反映了幼儿的本质,通过美术活动能生动形象地表现客观事物,促进幼儿思维、情感等诸方面的发展。儿童美术教育活动的培养有利于完善儿童的内心世界，促进幼儿身心全面和谐地发展。所以美术教育活动的培养在我们素质教育教学中占重要地位，幼儿的绘画能力也是在这个时候培养起来的。绘画活动中兴趣非常重要，幼儿有了兴趣，才有作画的愿望，才能更迅速地提高绘画技能，但如何将幼儿潜在的绘画兴趣挖掘出来，还需要我们老师不断研究和发现。

绘画是幼儿表达自己美好愿望的语言和符号，要想让幼儿掌握一些绘画方面的知识和技能，首先得让幼儿对绘画感兴趣，让幼儿在乐中学，乐中画。兴趣是发展幼儿智力的重要条件，也是幼儿学习的动力。爱因斯坦说过："兴趣是最好的老师。"所以，要想幼儿学好绘画，首先需要培养和激发幼儿绘画的兴趣。

**一、选择丰富有趣的内容，引起幼儿对绘画的兴趣**

兴趣与好奇紧密联系，好奇是兴趣的先导，没有好奇的心理就不会产生兴趣。因此，在选材上要下功夫，教师在选择绘画内容时应选符合本班幼儿年龄特点的，幼儿生活中熟悉的感兴趣的不太难的内容，并且具有较强吸引力的题材。如幼儿喜欢的小动物、交通工具等。可通过讲述故事的形式，引起幼儿的兴趣，把绘画的内容串编成故事情节，并跟随故事情节展开来作画，这样就能让幼儿在画画时感到绘画是一种愉快的游戏，只有这样幼儿的绘画技能才能在健康的身心愉悦中潜移默化，一步一步得到提高。

**二、自由想象大胆创作，提高幼儿对绘画的兴趣**

《纲要》中指出：我们该为儿童提供自由表现的机会，鼓励他们用不同的艺术形式大胆地表达自己的感受和体验。教师在教育过程中应成为幼儿学习活动的支持者、合作者、引导者。因此在对幼儿进行绘画教学时，我不再是机械的填鸭式教学和灌输，而是鼓励幼儿大胆创作，充分发挥自己的想象，在基础上添画一些自己喜欢的动植物，使画面更加丰富、充实。现在许多幼儿都喜欢在自己的画面上添上一些什么，只要你能说出你添的是什么，老师都是允许的。也可以在教学中提出一些线索作为孩子思考的起点，使其展开想象，大胆创作，从而更好地发挥幼儿绘画的积极性。这样一来幼儿创新的意识开始得到培养，在得到老师的肯定后自信心增加，兴趣也会随之增加。

**三、赏识肯定幼儿作品，激发幼儿对绘画的兴趣**

每一个人都希望自己的努力成果得到别人的认同，幼儿也不例外。我们不能只拿"像与不像""行与不行"作为评价一幅幼儿作品的标准。幼儿有着丰富的想象力、创造力,教师要充分认识和利用,"读懂"孩子的画。要理解童心,从儿童的角度去欣赏,不追求完美,应注意发现画面上的每一根线条、每一个图形、每一种色彩都能传达的幼儿的思想和情感,赞赏幼儿点点滴滴的创造,并提供机会让幼儿进行分享、交流,使他们有更多沟通。如展览幼儿作品让幼儿互相欣赏,互相评价,同时也提高了幼儿的评价能力。每个幼儿都有自己独特的个性,他的画也就有与众不同的特点,有的作品只有他自己看得懂、说得清,因此,教师在评价幼儿美术作品时要尊重幼儿、善于发现幼儿作品中的精华所在,表现出接纳、赞许的态度,肯定幼儿,只有这样才可能和幼儿沟通,才能发展幼儿的想象力和创造力。

## 下 海[1]
——小班美术活动中幼儿造型能力的探索

### 【背景】

炎热的夏季,游泳是消暑方式之一。对于孩子们来说,游泳圈既漂亮又好玩,还是保障生命安全的必要工具。《指南》艺术领域教育建议中提出:让幼儿观察常见物体,引导幼儿用自己的语言、动作等描述它们美的方面,如颜色、形状、形态等。鼓励幼儿在生活中细心观察、体验,为艺术活动积累经验与素材。幼儿将通过欣赏各式各样、颜色缤纷的游泳圈,发现游泳圈中美的元素,尝试大圆套小圆的方式创作环形的游泳圈并进行装饰。同时在活动中渗透安全教育,培养幼儿的安全意识。绘画是一门艺术,是通过视知觉来进行的。知觉本身包含着思维,所以视知觉就是视觉思维。从这个意义上来讲,绘画是一种特殊的理性活动,是一种把感性形象和具有一般共性的概念融合在一个统一的认识性陈述中的理性活动。所以培养幼儿的造型能力,教师要加以肯定和引导。因为在新《纲要》中也这样强调:"要鼓励幼儿敢于创新,创新是发展幼儿潜力的最好途径。"

### 【实录一】

出示几个哥哥姐姐以前画的游泳圈后,我鼓励幼儿找到自己喜欢的花纹

---

[1] 作者:许天娥,本科,教龄17年,中级育婴师,获金山区园丁奖。

一律用黑色的记号笔来勾画图案,幼儿都聚精会神地开始画了,我开始巡视幼儿的作画情况。当我走到一名叫亮亮的小朋友旁边时,发现她画的小游泳圈在圆圆的黑黑的身体外面勾画了其他颜色的轮廓线,对面的幼儿磊磊本来用黑色画游泳圈画得很好,当看到亮亮用了别的颜色后,赶紧也用另外的颜色来画游泳圈的图案……我经过小予旁边时,发现孩子在环形纸上进行作画比较陌生,只见她别过脑袋,弯着腰,一旁的贝贝就显得比较有经验,她将环形的纸旋转了起来,一会儿一个闭合的圆就跃然纸上。

【分析一】

当教师的要求和幼儿的创新发生冲突时,教师该如何处理呢?首先,教师不可急于指责或乱下结论来批评幼儿的行为是错误的,这样会挫伤幼儿绘画的积极性,让幼儿对作画没兴趣。其次,从幼儿的角度来看幼儿的创新作品。幼儿由于生理和心理上与成人不同,因此看事物的角度也不同。就好比幼儿不愿逛超市的例子,大人在超市里看到的是琳琅满目的商品,而幼儿看到的却是大人一条条的腿。因此教师要蹲下身来,倾听孩子的心声,了解孩子的内心世界,从而知道孩子"作品"的内涵。最后,在肯定了幼儿的创新行为后,教师要加以肯定和鼓励。孩子喜欢听"好话",同时新《纲要》中也提倡成功教育,所以我们不应该吝啬表扬幼儿的话,多给幼儿鼓励,让幼儿在鼓励和赞扬声中尽情地发挥绘画的艺术细胞,从而才能创造出更加有艺术价值的作品。我们教师应好好地引导幼儿在绘画过程中表现出创新行为,因为将来他们中的某一个或许就是画家。教师对幼儿的创新行为应慎之又慎地指导。

【实录二】

孩子们在准备好的宝宝头像上进行添画,我还针对个别能力较弱的孩子给予了互动式指导,鼓励孩子勇敢地表现宝宝的头发。在活动中用线条表现宝宝们的头发是个难点,孩子用组合的方式画起来有一定的困难,沈梓熙不时地问:老师我画的对吗?我能积极地给予肯定和鼓励。新奇的事物对孩子永远有吸引力,我鼓励孩子观察头发,他们有的说头发是长长的,有的说头发是卷卷的,有的说头发是直的……在孩子绘画的过程中我注意指导,及时协助能力较弱的孩子。只见言言对着镜子,摸了摸自己的头发说:"我是男生,没头发!"说完就在纸上用黑色断线表示自己的小短发,画完还去摸摸娜娜的头发,娜娜一脸苦恼地对言言说:"你头发这么长啊!"娜娜拿起笔,胡乱地画着,感觉有点不对,接着就给言言看,言言说:"头发长在脑袋上,你这个怎么飞了!"娜娜笑了笑说:"我头发掉了,我看到妈妈洗完头也掉好多头发!"说完,在图画纸上又添加了几根头发。

**【分析二】**

由于小班孩子年龄小,他们的绘画能力有一定的局限,手部小肌肉发展还不够,所以老师设计运用不同的线条表现细长的头发,练习直线和曲线的组合,符合小班孩子的学习特点。我做了充分的活动准备。"宝宝头发"是一个十分生活化的绘画课题。因此,在活动目标的定位上,我侧重于互相观察和了解同伴头发。针对小班幼儿的年龄特点,除了定技能的目标"练习画绕毛线的画法"外,我还特别强调情感目标"激发幼儿积极主动参与活动,乐意画画"。

**【启示】**

**一、回归幼儿的生活**

受生理和心理发展水平的制约,孩子对周围世界的认知往往依赖他们的生活经验,因此教育内容生活化是引发幼儿主动学习和探究的重要条件。

"妈妈的卷发"这个课题就来自孩子的生活。这个活动使宝贝们对妈妈又多了一份观察。生活对我们每个人来说是一个整体。自然、社会是以"整个的"方式呈现在孩子面前,因此对孩子的教育也应该是整体性的教育,而不是过分的细化。"妈妈的卷发"其实也是让幼儿整体地全面地感知生活的一种方式。先请孩子们谈谈各自妈妈的头发,由参加阿姨的婚礼要打扮妈妈,引出妈妈的卷发,这样的流程贴近孩子的生活。生活的原味浓郁地流淌着!

**二、倾听和接纳的重要性**

每个幼儿对作品都有自己不同的构想和创作。也许在这不经意的一笔画中流露出的是意想不到的惊喜。但这需要我们教师耐心倾听,从而去解读画中之意。

比如在画画的过程中,许多幼儿都发表了自己对画的内容的诠释。小雨语出惊人:"我画的妈妈的卷发,妈妈生气了,头发像发怒的狮子头,一卷一卷的,真吓人!"小宇则有不同的观点:"妈妈很爱美,她要和新娘子比美呢!特意烫了卷发!"小新说:"妈妈的直发很漂亮,就像电视里的漂亮阿姨一样!"

每个孩子对画的不同想法,也是与他们的生活经验息息相关的。这时,我们需要无条件地愉快地去接纳孩子的想法,让他们产生乐意画、敢于画的信心,这对于孩子来说是尤为重要的!

### 三、承认幼儿的审美差异,注意引导

每个幼儿都是独立的个体,对待"妈妈的卷发"的认同、表现手法也各有千秋,个体所表现出的不同审美差异,从局部到整体再到细节,每一个细节都是需要精雕细琢的,这就需要我们老师巧妙地引导。洛洛画了重重的力度,表现了"妈妈的卷发"的张力。静静那细腻的笔触下,妈妈的卷发细小别致,给人另类的风格美。志志画的大波浪卷发使妈妈显得格外豪放……纵观孩子们的画各有不同,虽然不是那么完美,但确实是孩子们发自内心所画,有一定的美感蕴藏在其中。

## 葵花朵朵向阳开[1]
### ——中班美术活动中幼儿观察能力的培养

**【背景】**

《3—6岁幼儿学习与发展指南》将艺术领域划分为感受与欣赏、表现与创造两个子领域。中班的幼儿对于美术的理解和兴趣都需要我们教师从生活中去挖掘,贴近幼儿的生活才能更好地引起幼儿的兴趣,从而激发起幼儿的美术表达力、想象力和创造力。

七八月是向日葵的花季,它的向阳性,它的花语,都体现一种积极乐观向上的状态。法国伟大的画家梵高对于《向日葵》也是情有独钟,幼儿能够基于名画家的作品来表现自己的向日葵会有一定的感染力。鉴于孩子的兴趣点,开展了一次关于向日葵的美术活动。美术活动在教学工作中是不可缺少的重要组成部分,是培养幼儿观察能力、思维能力、想象力、审美力以及创造性思维,使之得以全面发展的重要手段。

**【实录一】**

"老师,你看呀,这个叶子有点大,绿绿的,上面还有点毛。"小贝一边摸着向日葵一边说道。我听到小贝的声音走过去,说:"是呀,你观察向日葵真仔

---

[1] 作者:薛晓霞,本科,教龄6年,上海市义务教育优秀招生工作者,金山区优秀志愿者。

细哦!"我看着他靠近向日葵,只见他小脸贴了过去,用鼻子闻了闻,然后摇了摇他的小脑袋。他伸出小手先碰了碰叶子,然后摸了摸向日葵的中间,左看看右看看,上看看下看看,小嘴里嘟囔着:"这个向日葵有叶子、秆,还有一粒一粒的……"一边说着一边回到了自己的座位上,拿起纸和笔,开始了他的绘画之旅。

**【分析一】**

通过欣赏梵高的作品感受到画面的布局、颜色,以及所要表达的情感。于是我设计了此次活动"向日葵",给到幼儿实物的近距离观察和触摸,旨在培养幼儿欣赏与观察能力。我让孩子们直接去接触向日葵,把"大自然"搬到幼儿的面前。对于城市的中班幼儿来说,孩子缺乏对"向日葵"这种植物的真实感知,孩子不知道向日葵这种植物的外形、色彩、特征以及它的象征。小贝这个孩子,综合能力还是很强的,他在绘画的过程中,不仅能够认真观察,而且还会摸一摸闻一闻,这些亲自然的动作,让幼儿更好地去观察,从而更能表达出幼儿对于向日葵的理解。但是,还会发现很多幼儿缺乏观察能力,拿到纸笔后直接去绘画,缺乏观察的过程,忽视了观察给绘画带来的作用。新《纲要》强调:"幼儿的学习要来源于幼儿的生活,以生活为基础,建立在生活之上。"缺乏生活经验的学习,对于幼儿来说是空洞乏味的,美术欣赏教学也是如此。

**【实录二】**

"这些向日葵为什么有的只看得见一半呢?""因为我画的是一大片向日葵,有很多很多的向日葵,有的向日葵会被遮住,有的看得见有的看不见。""原来是这样,那能不能告诉老师格子里面的黑色点点是什么吗?"小贝:"这个是向日葵里面的籽,它长大了以后就是葵花籽,我们就可以吃啦。""你观察得真仔细,生活中我们经常吃的葵花籽就是从向日葵里面取出来的,告诉你哦,向日葵里面的葵花籽生吃也很好吃哦。"

**【分析二】**

通过班级里一些绘画作品,可以看出幼儿在生活中的经验是存在的,能够在观察中联系到实际,是很难能可贵的。有个别能力较强的幼儿,还能够发挥自己对于绘画的理解,加以丰富,就像上面这位幼儿小贝,能够绘画出向日葵不同的大小来表示远近看到的不同向日葵,更能表现出重叠的效果,虽然教师只是搬了一小束向日葵,但是小贝却画出了一大片的向日葵,这些都是他的想象力和社会经验才能让他有这样的绘画作品呈现。最后,在对向日葵的认识上,也能说出平时家里吃的瓜子是向日葵里面的籽,这些离不开幼儿的生活经验和平时幼儿的观察。幼儿美术教育教学上,不仅要提倡孩子大胆想象,更要让孩子学会观察和思考。只有这样,我们才能在美术领域中让孩子感觉到兴趣,学会欣赏,更乐意依托绘画去表达自己的情感。

**【启示】**

罗丹说过:"生活不是缺少美,而是缺少发现美的眼睛。"可见,对于变幻莫测的大千世界的充分认识是从观察开始的。尤其是美术活动,培养幼儿的观察能力更为重要。像这次集体活动,如果孩子不能观察到向日葵的外观、形状以及颜色,孩子在绘画过程中是不能具体和形象地去表达自己想要表达的事物的,当一个幼儿能够有足够的观察力去了解这个事物,他的绘画过程将是"如来神笔",会让他感受到绘画原来是这么有趣,这么有诗意。所以,在幼儿园阶段培养孩子能够爱上绘画,爱上美术,首先让他学会观察,去观察一切可以观察的,这是非常重要的。

那么,我们该如何去培养孩子的观察能力呢?

首先,激发幼儿的观察兴趣,养成随时随地观察的良好习惯。

"兴趣是最好的老师。"要激发幼儿的观察兴趣,教师首先要弄清楚什么是幼儿感兴趣的东西。一般说来,幼儿喜欢活动的东西胜于静止的东西,喜欢有声音的东西胜于无声音的东西,喜欢具有鲜明色彩的东西胜于只有灰暗色调的东西,喜欢相对新异的事物胜于绝对新异的事物。因此,教师在选择观察对象时,应注意选那些既能吸引幼儿又能同时体现物体和现象本质的东西。"幼儿看到、听到的新事物越多,就越想多看多听",久而久之,幼儿就会对观察产生兴趣,养成随时随地观察的好习惯。

其次,教会幼儿观察的方法,帮助幼儿在兴趣中学会观察。

"授之以鱼,不如授之以渔。"在幼儿对观察有了兴趣时,教师必须趁热打铁在观察前向他们提出观察的目的和任务。所谓明确目的和任务就是指幼儿知道观察什么、为什么观察及观察时注意些什么,使幼儿的观察更具有选择性和针对性。中班幼儿在观察时,还不能控制自己的视觉等,他们忽而看看这里,忽而看看那里,毫无目的和计划,因此,教师就应引导他们观察,形成观察的好习惯。

最后,通过培养幼儿观察力的两种基本途径,提高幼儿绘画表现。能培养幼儿观察力的途径多种多样,在绘画活动中幼儿观察力的培养可以有两种途径:一是可以带领幼儿到大自然中去观察;二是可以在室内观察实物与图片。

总而言之,在美术教育中对幼儿观察力的培养是十分重要的,它是幼儿想象、思维、创造、操作和审美能力的基础,很好地训练幼儿的观察力,拓宽幼儿的思维空间,擦亮幼儿的心窗,创造美的天地,放飞幼儿个性之梦,培养幼儿正确的观察方法,是我们每一个美术教育工作者义不容辞的责任和义务。

## "石头王国"历险记[1]
### ——创意美工区中环境创设与材料投放的探索

**【背景】**

作为幼儿园艺术领域教学的重要组成部分,美术活动对于幼儿想象力、创造力和动手能力的培养有着不可忽视的重要意义。我们逐渐发现,当前幼儿园美工区域活动似乎陷入了发展瓶颈。首先,游戏创意不足。频繁出现的绘画类、剪纸类和手工类游戏模式对于入园较久的幼儿已经失去了最初的吸引力,孩子们在美工区域活动中的专注力不断降低。其次,内容不符合幼儿的兴趣。教师往往以成人的思维和视角进行构思,不契合幼儿的兴趣点,从而导致参与度不高、效果不佳。最后,教师指导难以把握。教师过多的指导示范和内容设计很容易限制幼儿想象力和创造力的发挥,可过少的指导和规则设定又容易引发教学效果不佳。

《3—6岁儿童学习与发展指南》中明确指出:"幼儿艺术领域学习的关键在于充分创造条件和机会,在大自然和社会文化生活中萌发幼儿对美的感受和体验,丰富其想象力和创造力,引导幼儿学会用心灵去感受和发现美,用自己的方式去表现和创造美。"我们通过观察和思考寻找恰当的切入点,为幼儿设计出新颖有趣并能够推动其想象力和创造力发展的美工区域活动。我们

---

[1] 作者:吴晓雯,本科,一级教师。

班的"石头王国"创意美工区也由此而来……

**【实录一】初见"石头人"**

"十一"小假期结束,孩子们回到了熟悉的幼儿园里。自由活动时,一群孩子长时间凑在一起,引起了我的注意。走近一看,原来是熠熠假期外出游玩,带回了一颗画着自己肖像的小石头。

这个有趣的"小石头熠熠"让周围的几个幼儿非常惊叹。有的忙着追问熠熠是在哪里得到的,有的跟小伙伴一起模仿石头上"熠熠"的蜘蛛侠造型,还有的围在一起商量自己如果有这种石头画像,画里的自己会摆出什么样的姿势。平时心灵手巧的翀翀和悦悦已经开始商量去寻找好看的小石头自己绘画了……

孩子们的热烈讨论让我心中一动。当天下班后,我特意找了一个工地,在那里拾捡了一些形状规格不一的石头,清洗之后投放在了美工区域内。随后,我神秘地告诉孩子们明天老师会带领大家一起去神奇的"石头王国"历险。

**【分析一】**

案例中幼儿们对熠熠的"蜘蛛侠"趣味石头画产生了巨大的兴趣,不仅进行了围观,许多幼儿甚至希望自己绘画尝试,进行了简单的美术绘画解读交流和自我联想创作。之所以出现这样的情况,一方面源于"蜘蛛侠"石头肖像画本身的精巧构思和趣味性十足的绘画设计,另一方面则主要源于肖像画的材料——"石头"。石头是幼儿非常熟悉的自然材料,许多孩子自身非常喜欢收集漂亮可爱的小石子,用造型特异的石头作为原材料进行有趣的设计和绘画完全超出了幼儿们本身对于石头玩法的理解,使得他们发现随处可见的石头在美术绘画中竟然还有这样的应用玩耍方式。可以说,这种贴近自然的绘画材料非常符合幼儿的认知兴趣和操控能力。由此,幼儿自然也很容易想到自己去寻找一些好玩的小石头然后自己画。正是基于这样的原因,教师去搜集了许多形状各异的石头,让幼儿以它们为原材料开展自主创意绘画,非常良好地把握了幼儿的兴趣,将他们的创作意愿进行了延续。

绘画是幼儿们最为熟悉的美工活动形式,然而平时我们组织的各类绘画活动基本都是以平面绘画为主,因为幼儿相对薄弱的美术基础使他们很难参与和完成复杂的立体绘画,也因为我们缺乏良好的立体绘画组织模式。案例中熠熠的"蜘蛛侠"创意石头本身不是平面的图画载体,而是凹凸不平、形状各异的。画师之所以选择了"蜘蛛侠"的动作形象,就是对那块不规则的石头进行了符合其形态的创作改造,使得图画中"蜘蛛侠"非常立体、非常形象。其他幼儿通过观察和触摸浅显地理解了画师的创作思路,他们也就开始思考,如果自己面对这样一块有趣、怪模怪样的石头,会画出怎样的一个形象……

**【实录二】"石头王国"历险记**

第二天下午的特色美术活动时间,我首先为幼儿们讲述了"石头王国"的趣味故事,随后带领他们自主选择了自己喜欢的石头,并根据石头的形状自己设计绘画形象,进行了别开生面的石头人绘画创作。活动过程中,我鼓励幼儿们多自主选用自己喜欢的色彩,并构思好人物的动作形象,必要时甚至鼓励他们互相协助,做出形象动作展示,在观察中完成绘画。

创作完成后,我鼓励每个幼儿都对自己的"石头人"进行讲解,互相交流了自己的创作构思。最后,我们把这些形态各异的趣味石头人布置成了与班级对应的"石头人王国","石头人王国"里的小人似乎在互相说话,一起跳舞,打斗比武……教师最后还引导其他班级幼儿和教师前来参观,并进行总结点评和鼓励颁奖。

**【分析二】**

教师在观察中把握住了幼儿产生强大兴趣动力的根本原因,也是"创意石头绘画"与以往绘画方式的根本区别——立体性。造型特殊的石头本身就不具有平面特征,在绘画前引导幼儿思考人的形体动作,随后选择符合自己设计的石头形状,不断进行创作构思。案例中幼儿后来在活动期间互相协助,进行动作设计和互相参照观察,完成绘画过程其实也就是推动他们潜移默化地摒弃掉了以往最为熟悉的平面绘画方式,推动他们尝试进行了新颖的立体绘画,建立浅显的三维绘画思维和意识。可以说,这是一次新颖而大胆的绘画尝试。

教师在活动过程中鼓励幼儿们多自主选用自己喜欢的色彩,并构思好人物的动作形象,必要时甚至鼓励他们互相协助,做出形象动作展示,在观察中完成绘画。这实质上就是幼儿对自己形象的一种观察思考和对自己生活的一种启发延伸。让幼儿在熟悉的生活行为下进行绘画动作的解读和设计,进行绘画艺术性的思考和创作,他们会潜移默化地获得艺术创作的生活联系思考方式,在观察中悄然获得"写实绘画"的一些基础理念。教师带领幼儿把这些形态各异的趣味石头人布置成了与班级对应的"石头人王国",其实也是对照幼儿日常的园内生活,把这些跟同伴一一对应的"石头人"进行艺术设计和摆放,获得艺术陈设趣味,进行二次设计加工。活动中许多幼儿都兴致勃勃地把自己的"石头人"跟好友的进行了共同设计摆放,比如翀翀和悦悦的两个小人仿佛在合作跳舞,还有其他的小人似乎正在比武。

【启示】

### 一、把握契机,联系生活——美工区域活动的设计展开

美工区域活动确实是强调幼儿自主性的教学活动,但这并不意味着教师单纯投放材料任由幼儿自由发挥。想要使教学活动兼具教育性和趣味性,就需要教师在游戏设计方面有所针对。在日常教学中,教师要善于观察幼儿的行为表现,不断进行思考分析,牢牢把握幼儿的核心兴趣要点。随后结合园内环境和适用材料,以及所教幼儿的年龄发展阶段,迅速做出恰当的分析设计,完善成为良好的教学活动并投入教学实践。在游戏设计时,教师要多联系幼儿生活,从材料、游戏模式、操作方式等多角度出发,结合幼儿的实际动手能力进行构思,确保整个活动的各个阶段都能引导幼儿进行自主思考和创造。总而言之,兴趣永远是幼儿美术区域活动最好的助推器。

### 二、贴合自然,易于操作——美工区域材料的选择投放

美工区域活动的材料选择是宽泛的。作为教师,我们不能总将目光拘泥于纸、木、瓶等常见的人工材料之上,要多拓展视野,将各种自然材料引入幼儿的美工创作之中。石头、竹片、树叶、花瓣、草茎、泥土、沙子等都是非常好的美工材料,这些材料对幼儿而言具有天然的亲和性,幼儿的操作意愿极强。不仅如此,这些自然美工材料都具有相同的特点——可塑性强。可以说,这些都是非常普通的低结构材料,这种材料易于操作和改变,自身没有太高的美工限制,不会制约幼儿的构思,幼儿可以依据自己的构思想象很轻松地对其进行设计塑造。无疑,在美工区域活动中多投放这样的材料,再配合以多种多样的工具材料,可以最大限度地推动幼儿自主思考和完成创作。

### 三、推动观察,启发想象——美工区域教学的能力培养

幼儿艺术领域的培养核心是推动他们学会艺术创作的方法和启迪他们的想象力、创造力。以往的美工教学活动很容易犯的错误就是过于追求幼儿美工技巧和艺术构思的培养,忽略了美术本身的生活性和实用性。没有生活性

的艺术是无用的,幼儿美术教学需要推动幼儿在游戏过程中学会美术观察和想象创造,把生活和艺术进行良好的结合。案例中的教学设计最大的优点就在于推动幼儿去观察绘画目标,结合自己的思维想象和形态设计,在自己选择的石头上绘画,整个绘画过程实施是对幼儿美术观察能力、美术构思能力、绘画设计能力和美工动手能力的一次系统锻炼。作为教师,我们在日常的美工区域活动设计时也要有所针对,为幼儿长期的能力发展不断奠定基础。

## 汉字变形记[1]
### ——大班美术活动中幼儿想象能力的探索

**【背景】**

开学时我们开展的主题"中国娃",从古代的四大发明到现代的宇宙飞船以及"聪明的中国人""大中国""兄弟姐妹是一家"等,在孩子们的心里留下了深刻痕迹,近阶段进行了"有趣的汉字"活动,汉字、英文字母、数字……在我们的生活中经常出现各种字符,随着孩子年龄的增长,孩子们对古代的文字产生了浓厚的兴趣,借用字符的形态分割出千变万化的块面,整合语言与美术活动,我们可以开展借"字"想象系列美术活动,让孩子感受古今中外的字符,创作具有意义和个性的美术作品。

让孩子了解汉字的起源,知道汉字是古代人从各种具体形象的图画中创造演变来的,进而萌发中华民族的自豪感,然后再写写自己喜欢的古代文字。

在这经验基础上,我们组织孩子对汉字进行了"创作画",就是把自己看到的、会写的文字进行借形想象,添画成画,从而提高孩子的想象力、创造力以及审美能力。

**【实录一】甲骨文的超级变变变**

"孩子们,你们知道古时候的文字是怎么样的吗?"随着我的回顾提问,孩子们开始大胆地说"像画图一样""像动物一样""扭来扭去的"……

"是啊,古时候的文字我们叫作甲骨文,现在我们来甲骨文配配对?"孩

---

[1] 作者:朱玲,本科,教龄14年,教研组长,金山区新长征突击手,上海市"见习教师规范化培训"优秀指导教师,上海市金山区优秀共产党员。

子们在分组寻找的时候，对于有明显特征的日、月、山、水比较容易成功，而马、鸟、羊等特征复杂的就会有很多稀奇古怪的想法。

"古时候的人们很聪明，用类似画画的方式把文字变出来了，我们大班的小朋友也来尝试变一变甲骨文，让其他小朋友找一找、猜一猜。你用了哪些甲骨文？你是怎么变的？"

为了给孩子们更多启发，我选用的方式是生生互动，有一个孩子说："我想把山变成霸王龙！""这个（羊）变成一幢房子！"……随着部分孩子的大胆启发，越来越多的孩子开始七嘴八舌起来。

"好，你们想的真多，而且都是在甲骨文的字宝宝上进行变变变的，那每张桌子上都有不一样的甲骨文，选择你需要的图案，把它进行变变变吧。"说完要求后，孩子们开始自己尝试了，在巡视过程中，我发现孩子们用画笔真的画出了千奇百怪的图案。

**【分析一】**

3—6岁是培养幼儿绘画能力、动手能力的关键期，更是想象力和创造力发展的黄金阶段。因此，在幼儿期要重视幼儿想象力的培养，为幼儿创设想象和动手的空间。

"每个幼儿心里都有一颗美的种子。幼儿艺术领域学习的关键在于充分创造条件和机会，在大自然和社会文化生活中萌发幼儿对美的感受和体验，丰富其想象力和创造力。"在平时的教学研究中，我发现对幼儿开展"借形想象"活动，能充分发展幼儿的想象力和创造力，尊重幼儿的个性发展。

案例实录中，我发现孩子们对于"形"还是有一定的了解的，就像刚开始有一个孩子说把"山"变成"霸王龙"，我最初以为他会把山画大，变成霸王龙的背，结果在孩子操作中，我发现他用甲骨文山字变成了霸王龙的尾巴，他在分享的时候还让我们猜一猜他用了几座山。可见，孩子们对借形想象这个活动参与度还是很高的。其中有一个孩子胆子特别小，也不敢大胆想象，但是他看了对面孩子"马"变"车"的启发后，他把"马"变成一个公园，还画了很多的花，同伴间的学习力也不能小觑。

**【实录二】我的名字"画"**

"甲骨文"变形记激发了孩子们对汉字的探索兴趣，在自主学习的时候，他们也会三五结队在一起涂涂画画，有一天，小禹拿着画满神奇符号的纸，和沫沫一起跑到了我的面前:"老师,你猜我写的是什么?"我对着画纸看了又看。"雨吗?雾霾吗?红绿灯吗?"……我猜了好多都被他一一否定了,看着他神气的表情我撒娇说:"哎呀,告诉我吧,我太想知道了。""嘿嘿,这是他的名字呀。"站在边上的沫沫大笑着说。听她这么一说,我突然恍然大悟,原来小禹把自己的名字拆解成自己的理解,变成了"开心地飞奔在马路上的坚强雨滴"。

**【分析二】**

老师将奇特的甲骨文呈现给孩子们,让孩子们感受到了"甲骨文"的趣味性,激发了他们对汉字新的探索欲望,如此他们便乐意用自己的方式进行"文字变形"表现,每个画出的图形都有小画家内心的独白。小画家们虽然识字不多,但是他们发挥想象力,将复杂的汉字变成生活中他们熟知的事物,并用画笔表现出来,根据自己的理解,剖析陌生的汉字,他们创造的这些图形往往就从画面中凸显出来。案例中的小禹将自己的"禹"变成了"雨滴",而且为了凸显男子汉气概,他的每个雨滴都又大又正,还给它们画上了"严肃"的表情,让人看了忍俊不禁。

甲骨文的呈现,让孩子们插上想象的翅膀翱翔在热情与想象的海洋里尽情创造。要运用甲骨文为孩子们创造一种能够引发孩子兴趣的情境,使其形成展现美、寻求美的欲望,踊跃去观察、联想、创造美。在活动中,幼儿愿意主动模仿甲骨文的风格,设计自己的"姓名",每个幼儿设计出来的"名片"别具风格,后期幼儿还尝试将多个文字进行组合作画,他们逐步把文字演绎成了一幅幅生动的画面。

**【启示】**

"借形想象",是由儿童美术专家薛文彪老师根据幼儿想象、创造和表现力的发展轨迹而提出的一个教育理念,就是鼓励幼儿借助原有的形体进行系列想象和创造。其实,"借形想象"是人类最原始、最基本的一种想象形式,可以说是人类的一种本能。在生活中,当我们看到天空中形态各异的云朵时,会根据形态立刻联想到小狗、小猫、楼房;想象丰富一点儿还可以通过添加,创造出新的形象等等。显然幼儿具备在已有形状的基础上,通过相关、相似、相对等系列联想,运用往里、往外添画等方式,创造出新的形象的能力。

**一、借助游戏,引入"借形想象"创作活动**

游戏化、情景化的导入活动是促进幼儿积极、主动学习的有效途径。因此，教师要为导入环节精心设置情景，使幼儿在生活化、趣味化的游戏情境中喜欢作画。大班"百变甲骨文"是借由甲骨文本身就是一种"字图形似"的字体，对于孩子们而言也是很容易就能接受的，因此在活动中孩子们很投入，也很愿意把自己的想象画在图纸上，然后让别人猜。而此前中班的"数字变变变"则是让孩子看图案猜数字，以此来建立关系，然后再看数字想图案，互推。

### 二、贴近生活，挖掘"借形想象"创作材料

借形想象倡导通过与材料之间的互动，让幼儿在看看、想想、说说、画画的过程中，学会"借形想象"的方法。同时激发个体对材料的理解，创生思维、创生想象、创生灵感、创生新的形象。

#### 1. 借助已有物形想象、添画

"百变甲骨文"就是通过线条的想象和添画来达到借形想象的目的，之前中班曾有过一节"让色块飞起来"的借形想象活动，通过添画将这些普通的色块儿变成一个个生动的形象。接下来提几个发散性的问题："你画的这个东西会有什么用？在哪里？在干什么？"这样一来，幼儿在处理画面背景的时候就会更加有灵感，背景也会很生动，他们把作品取名为"今天我毕业""恐怖的海盗船"等等。实践证明，在类似这样的借形想象游戏中，让幼儿通过看看、想想、说说、画画的确有利于激活他们的创新思维，培养他们的创新能力。

#### 2. 借助具体物体想象、添画

生活中的各种自然风景、城市建筑、人文环境，甚至小到一个杯子、纽扣，都可能会激发幼儿的创作灵感。提供材料时，教师应充分了解幼儿的年龄特点、兴趣以及材料的可操作性，可以投放开放式的材料，如废旧报纸、小家电、鞋子、锡箔纸等物品，也可以提供一些名画，引导幼儿进行想象创作。

### 三、精心选材，设计"借形想象"活动

《指南》中提出："提供丰富的便于幼儿取放的材料、工具或物品，支持幼儿进行自主绘画、手工、唱歌、表演等艺术活动。"在我们的日常生活中，美术活动的材料是丰富多彩的。因此我以幼儿的生活为切入口，充分挖掘幼儿身边所熟悉的、喜欢的并且感兴趣的材料，从形的转换、立体制作、组合创造三方面开展"借形想象"活动，开启智慧大门的钥匙。

#### 1. 色块的借形想象

幼儿刚进入小班，对美术活动比较陌生，所以对于一些美术的技能掌握甚少。但是，"借形想象"却是人类最普通、最原始的想象能力。既然是人类

的本能,那就让"借形想象"最大限度地促进幼儿想象力的发展。小班材料源于幼儿熟知的用品,例如活动主材料小勺子、叉子等,可以通过带领幼儿进行点、线、面的练习,再经过翻转拓印后,引导幼儿观察纸上留下的各种色块、线条和点,借助随机出现的形状特点,展开想象,讲述一个个生动有趣的故事。中班有一节是泼墨画创作。根据泼墨、滚墨形成的偶然的形,大胆地想象并添画,体验美术活动的乐趣。

2. 字符的借形想象

大班幼儿开始学习书写自己的名字,他们对不同的字符产生了浓厚的兴趣,活动"百变甲骨文"也随之生成了。让孩子发现甲骨文,然后引导幼儿仔细观察,借字想象,添画线条、色块,自己的名字变成了一幅美丽的画!在此基础上,我们还在美工区引导幼儿尝试对古代汉字、英文字母、数字进行借"字"想象。我国的甲骨文属于"象形文字",比如"月"就像一个弯弯的月亮,"鱼"字有头有尾。这些形态有趣的古代汉字,让幼儿对于文字的书写很感兴趣,消除了学习书写的恐惧和枯燥感。再进行想象和添画创作,大大提高了幼儿的想象和创造力。

虽然幼儿的"借形想象"作品有时显得很稚嫩,但每位幼儿可以充分发挥自己的长处,展开想象的翅膀,表达自己的感受和体验,这就是成功。在今后,我们还将经常带领幼儿走进生活,亲近大自然,让孩子亲身去感受生活,最大限度地给予孩子体验和感知美的机会,使幼儿有感而发。

## 各种各样的树叶[1]
### ——大班美术活动中幼儿绘画能力的探索

【背景】

幼儿线描画创作的基础是观察积累。有了观察积累就有了各种形象的感知素材,进而有可能去思考和想象。在初学阶段,要让幼儿形象地认识线的概念。为此我们带幼儿走向大自然,逐渐培养幼儿用自己的眼睛去发现事物的习惯。

---

[1] 作者:吴双,本科,教龄9年,华东师大优秀毕业生,高级育婴师,金山区职业技能竞赛技术能手,金山区职业技能竞赛青年岗位能手。

【实录一】

前几周我们先让幼儿对叶子进行观察和认识，让幼儿大胆地想象，我问道："你们看过的树叶形状有什么特点？"许多幼儿都能表述自己对所观察叶子形状特点的看法。"老师，有的像山脉。""老师，有的像河流，很漂亮。""老师，我的树叶的叶脉交错像迷宫。""老师，叶脉像弯弯曲曲的小路。"听到这些童真的话语，也使我进一步了解了树叶还有如此奇妙的美丽，后续活动中幼儿对自己的作品也充满了信心。

【分析一】

案例中我先让幼儿对树叶有一定的认知和想象，幼儿愿意表达也有所表达，对于本次线描活动打下了一个基础。陈鹤琴先生说："大自然是我们的活教材。"到处可以看见线条组合所产生的美，如屋檐角落里结的网，春天随风摆动的柳丝，秋天枯黄的树叶等等，无一不给幼儿美的享受。引导幼儿学会关注生活、发现生活，打开幼儿自由探索的时空，进而让幼儿们快乐地自由创作。

在幼儿日常生活中随时隐藏着教育内容，教育内容随机生成教育方式。善于观察，捕捉、把握一切可利用的契机，培养幼儿的绘画能力。在教学中，及时抓住幼儿对线描绘画的兴趣，因势利导，激发和培养幼儿的想象力。

【实录二】

小朋友们开始创作了，我注意到小A，他拿起勾线笔刷刷地在纸上画了起来，自言自语地说："我画的是一片鹅蛋形的叶子，我要用短横线和点来装饰它。"过了一会儿，他旁边的小B站起来四处张望说："老师你快来看他画的，乱七八糟的一点儿也不好看，脏死了。"小A看见我看他，不好意思地低下头。我看着小A说道："我觉得小A很有想法，他画的和你们都不一样，你能和小朋友说说你是怎么想的吗？"小A眼睛一下子亮了，开始和我说起他的想法……

【分析二】

案例中的小A在班中属于内向的孩子，绘画方面不突出，平时不太愿意和同伴分享自己的作品，这次活动中我对他的鼓励和肯定一下增加了他的自信心，使他愿意主动和我分享作品想法。作为教师要能较好地启发、鼓励幼儿认真观察、细心表现,这样能增强幼儿的耐心和自信心。让幼儿在比较轻松的环境中虚心接受意见,让幼儿知道自己作品的可取之处,得以正面地自我肯定与鼓励。

但作为一个大班的幼儿,在掌握了一定的线描技法后,应进一步追求精细的线描效果,更好地掌握造型能力,熟悉线条的表现力,学会处理疏密、繁简的对比,掌握好画面的节奏。作为教师要培养幼儿的观察力,如组织幼儿收集图片、观看电视等了解各种古代建筑和现代建筑屋檐上、窗户上装饰的花纹,增强幼儿对点、线、面的理解,为创作出画面线条流畅的佳作打下坚实基础。

【启示】

线条是一种神奇的符号,是复杂的哲理、深奥的绘画语言,是绘画的基础之一,也是儿童最简单和最直接地表现自我的一种绘画语言。

幼儿可以通过绘画表现自己的内心世界,把自己看到的、想到的用绘画表现出来,线描画可以让幼儿发挥自己的表现力。

一、大班线描画活动的表现形式

1. 写实性:用点、线及黑白色尽量表现实物的真实性,写实性的线描侧重于基本功的训练,要求画什么像什么,眼手一致,绘画中能够准确把握表现对象的特征,为今后的美术学习打下基础。

2. 装饰性:用点、线及黑白颜色概括,运用夸张变形的绘画方法去表现事物,使表现的事物在不改变基本特征的前提下具有更高的观赏性,具有图案的装饰特点。运用夸张、变形等装饰手法,表现自己对美的独特的思考力和理解力。

二、大班线描画活动的现状与问题

1. 绘画内容相对局限

大班幼儿线描画活动基本上都在教师引领下开展,绘画主题受主题计划所局限,预设性较强。幼儿的线描内容主要借鉴于教师准备的相关参考照片或范例,均为平面的作品,缺乏实地观察,绘画内容相对局限。

2. 画面构图比较随机

大班幼儿已具有良好的绘画表现能力,但构图技巧仍较缺乏,总是想到什么画什么,画面整体感觉零散,画面主体不够突出。呈现的作品不能很好地表达幼儿内心真实的想法,整体构图相对随机。

### 3. 表现方法不够丰富

目前大班幼儿在线描画活动中运用的表现方法大体相同，常用勾线笔画出简单的轮廓，再按自己的意愿运用多种色彩涂色。部分幼儿能突出点、线、面三部分的差别，但大部分幼儿光有丰富的想象力与创造力，表现方法却不够丰富，直接影响幼儿创作灵感的展现。

### 三、大班线描画活动的有效开展策略

#### 1. 充分准备，为活动的顺利开展奠定基础

在大班线描画活动中，教师准备的工具、材料，必须符合幼儿的年龄特点，方便幼儿取放与使用。准备一个专业的画板等材料能更加有效地激发幼儿的表现欲望。幼儿在了解掌握好材料的特点和作用后，画面的表现会更有效。

通过观察欣赏法，把幼儿在线描画时该如何操作、绘画的场景、绘画时该是怎样的状态，以照片的形式展现给幼儿。让幼儿有一个精神准备，知道接下来的线描画活动到底是什么，到底该干什么，排除幼儿紧张、不知所措的情绪。

教师通过自我情绪调整，营造一个宽松积极的氛围，激发幼儿良好的绘画情绪，让幼儿愿意观察、乐意观察。做好经验的准备，让幼儿在活动时更从容地进行创作，在良好的情绪引领下，幼儿参与线描画活动的积极性也会越来越高。

#### 2. 结合年龄特征，有效开展线描活动

大班幼儿阶段手部小肌肉群已有了较好的发育，但涉及精细动作仍存在一定难度，可尝试画一些较为复杂的线条和图形，如直线、弧线、圆形、椭圆形等，锻炼其双手。由易到难，循序渐进，选择幼儿感兴趣、熟悉的事物，采取个人绘画、小组合作等不同绘画形式开展活动。

大班幼儿绘画能力个体差异较大，教师在引导的时候根据幼儿的实际情况进行应变，引导幼儿在观察的基础上，巧妙地运用点、线、面的不同方法，勾画作品的细节部分。

线描画是用线条的变化来描绘物体的形态及其结构的一种绘画形式，同时也是幼儿画中最基本的表现形式。各种各样点、线的随意或有序排列组合会产生很多不同的效果，绘画过程充满了趣味性。线描画对培养幼儿的想象力和创造力、观察力、表现力很有帮助，还能让他们轻易地体验到创造的乐趣，激发他们学习美术的热情。幼儿通过画线描画，可以培养他们的观察、思

考、分析、想象、记忆、创造等多种综合能力,从而提高他们的素质,达到素质教育的目的。

## 第三节　阶梯式幼儿美术课程的学习故事

学习故事是一套来自新西兰的儿童学习评价体系,由新西兰早期教育专家卡尔教授和他的团队研究发展而成。在新西兰各类幼教机构中,学习故事被广泛用来帮助教师观察、理解并支持儿童的持续学习,同时记录每一个儿童成长的轨迹和旅程。教师通过记录下幼儿在阶梯式幼儿美术活动中的各种行为表现,倾听儿童的心声,然后与儿童、其他教师和家长分享,从而实现从不同的角度解读和评价孩子在阶梯式幼儿美术课程中的体验和情绪情感。

### 摘 菜 体 验 记[1]

【故事背景】

本次活动是《基于体验的阶梯式幼儿美术课程研究》课程内容下的一次美术活动。通过让幼儿亲身去体验生活,并多角度引导幼儿感受生活中美好的事物,满足幼儿好奇心,激发幼儿表达表现的欲望,使幼儿主动参与到活动中去。在这一过程中,为美术表现积累情感经验。这次活动前,我班幼儿已有认识基本蔬菜种类及室内照顾蔬菜的相关经验,在此经验下,围绕"秋天的蔬菜"主题进行喷画活动,幼儿去小菜园自由选择自己喜欢的蔬菜带回来喷画,对喷画的蔬菜进行想象及分享。

【故事记录】

佳佳一进入小菜园就兴奋地手舞足蹈,连忙拉着身旁的乐乐说:"快看呀,菜地里长了好多蔬菜呀。"乐乐也兴奋地说:"我也看到了,有白菜、青菜,还有一个不认识了。"佳佳赶紧问:"你哪个不认识呀?我来告诉你。"佳佳说着,便一把拉着乐乐走进了小菜园里。乐乐指着一堆萝卜叶子说:"就是这个,

---

[1] 作者:王琦慧,本科,教龄3年,二级教师。

我没有见过这种菜。"佳佳看到说:"这个我知道,这是萝卜,你看,萝卜埋在土里面呢,这是萝卜叶子。"

佳佳逛了一圈决定要大白菜的叶子,可是大白菜太大了,拔不出来。佳佳一时有些不知所措。正好悦悦经过,佳佳对悦悦说:"你可以过来帮我一起拔吗?"悦悦说:"我也拔不动,我们就撕一片叶子下来吧。"佳佳:"撕两片,你一片我一片。"悦悦说:"好的,那我就和你一起画。"

悦悦在拓印的时候一直在小声地说:"我要怎么弄呀,我不会喷画,我从来没弄过。"佳佳听见了说:"没弄过也不要紧呀,喏,像我这样弄,拿起来喷颜料就好了呀。"悦悦看了看佳佳的操作,于是也跟着学,拿了一片菜叶放在白纸上,拿起一个喷瓶,第一下没按出颜色,悦悦有点着急,这时佳佳对她

图6-3-1 在拔萝卜的佳佳　　　图6-3-2 在拔青菜的悦悦

图6-3-3 悦悦在尝试喷画　　　图6-3-4 佳佳给悦悦展示喷壶的用法

说:"你用大点力按。"于是悦悦用力地按压喷出颜色,一张白菜的喷印画就完成啦。

佳佳很快就喷印好了一片白菜,是一片黄色的叶子,佳佳往周围看了一圈,发现大家都还在玩色,佳佳抬头又仔细看了看自己的菜叶,想了想又换了一个颜色在白菜叶子上喷色,这次选择了红色。佳佳在喷画时,发现黄色颜料接触到红色就变了颜色,佳佳惊喜地和悦悦说:"悦悦你快看,变橙色了。"

【故事分析】

佳佳:你是一个做事情非常有目的性和计划性的孩子哦,你能够自己选择自己想要拓印的蔬菜,并找好自己喜欢的颜色喷瓶。你在活动中仔细观察,认真探索,还主动帮助小朋友呢。而且还乐于与同伴分享自己的快乐,你的乐观开朗也带给了其他小朋友很多的阳光。

悦悦:你是一个害羞的孩子,自己产生疑问的时候不敢直接问老师和同伴,但当同伴问你的时候你还是能够大胆说出自己的困扰,在伙伴们的帮助下,你也下定决心愿意大胆挑战,主动尝试自己没用过的玩色工具,你越来越勇敢了。面对小伙伴的分享,你认真倾听和回复,体会到合作交流的快乐了。

【故事后续】

1. 活动准备

从此次活动中可见,幼儿对于部分长在地里的蔬菜了解不多,而对小菜园各类蔬菜的观察和喷画为这次活动的主要目标,因此增加幼儿对蔬菜的认识尤为重要。如在活动前请幼儿收集各类蔬菜生长的照片,累积经验准备。幼儿收集的蔬菜图片属于幼儿活动的凭借物,属于物质准备,幼儿对小菜园里种植的蔬菜、设施及景观等属于经验准备,每天中午散步时间带领幼儿散步小菜园,看看说说。喷画活动是依靠幼儿用喷瓶将颜料喷画到图纸上的过程,小班幼儿的手部小肌肉发展还不到位,可利用植物角每天给植物浇水的机会帮助幼儿发展手部小肌肉精细动作。

2. 问题推进

佳佳在完成一次喷画后,再次选择了一种颜色进行喷色游戏,对待幼儿玩色的行为教师要给予支持,满足幼儿大胆玩色的情感,鼓励幼儿观察不同颜色交融时的变化。引导幼儿观察在菜叶喷画后画纸上的神奇变化,重点发展幼儿在玩色中的观察力、想象力和创造力。同时佳佳看到悦悦感到为难的时候,主动给悦悦提供了帮助,教师要及时给予幼儿行为肯定,积极评价幼儿的帮助行为,激发幼儿愿意与同伴互助分享的情感。

对待悦悦的行为,幼儿对初次接触的绘画材料有些不自信,鼓励幼儿多看多观察,模仿其他幼儿对喷瓶的操作,在观察探索中发现喷瓶的玩法。幼儿不敢尝试,可以让幼儿向同伴寻求帮助,找到解决问题的方法。

### 3. 等待回应

佳佳:在玩色后的分享我们会听听你的新玩法、新发现。我们都很好奇你还会发现什么样的颜色变化,你还可以试试用不同材料组合,想想还能怎么玩。

悦悦:今天你尝试了新材料来画画,你仔细观察周围小朋友的使用方式,并且大胆尝试,真的是太棒了。我们都是你的好朋友,遇到不会的工具、不知道的材料你也可以大胆向你的朋友们求助,大家一起想办法就能很快解决哦。

## 善于聆听"心"声[1]

【故事背景】

"小兔的房子"结合本班的年龄特点以及具体的美术活动能力,让幼儿在故事的情节延伸中去帮助小兔子造房子,通过情境的创设和师幼间的互动给幼儿思考和创作的源泉,让幼儿去体验、感受不同形状、颜色的魅力以及活动带来的愉悦感、满足感、成就感。

【故事记录】

**镜头一:避雨的方法**

活动开始,师:"今天小白兔早早起床,拿了一只篮子要到树林里去,它边走边唱,非常高兴,因为它要到树林里采它最喜欢吃的蘑菇。终于来到了树林,可这时,太阳公

图6-3-5 给小兔找躲雨的方法

---

[1] 作者:王旭晴,本科,教龄9年,二级教师。

公却躲起来了,还下起了毛毛雨,小白兔没带雨伞,怎么办呢?你猜猜小白兔想到了什么办法来避雨?"玉玉:"可以给它一把伞。"成成:"找个地方避雨。"出示蘑菇房子图片,师:"那森林里哪里可以避雨呢?"箎箎兴奋地说:"老师看,有蘑菇房子!"其他小朋友也开心地指着图片说:"有房子!蘑菇做的房子!"

**镜头二:绘画蘑菇房**

幼儿开始绘画了,玉玉边画边嘴里嘟囔着说:"我要给小兔子画一个大的房子,这样它才能避雨。"成成说:"我不喜欢半圆形的蘑菇屋顶,我要把它画成三角形的屋顶,我喜欢三角形。"箎箎说:"房子上应该有窗、有门。"

图6-3-6 箎箎在给房子装上门和窗

**【故事分析】**

**镜头一:**

可爱的孩子们,你们很认真地听老师把故事讲完了,你们都非常善良,发现小兔子有困难了,你们积极地帮助小兔子寻找避雨的方法,结合自己的生活经验说出了很多自己的想法。玉玉想的是给小兔子一把小花伞就可以不被雨淋到,成成想的是找一个有房子的地方避雨,而当出示森林图片时,箎箎一眼就看到图片中的蘑菇房,你真的看得很仔细。在之后的美术绘画过程中,希望你们能把自己的想法都画出来,创造一个属于小兔子的避雨小屋。

**镜头二:**

在画画的时候,你们三个人有三种不同的想法,而且都能将自己的想法用画画的方法表达出来,画画的过程中你们还能分享自己的生活经验。玉玉认为画得大才能遮更多的雨,而箎箎则认为房子就应该有门、窗,成成则是根据自己的喜好来进行绘画,他喜欢三角形的屋顶就画三角形的屋顶,三个人在互帮互助的情况下,终于帮小兔子画出一个能遮风挡雨的房子,并且你们也能坚持绘画到最后,完成蘑菇房子的作品并给作品涂上了好看的颜色。

**【故事后续】**

1. 活动准备

生活的点点滴滴，都是丰富孩子作画灵感的最佳来源。玉玉和簏簏都将他们从生活中得到的经验表达表现在他们的绘画中。只有让孩子亲身体验，才能描绘出生动、真挚、充满情感的作品，不会总是画一些内容空洞、缺乏变化的画。为了关注到每一位孩子的发展，丰富孩子的生活经验，保证每一名幼儿掌握蘑菇的外形特征，在活动前，教师让孩子们在幼儿园所里寻找小蘑菇，观察蘑菇的外形，为此次活动的开展做了充分的铺垫。

2. 问题推进

虽然在开展的过程中，三名幼儿都有自己不同的观点以及绘画的表达方式——玉玉要画大大的屋檐，成要要画三角形的屋檐，而簏簏要给蘑菇房添画窗户和门，教师在指导的过程中充分肯定了每一位幼儿的想法，从幼儿的角度观看幼儿的作品，倾听孩子的心声，了解孩子的内心世界——孩子的作品就是孩子内心世界的一种体现，肯定孩子的这种创新行为并加以肯定和鼓励，让孩子在鼓励和赞扬声中尽情地发挥自己的想象力和创造力，而不是用一贯的观念去束缚他们。

3. 等待回应

美术活动的导入也是非常重要的一个环节，如何设计好导入环节是关键。利用幼儿爱听故事的特点，采用故事形式导入活动，能吸引幼儿的注意力，培养其观察、想象、创造的能力。这样，幼儿的兴趣就被调动起来了，三名幼儿说出了不同的能帮助小兔子躲雨的好方法，在绘画蘑菇房子时就特别用心和仔细，加上小班幼儿的想象力比较丰富，更加调动了他们活动的积极性。在分享环节，让三名幼儿介绍自己画的蘑菇房时，他们都很自信很骄傲地觉得自己画的蘑菇房小兔子肯定喜欢，他们都很乐意告诉小伙伴们他们画的方法。在整个活动中，他们体验到了成就感，激发了幼儿的美术绘画兴趣，为之后的美术活动开展做了铺垫。

## 小水花穿花衣[1]

**【故事背景】**

天气逐渐变凉，时而晴朗，时而下起了淅淅沥沥的小雨，有的幼儿对天气

---

[1] 作者：陆瑜瑾，本科，教龄3年，中共党员，二级教师，金山区优秀见习教师。

的变化产生了兴趣。于是,教师抓住幼儿的兴趣点,在平时生活中让幼儿观察天气情况,让幼儿对天气有了初步的了解,在主题"好玩的水"的基础上,我选择了《基于体验的幼儿阶梯式美术课程》内容中的一节《小水花》,不仅让幼儿们逐步熟悉了水的主要特性,丰富了水的相关粗浅经验,并尝试用棉签点出多变的小水花及线条,萌发幼儿对颜色的兴趣。

**【故事记录】**

教师让幼儿开始进行作画。

**镜头一:**

恬恬和萱萱一起搬着小椅子坐到了桌子前,只见恬恬拿了一根棉签,蘸了蓝色的颜料,用右手在画纸上点出了蓝色的雨滴,接着把右手的棉签换到了左手,在桌上又拿起了一根棉签蘸上了黄色的颜料,在画纸上继续点上小雨滴,当黄色碰到了蓝色的小雨滴时,恬恬惊讶地发现颜色变了。"哇,你看,变绿色的了。"她把小脸凑到了萱萱那里说道。

这时,萱萱正认真地点涂着黄色的颜料,听到恬恬的话,着急地问恬恬:"我也要绿色,你帮我,我不会。"

恬恬愣了一下,看了看萱萱的黄色雨滴,看了看自己两手分别拿的不同颜色的棉签,然后默默地把左手上蓝色的棉签递给了萱

**图6-3-7 恬恬尝试将两种颜色混合在一起**

萱,边递给她边说:"黄色加蓝色是绿色,你把这个再蘸一点吧,我刚用完了。"

接过恬恬的棉签,萱萱露出了笑脸,蘸了蘸蓝色的颜料,在原来的黄色雨滴上画下了零零散散的线条。这时的恬恬又拿了一根蘸着红色的棉签在画纸上点着,用手上刚用剩下的黄色点在上面。"有新的颜色了,红加黄变橙。"恬恬很开心。

原本散落着的单调的"小水花"随着恬恬的创新,色彩丰富了起来,看上去变得华丽极了。

**镜头二:**

"你再试试,看还有没有别的可能性?"教师提醒了恬恬。

图 6-3-8　萱萱初次尝试　　图 6-3-9　恬恬的彩色小水花完成了

　　恬恬放下了手中的棉签，随即拿了新棉签尝试红色加上蓝色，果然不出所料。"变成紫色了。"恬恬抬头看向教师。

　　"嗯，真好看，继续试试看吧。"教师给予了表扬和鼓励，恬恬的兴趣更加浓烈，在紫色上加上了红色，绿色上又加上了黄色，不一会儿，一幅漂亮的"小水花"完成了。

　　边上的萱萱则是看着恬恬画了很多不同的颜色很羡慕。"我也想要。"恬恬一边告诉萱萱一边学着教师的话鼓励她。"你试试看，这个加这个颜色……"

　　"我画好了！"在恬恬的帮助下，萱萱完成了画。

　　"我是下小雨时的小水花，你画的是下大雨时的大水花。"萱萱看了看两人的画做出了评价。最后，两人放下了棉签，拿起纸巾，擦了擦手上的颜料，一起把自己的作品贴到展示区。

【故事分析】

　　**分析一：** 恬恬是个敢于尝试的孩子，当发现不同的颜色在碰撞中会产生新的颜色时，她会继续尝试，并在尝试的过程中发现颜色的多变，她具有强烈的好奇心和学习动机，反映了幼儿内心的真实感受能够激发幼儿的想象力和创造力。

　　当探索发现颜色的不同时，能积极和同伴讨论分享。在讨论的过程中，萱萱愿意听取同伴的想法，采纳别人的见解，在同伴的帮助下，她开始大胆尝试，仔细观察，边看边思考。

**分析二：**在绘画的过程中，教师发现幼儿能将自己的想法融入创作中，在教师的鼓励下，给了恬恬更多的自由发挥空间，创造出了更多的可能性。

恬恬和萱萱在过程中是愉快的、投入的，表现得自信而大胆，勇于探索和尝试，敢想、敢画，能按照自己的思路，创造和改变出她们想要的"小水花"。

恬恬：你是一个聪明又能干的孩子，在创作过程中，你一直全身心地沉浸在创作之中，自由地表现着不同颜色的混合，感受着颜色带来的美感，不仅把颜色的经验感受放在作品里，还自主地、有想象力地去尝试不同的创作。你还是一个有爱心、热心的孩子，在朋友遇到困难时，毫不吝啬地愿意帮助同伴，把自己的想法和朋友分享，语言表达能力也很强，希望你能继续带动、感染他人。

萱萱：你是一个腼腆害羞但爱上进的女孩子，面对困难，你要勇敢地去尝试，学会不害怕失败，相信自己可以做到，在好朋友的帮助下，你也很认真地聆听并完成作品，你有很强烈的好奇心和学习动机，也希望你能越来越勇敢，学会主动尝试。

**【故事后续】**

*1. 活动准备*

从此次活动中，可见幼儿对颜色的搭配了解得不多，尝试点出多变的小水花和线条是本次活动的主要目标，因此增强幼儿对绘画和颜色的兴趣尤为重要。如在活动前让幼儿了解到不同颜色的混合会形成什么新的颜色，累积经验准备。幼儿可以先尝试，拓印或者水彩倒进杯子里进行混合，看看说说，了解颜色的变化。棉签点画是依靠幼儿用手部肌肉控制棉签蘸取颜料点在图纸上的过程，小班幼儿的手部小肌肉发展还不到位，因此可以利用平时锻炼小肌肉的机会帮助幼儿发展精细动作。

*2. 问题推进*

恬恬在机缘巧合下发现两种颜色混合后颜色会发生变化，便随即进行了二次颜料混合，变出不同颜色的小水花，对待幼儿玩色的行为教师要给予支持，及时抓住幼儿的兴趣点，满足幼儿大胆玩色的情感，鼓励幼儿观察不同颜色交融时的变化。教师引导幼儿尝试用不同的颜色进行混合，重点发展幼儿在玩色中的观察力、想象力和创造力。

萱萱在绘画中表现出不自信，对同伴的成功表示羡慕，在寻求同伴的帮助后,努力完成作品并了解了颜色混合后的成果,教师应鼓励幼儿多尝试、多观察,敢于想象和创造,提高幼儿的绘画能力,增强幼儿的自信心。

3. 等待回应

恬恬:在你努力尝试混合多种颜色后,你画的画变得越来越漂亮,你可以为它取一个好听的名字,玩色后的分享我们会来听听你的创作过程,让大家一起学习探讨,这样的分享会带来更多的自信和创作灵感,也会给同伴们带来更多的尝试和创作动机。

萱萱:你会仔细观察,知道下大雨和下小雨后水花的大小不同,今天你在恬恬的帮助下,尝试了用不同的颜色进行搭配混合,你会观察同伴绘画,但你要学会主动大胆尝试,相信自己能通过努力画出更好看的颜色哦。

## 描生态之美　绘渔村之画[1]

**【故事背景】**

大班幼儿对周围事物充满着好奇,不仅喜欢观察、触摸、摆弄、操作,还会想出种种问题,表现出渴望认识周围世界和探索发现的积极愿望。他们常常会好奇地问:"我们的城市有那么多摩天大厦,哪一幢是最高的?还有比飞机更快的交通工具吗?"等等。随着科学技术的高速发展,人们生活水平的不断提高,幼儿会发现、关注周围各种各样的建筑物、交通工具,对它们有着强烈的好奇心和探索愿望。而"我们的城市"作为大班的一个核心主题,也为幼儿基本经验的积累提供了不可多得的学习与成长的机会。

根据"我们的城市"主题的基本经验主要指向:"接触、了解周围生活环境的人、事、物,感受身边熟悉的科技成果对生活的影响,理解并遵守社会生活中基本的行为规则。"通过一系列活动,在充分感受和体验的基础上,通过看一看、画一画等多种感官,让幼儿了解城市建筑的特点,体验城市建设的不断变化,丰富对城市的了解。

**【故事记录】**

今天老师带来了一些我们城市建筑的图片,请你们来欣赏一下。看看这

---

[1] 作者:曹清,本科,教龄9年,一级教师。

图6-3-10 ——用线条设计房子　　图6-3-11 ——眼中渔村的房子

些房子是由哪些图形组成的，设计师在设计的时候将房屋怎么排列的？——把手举得高高的，我便请了她先回答，她一口气告诉大家房子由长方形、三角形、菱形、梯形……把她知道的都说了出来，并且将房屋的排列也能用较完整的语句说了出来。沫沫小朋友的观点不一样，他说："一排排整齐的房子就像我们的牙齿，排得整整齐齐。"涛涛小朋友则说，一排排整齐的房子像小山丘一样连绵起伏。这时，我便问了他们，我们的家乡金山也有很多有特色的建筑，你们平时留心看过吗？孩子们思索了一会儿，沫沫小朋友这次第一个举手，他说："暑假里，我和爸爸妈妈去枫泾古镇玩了，我看到了古镇房子上画了很多农民画，爸爸告诉我金山农民画是上海金山的民间传统艺术之一。"沫沫话音刚落，——就抢着说："老师，我去过金山嘴渔村，老街上的房子和我家不一样呢。我妈妈说老街上是以青砖、黑瓦、马头墙为特色的明清风格建筑，大门都是用厚实的原木制成的。"趁着孩子们意犹未尽、滔滔不绝之时，我跟他们说："今天请你来做大设计师，在大纸上把你的房子设计一下并画下来吧。"

**【故事分析】**

中班幼儿在观察事物方面建立了一定的基础，但是孩子观察事物的特点是目的性不强，持续时间短，系统性差，概括性低。孩子极易受客观外界条件的左右而时常不能自觉地观察。但观察对象符合他们的兴趣和需要时，就会清晰辨认。成人提出的观察目的越明确越具体，孩子观察的目的也就越容易坚持和实现。因此，在初期，引导幼儿们回忆后，让他们通过观察自己设计，然后选择自己喜欢的方式绘画下来。这样的绘画记录方式有利于培养幼儿们的绘画观察和思考意识，让他们建立更好的绘画能力。如：来自沫沫、——的绘画作品。

**幼儿的话：**

我用长长的直线设计了两幢不一样的房子，在房子周围还画了美丽的小花。

**教师解读：**

沫沫是一个思维较为缜密的孩子，结合自身的经历说出房子的特点，并能通过图画，绘画下来。在画面中，我们可以看出幼儿画面整洁、饱满，所呈现的画面和自己语言描述的内容是一致的。

**教师下一步的指导策略：**

给幼儿提供欣赏空间，教师可以结合有关渔村的图书、视频，开展欣赏的审美感知活动。通过感知，使幼儿在不同角度、不同造型、不同组合中，对渔村房子的特点、造型和蕴涵的古老文化有所了解、有所熏陶，进而获得并积累审美的经验，感知多种艺术形象，以此来提高孩子们的审美能力。

**幼儿的话：**

渔村的房子都比较宽敞，跟我们家不一样，渔村的大门就像我在电视里看到的一样。

**教师解读：**

一一对房子特别感兴趣哦，在设计的时候，还将自己设计的想法进行了添画，并且能大胆地在集体面前将添画的内容描述出来。画面中，我们可以看出孩子的图像表征得比较清晰，比如大门、屋顶、墙壁等，表征得都十分清楚，线条也非常流畅。

**教师下一步的指导策略：**

我们可以鼓励他们运用自己的感官，在社会中去观察、去发现、去体验。让幼儿把自己与大自然接触中的所见所闻定格在自己的绘画日记中，这样的作品能打动人心，引发共鸣，幼儿在绘画中得到满足，在表达中宣泄情绪。

## 【故事后续】

### 1. 前期铺垫

从沫沫、一一的身上，我们能看出孩子们的知识经验都来自生活。因此，日后在开展主题的过程中，教师要多考虑孩子们的生活知识经验点。在日常的教学过程中，引导幼儿仔细观察、发现，感悟每日发生在身边的事。例如：幼儿园生动有趣的日常教学活动，一个有趣的游戏、一场激烈的比赛、一次观看演出、一个生日聚会、一次劳动体验、一次感恩节活动……都可以成为活动的内容。

### 2. 环境创设

可以事先布置给孩子们一些小任务，多给一点时间让孩子们去搜集资料，创设一块版面——问题树，把孩子们发现的一些小问题用孩子们的符号画下来，贴在问题树上，展示出来。

### 3. 家园互动

家长在和孩子外出游玩时，如逛公园、旅游、野外烧烤等活动，这时会发现孩子对感兴趣的事情比较投入，家长可以引导孩子去观察周围的特征，让孩子去描述，回家后让孩子去画就会很容易了。

后期可以收集一些相关的书籍，放置在班级图书区，让孩子们自己阅读，同伴之间相互讨论。

## 沙画之"小猪佩奇一家"[1]

### 【故事背景】

沙画，即用沙子作画，是一门独特的艺术。它结合现代人的审美观，依托深厚的文化底蕴和文化内涵，采用产自神奇大自然的天然彩沙，经手工精制而成。沙画具有不一样的艺术魅力，创意奇特，画面很美，给人带来难得的视觉享受。将沙画运用到幼儿园教学是个创新尝试，能够激发幼儿的学习兴趣，能够提高幼儿的审美能力和欣赏能力，促进幼儿健康成长。近年来，也有许多幼儿园和教育机构，把沙画运用到日常的美术活动中。沙画不同于日常其他的美术活动形式，它不需要画笔和纸张，只要一个台版和沙子，以及一些辅助工具即可，幼儿在这样简单的材料和工具中，感受美术创意的最大魅力，激发自身的创造力。

### 【故事记录】

轩轩和希希来到美工坊，两人一起选择了沙画区进行活动，他们先找到位子坐下来，然后开始找遥控器，可是按了几下都没有打开沙画台的灯光，后来轩轩跑来和老师说："老师，帮我们开一下这个沙画台，我们打不开。"老师帮助他们把沙画台打开以后，轩轩和希希开心地叫了一声："太棒了，可以开始了。"

轩轩看了看电视机上的一些作品展示，再看了看沙子，轻轻地摆弄了一

---

[1] 作者：杨泽楠，本科，教龄 3 年，二级教师。

会儿沙子,但是并没有开始创作。希希在旁边比较兴奋,拿着铲子不停地铲动沙子,由于动作幅度大,一些沙子掉在了地上。轩轩看到后,说:"你不要乱玩沙子了,都弄到地上了,而且我这里都没有沙子了。"希希听到后说:"我没有乱玩,我在画一个房子。"紧接着轩轩又说:"我怎么没看到你的房子?"

希希看了看自己的作品,说:"我好像不太会玩沙画。我弄不来。"轩轩看了看说:"你和我一起画吧,我会。不过我还没想好画什么。"希希想了想说:"我们可以画小猪佩奇一家呀。"轩轩听了后大笑:"哈哈哈,好呀。"

图6-3-12 轩轩和希希尝试沙画

不一会儿,两个人开始合作创作了,轩轩认真地尝试用不同的工具来达到自己的目的,但是中间发现自己少了一些工具。他起身走到另外一桌沙画台,和另外两位小朋友说:"你们这个刷子借我一下,我等会还给你们。"征得同意后,轩轩回到了座位继续创作,希希在一旁辅助轩轩。希希说:"我怎么就是画不出来,一点都不像,哼,算了。"说完,希希开始拿起身边的模具,用模具压沙子压出各种形状,轩轩看到后说:"你这样压出来的小动物也很好看,

图6-3-13 轩轩和希希尝试使用不同的工具　　图6-3-14 作品《小猪佩奇的一家》

你来压吧,我来画。"希希听了之后笑了,两个人又开始合作起来。不一会儿,一幅完整的小猪佩奇一家作品完成了,轩轩兴奋地叫来老师欣赏作品,并大胆地介绍着自己的作品,得到老师的肯定后,两个人都开心地笑了。

**【故事分析】**

轩轩:你一直都是老师心中的好孩子,你聪明、果敢、善良,在生活中也是老师的好帮手。在沙画活动中,你遇到问题沉着冷静,无法打开沙画台,你会主动寻找老师帮忙,缺少工具你会想办法去其他小朋友那边借用。在真正地创作作品之前,你会安静地构思,不会盲目地乱玩沙子,同时创作过程中十分投入。你也肯接受朋友的建议,当朋友建议说画小猪佩奇一家时,你很支持和配合。当朋友不太会创作时,你也会鼓励和肯定,让希希用自己的方式去创作。老师相信你的能力是无限的,不过也希望你下次在思考时要更果敢一点。

希希:今天,你与好朋友轩轩玩得很开心,虽然你一开始因不会创作乱玩沙子,但是经过轩轩的提醒,你能马上纠正过来,也是非常棒的。同时你有很好的创意和想法,帮助轩轩确定了你们今天的创作主题。在合作中,你也尽力尝试创作作品,虽然你的技巧可能不是特别好,但是你的坚持是一份很好的品质。最后你和轩轩也一起明确了分工,各自发挥了自己的特长,共同完成了作品。希望希希你在今后的学习中继续学习各类美术技巧,让自己的操作能力更上一层楼!

**【故事后续】**

1. 前期经验

沙画是一种有别于其他美术活动的新兴创意活动,对于许多幼儿来说可能还是很陌生的,幼儿对沙画的理解和认识都不够深入,前期经验少。因此,教师可以在活动前适当安排一些关于沙画的集体教学活动,让幼儿充分欣赏沙画的由来和创作方法,欣赏沙画的作品,丰富幼儿的眼界。

2. 环境创设

美工坊的沙画区环境创设是经过教师精心设计的,但是在实际的活动后,还是反映出环境创设过于单薄的问题,仅有两台电视投放沙画作品,同时一些关于沙滩主题的小物件还是不够的,应该让环境创设更立体、更形象;作品的呈现不应只是平面的,可以形式多样化,这样幼儿能在环境中迸发出更多的想法和创新。

### 3. 材料投放

沙画区的材料还是比较丰富的，每张沙画台面旁边都安装了许多小挂钩，专门挂着各式各样的小工具，但是投放的材料没有进行分类，对于幼儿选取材料来说比较不方便和不清晰。对于大班幼儿来说，模具材料显然比较高结构一些，并不适合幼儿展开想象。因此，将材料以年龄段分类，可以让幼儿在操作时有更明确的目的和要求。

## 小小花朵，大大创想[1]

**【故事背景】**

春天到了，春暖花开，中午散步的时候孩子们看到校园里的花开了都会忍不住闻一闻、摸一摸，大家还赞赏一番花的美丽，在主题"春夏秋冬"的基础上，也为了满足他们对花的喜爱之情，在个别化美工区提供了多种花朵的折纸步骤图供孩子们制作花朵。

**【故事记录】**

**片段一：** 小A、小B和几个小朋友来到美工区，二话不说就拿起材料动起手来，几个孩子看了步骤图后，目标明确地选择了自己需要制作的花朵。小A看着桃花，说："咦，这个剪下来后怎么不对，一点儿也不像。"小A来回翻看着自己的折纸，找不出原因。"你是不是少了一步，仔细看看步骤图。"老师指着步骤图提醒，小A立马拿了一张手工纸重新尝试。"哦，我知道了，少了一步，看，现在对了。"小A接着说，"我需要一张大纸。"小A剪出一个大一些的桃花粘在刚才中等桃花的下面，后来小A又挑了一张小手工纸经过多次比对大小剪了一个更小的桃花粘在最上面。

**片段二：** 小B一落座也直接选择了制作桃花，尝试折了几次放弃了，他转头看到旁边的小C在卷风信子，他也立马拿了张手工纸剪了起来，唰唰几剪刀速度很快，卷了几片花瓣后又放弃了。"怎么不接着做了？"老师问。"这个花瓣剪得太宽了，不好看。"小B说着又拿了张手工纸重新剪起来。这一次小B剪的条状较细长，但小B只剪了一半，就停下先开始卷的步骤。

---

[1] 作者：傅红琼，本科，教龄9年，二级教师。

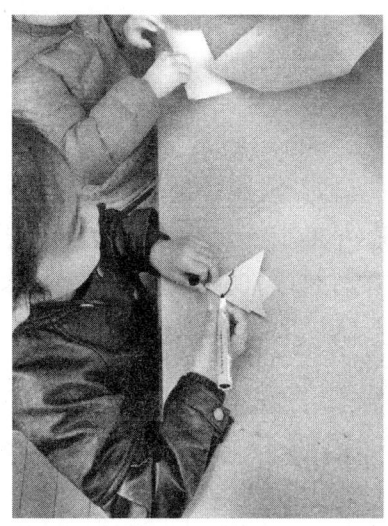

图6-3-15　小A在画桃花的轮廓图　　图6-3-16　小B在尝试制作风信子

【故事分析】

小A：你是一个做事情非常有目的性和计划性的孩子哦，你先剪出大、中、小三种型号的桃花然后组合起来，在比对大小和组合时你很有策略，老师真为你感到高兴。同时，当你在老师的提醒下发现折纸中的问题时，你没有放弃，愿意想办法解决，看得出你是在动脑筋。

小B：看得出你对折纸有很浓的兴趣，从开始到结束你一直坚守在原地，中途虽然换了花朵，也尝试了几次，但没有减少你对折纸的兴趣，遇到困难时你可以先自己认真探索，若还是没办法解决可以问问其他小朋友或老师，通过坚持不懈的努力获得成功，收获的喜悦会更大哦，下次你可以试试。

卢梭说过：要在自然状态中，让孩子率性发展，在至善至美的体系中，成为聪明和善良的人。区域化学习活动正是这样一种以"幼儿的发展"为出发点和归宿的新型教学活动。教师根据活动目标、幼儿需求，选择设计多种活动内容，以材料的形式呈现给幼儿。而幼儿就在一个开放的学习环境中，根据自己的需要、兴趣选择学习内容、学习伙伴、学习进程，从而逐步形成学习的积极态度，积累学习的经验和方法，提高学习能力。

投放材料上考虑到个体差异，每个幼儿都是一个独特的个体，这些个体之间难免会存在这样那样的差异，而幼儿教育要允许幼儿以适合自己的方式、速度去学习、探索，只有这样，才能让每个幼儿都体验到成功，从而满怀信心地对待生活,对待明天。美工区投放的材料不是一成不变的,应该按从简到繁、从易到难的方式进行有计划的投放,维持幼儿持久探究的兴趣。

**【故事后续】**

首先,投放材料要充分考虑幼儿的兴趣。"兴趣是最好的老师",幼儿有兴趣参与活动,是完成教育目标的基础。在区域化学习活动中,我们注意为幼儿提供丰富多彩的、具有启发性的活动材料,从而解放幼儿的头脑和手脚,给予幼儿足够的自由度,使幼儿充分地表现自我,勇于创新。

有些材料除了老师来准备以外,也可以让幼儿共同参与。以幼儿的作品为范例,可以增强孩子的自豪感,并在活动中互相竞争提高能力。手工区剪下的花边等,老师收集起来可作为下次活动的材料,表演区各种手剪纸偶头饰都是孩子自己创作的作品,调动了每个幼儿参加活动的积极性和创造性。

随着幼儿游戏水平的提高,要及时进行补充、调整,根据幼儿的兴趣和需要,改进或摒弃不适合的材料,开发挖掘新材料,使投放的材料更具有针对性,更符合幼儿的发展水平。我们仔细观察幼儿的学习、探索情况,了解幼儿在活动过程中有什么困难,把握每个幼儿的认知水平、情感态度特点和个性差异。看活动环境是否能激发幼儿学习兴趣,材料的投入是否适宜不同水平的幼儿,学具的数量是否充足等。在观察过程中,我们注意尊重幼儿的想法和做法,不指责、不轻易批评孩子。并且注重提供的材料随幼儿的兴趣变化而不断调整,能满足幼儿当前活动的需要。

小A在尝试了折桃花后鼓励她尝试其他花朵的折法,在折纸的基础上可以把自己的折纸作品拼贴成画,还可以添画等等。

在交流分享过程中请小A介绍自己的作品,把自己的经验与其他幼儿共享。

对于小B,可以投放多层次的材料,让小B从简单的开始,体验成功,并鼓励他勇于挑战,不轻言放弃。并且引导小B知道遇到困难还可以主动向同伴或者老师寻求帮助。

教师是活动环境创设的总设计师,并在活动中担当多种角色。她是活动材料的准备者,活动的参与者,活动过程中的观察者,部分活动中的指导者,活动结果的评价者和鼓励者。因此,教师还要做到:在观察指导的时候,要给幼儿一定的空间去发挥,给他们宽松的环境去讲述他们的需求、困难等等。要仔细倾听幼儿的"秘密",要站在孩子的视角去想、看问题,这样才能更有效地推进幼儿游戏。

# 第七章 阶梯式幼儿美术课程的成效展望

○ 第一节　阶梯式幼儿美术课程的成效

○ 第二节　阶梯式幼儿美术课程的未来展望

阶梯式幼儿美术课程的研究是一个不断产生困惑、不断实践并走向理性的过程，教师们在边实践边调整中，逐步认识到在构建"阶梯式幼儿美术课程"过程中，幼儿、教师都获得了成长，幼儿园的选择性课程也有了明显的优化。

# 第一节 阶梯式幼儿美术课程的成效

## 一、阶梯式幼儿美术课程——之于"幼儿"

### (一)幼儿发展总体效果比较

总体效果比较是对阶梯式幼儿美术课程实施之后对幼儿"感受与欣赏""表现与创造""学习品质"方面的发展进行总体性的比较评价,目的在于评价阶梯式美术课程促进幼儿发展的总体效果,主要涉及三个年龄段幼儿在"感受与欣赏""表现与创造""学习品质"上的发展总体效果。我们在同一地区的其他一级幼儿园中选取了对照班与我园的实验班进行比较,两所幼儿园的小中大班中选取人数相同的幼儿进行抽样调查,且"好、一般、弱"分别对应幼儿评价的"表现行为五、三、一"三个不同的层次,以下就是我们进行比较所呈现的图表。

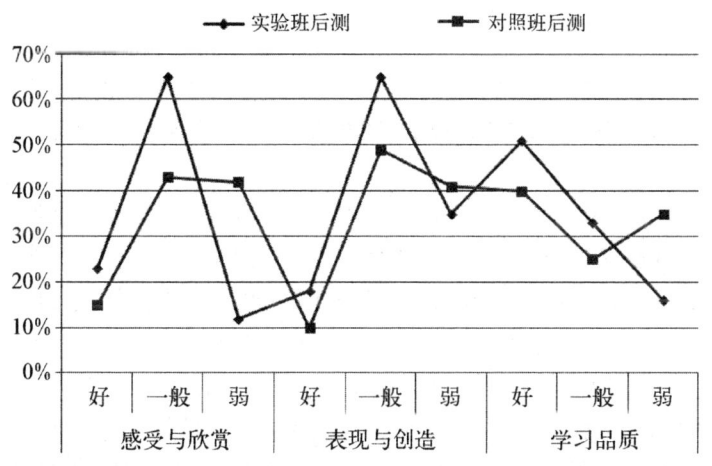

**图7-1-1 小班幼儿"感受与欣赏""表现与创造""学习品质"的发展(%)**

由上图看出,小班实验班幼儿在"感受与欣赏""表现与创造""学习品质"水平上的发展程度明显高于对照班幼儿的发展水平。在"感受与欣赏"

方面，实验班后测的数据分别是"好"占比23%、"一般"占比65%、"弱"占比12%，而对照班后测的数据分别是"好"占比15%、"一般"占比43%、"弱"占比42%，表明实验班幼儿有较好的感受与欣赏的能力；在"表现与创造"方面，实验班后测的数据分别是"好"占比18%、"一般"占比65%、"弱"占比35%，而对照班后测的数据分别是"好"占比10%、"一般"占比49%、"弱"占比41%，表明实验班幼儿有较好的表现与创造的能力；在"学习品质"方面，实验班后测的数据分别是"好"占比51%、"一般"占比33%、"弱"占比16%，而对照班后测的数据分别是"好"占比40%、"一般"占比25%、"弱"占比35%，表明实验班幼儿有较好的学习品质。

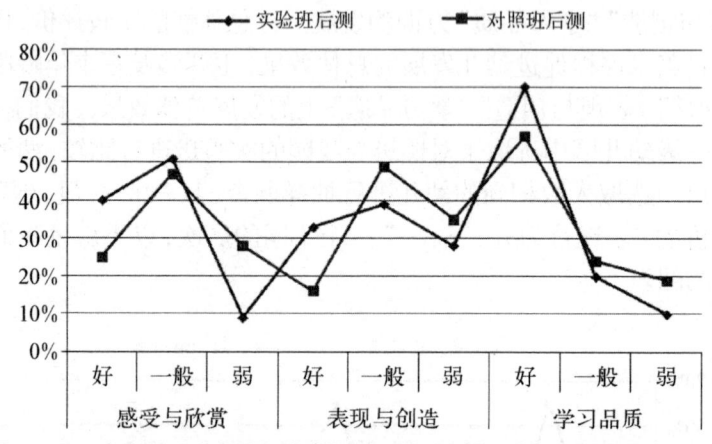

图7-1-2 中班幼儿"感受与欣赏""表现与创造""学习品质"的发展（%）

由上图看出，中班实验班幼儿在"感受与欣赏""表现与创造""学习品质"水平上的发展程度明显高于对照班幼儿的发展水平。在"感受与欣赏"方面，实验班后测的数据分别是"好"占比40%、"一般"占比51%、"弱"占比9%，而对照班后测的数据分别是"好"占比25%、"一般"占比47%、"弱"占比28%，表明实验班幼儿有较好的感受与欣赏的能力；在"表现与创造"方面，实验班后测的数据分别是"好"占比33%、"一般"占比39%、"弱"占比28%，而对照班后测的数据分别是"好"占比16%、"一般"占比49%、"弱"占比35%，表明实验班幼儿有较好的表现与创造的能力；在"学习品质"方面，实验班后测的数据分别是"好"占比70%、"一般"占比20%、"弱"占比10%，而对照班后测的数据分别是"好"占比57%、"一般"占比24%、"弱"

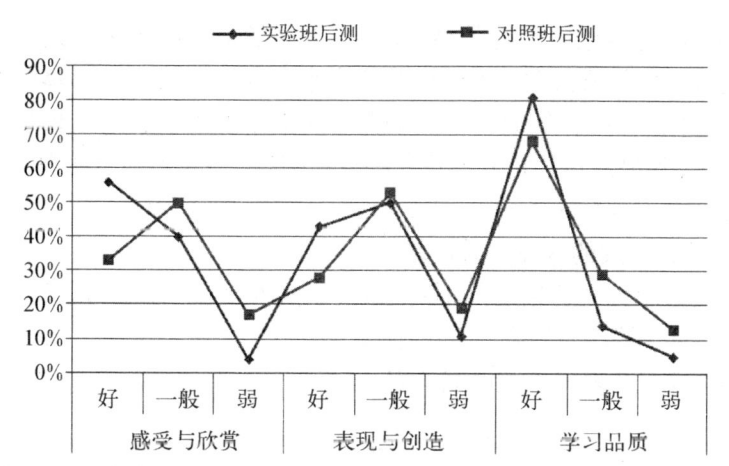

图7-1-3　大班幼儿"感受与欣赏""表现与创造""学习品质"的发展（%）

占比19%，表明实验班幼儿有较好的学习品质。

由上图看出，大班实验班幼儿在"感受与欣赏""表现与创造""学习品质"水平上的发展程度明显高于对照班幼儿的发展水平。在"感受与欣赏"方面，实验班后测的数据分别是"好"占比56%、"一般"占比40%、"弱"占比4%，而对照班后测的数据分别是"好"占比33%、"一般"占比50%、"弱"占比17%，表明实验班幼儿有较好的感受与欣赏的能力；在"表现与创造"方面，实验班后测的数据分别是"好"占比43%、"一般"占比50%、"弱"占比11%，而对照班后测的数据分别是"好"占比28%、"一般"占比53%、"弱"占比19%，表明实验班幼儿有较好的表现与创造的能力；在"学习品质"方面，实验班后测的数据分别是"好"占比81%、"一般"占比14%、"弱"占比5%，而对照班后测的数据分别是"好"占比68%、"一般"占比29%、"弱"占比13%，表明实验班幼儿有较好的学习品质。

以上三张对比图说明实验班幼儿有较好的感受与欣赏的能力、表现与创造的能力以及较好的学习品质，体现了幼儿园实施阶梯式幼儿美术课程不仅注重幼儿的亲身体验、丰富幼儿的美术知识经验与技能，更重视不同年龄段幼儿在感受欣赏、表现创造和学习品质等方面的阶梯式培养。

阶梯式幼儿美术课程不仅在遵循幼儿的发展规律、年龄特点的基础上让幼儿通过各种感官对表现对象进行全面的感受、了解、认识并将之表现出来，而且以体验为载体，关注幼儿活动中的种种体验，充分发挥幼儿自我发展的能动作用，帮助幼儿获得丰富的、积极的自我体验；让幼儿通过实践来认识、体验周围事物与自己生活的关系，使幼儿在体验的基础上来表达表现、在亲身实践的过程中提升经验，让幼儿更多地体验生活、体验自然、体验社会，充分发挥自己的主体意识，有力推进幼儿各种潜能的发挥，最终让幼儿感悟到体验的快乐，其最终目的是发展幼儿的审美情趣，提高美术表现力，为幼儿的可持续发展打下良好的基础。

### （二）幼儿发展的具体效果比较

具体效果比较主要指幼儿不同年龄、不同性别在"感受与欣赏""表现与创造""学习品质"三个指标上的具体比较。

#### 1. 不同年龄阶段幼儿发展的比较

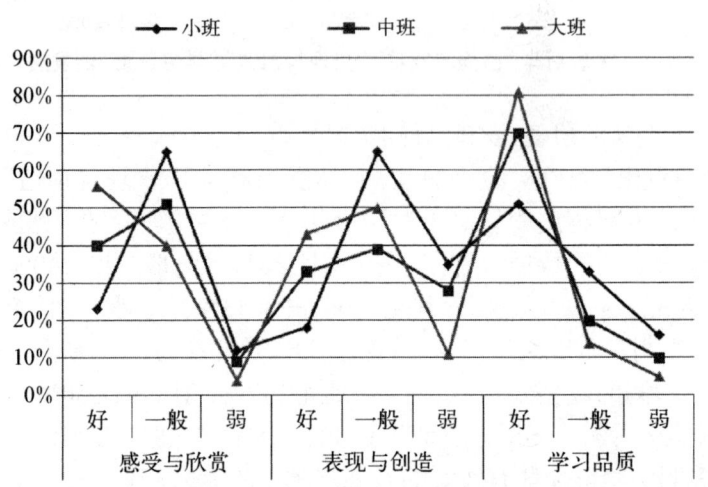

**图 7-1-4　小、中、大班幼儿"感受与欣赏""表现与创造""学习品质"的发展**

（说明：测试幼儿属于金悦幼儿园三个年龄段的实验班幼儿，在小中大实验班中选取人数相同的幼儿进行抽样调查，且"好、一般、弱"分别对应幼儿评价的"水平五、三、一"三个不同的水平层次。）

由上图看出，幼儿发展有阶梯的特征，小中大差别明显，大班幼儿在"感受与欣赏""表现与创造""学习品质"水平上的发展程度明显高于小、中班幼儿，而中班幼儿在三方面的水平发展又明显高于小班幼儿，分别是："感受与欣赏"方面，小班"好"占比28%、"一般"占比65%、"弱"占比12%，中班"好"占比40%、"一般"占比51%、"弱"占比9%，大班"好"占比56%、"一般"占比40%、"弱"占比4%；"表现与创造"方面，小班"好"占比18%、"一般"占比65%、"弱"占比35%，中班"好"占比33%、"一般"占比39%、"弱"占比28%，大班"好"占比43%、"一般"占比50%、"弱"占比11%；"学习品质"方面,小班"好"占比51%、"一般"占比33%、"弱"占比16%,中班"好"占比70%、"一般"占比20%、"弱"占比10%,大班"好"占比81%、"一般"占比14%、"弱"占比5%。由此可见,三个年龄段呈现水平的阶梯性。

2. 不同性别幼儿发展的比较

对大班男女不同性别的幼儿"感受与欣赏""表现与创造""学习品质"方面的发展评价,见下图:

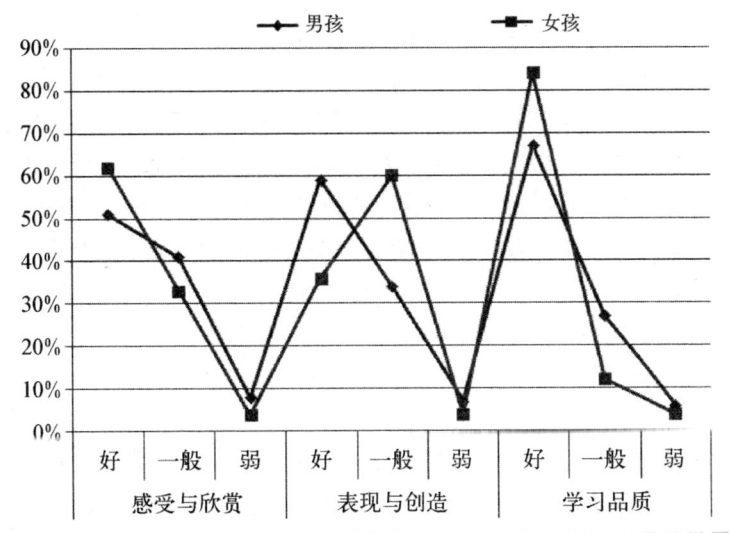

**图7-1-5 大班男女孩"感受与欣赏""表现与创造""学习品质"的发展**

(说明:男女孩同属于金悦幼儿园同一个实验班中的幼儿,选取人数相同的不同性别的幼儿进行抽样调查,且"好、一般、弱"分别对应幼儿评价的"水平五、三、一"三个不同的水平层次。)

由上图看出,在对男孩女孩性别差异进行分析时,"感受与欣赏"方面,男孩"好"占比51%、"一般"占比41%、"弱"占比8%,女孩"好"占比62%、"一般"占比33%、"弱"占比4%;"表现与创造"方面,男孩"好"占比59%、"一般"占比34%、"弱"占比7%,女孩"好"占比36%、"一般"占比60%、"弱"占比4%;"学习品质"方面,男孩"好"占比67%、"一般"占比27%、"弱"占比6%,女孩"好"占比84%、"一般"占比12%、"弱"占比4%。由此可见,存在着明显的性别差异。主要表现在以下几个方面:

(1)不同性别幼儿在感受与欣赏方面的差异

幼儿对美术作品不仅有形和色的感受,还有质感等更深入的感受。欣赏是幼儿接触身边的美术作品和大师的作品,以直观的方式感受美术作品的色彩和造型,以及感受作者的情感和要表达的意义。

如在欣赏达·芬奇的《蒙娜丽莎》这幅作品的时候,女孩更容易调动起自己的所有情绪,容易激动,更注重欣赏蒙娜丽莎迷人的外表和华丽的服饰、漂亮的背景和颜色的搭配。而男孩的情绪波动不大,更在意讨论蒙娜丽莎微笑的神秘和背后隐藏的故事。男女孩思考和欣赏的角度截然不同。在评述过程中,女孩一般可以准确地有条理地表达自己的想法,语言比较丰富。而男孩的表达比较简单,有时候甚至没有逻辑,凌乱。

(2) 不同性别幼儿在表现与创造方面的差异

幼儿园美术课程以绘声绘色为主要表现手法,而绘画借助于色彩、线条。绘画首先需要幼儿仔细地去观察事物、感知事物。女孩的性格一般都比较敏感和细腻,注意力也比较集中,她们对物体的细节和物体的颜色、形状都非常感兴趣,都可以认真地观察和讨论所画的物体。而男孩就比较调皮好动,注意力又特别容易分散,外面有一点动静都会引起他们的注意,而且男孩对物体的颜色和形状也不够感兴趣。当幼儿需要用自己的方式表现出所画的物体时,女孩一般很容易进入状态,认真地去画,而有的男孩依然东张西望,需要老师不断地提醒,甚至很长时间没有动笔。在作品完成以后,男孩女孩的作品放在一起比较一下,发现他们的作品有很大不同。从空间和整体来看:男孩可以把空间的感觉把握得很好,把物体分在两个平面里,而女孩不太理解空间的遮挡透视,会把物体放到一个平面里,所以男孩对空间的表现能力和理解能力要比女孩强。比如画静物"蔬菜写生",桌子上有各类蔬菜,这是一个面,蔬菜下面的衬布又是一个面,男孩的作品可以把这两个面很好地表现出来,而女孩却表现得不太好。从线条上来看:女孩的性格比较细腻认真,画出来的线条比较细腻柔和;而男孩的线条则比较粗犷大胆。从题材上看:男孩更喜欢选择有挑战的动态的题材,女孩比较喜欢安静的题材,比如漂亮的花朵、房子、树等。

在探索、研究、创造以及综合解决问题的美术课程中,注重美术活动和生活的紧密相连,培养幼儿的创造力和想象力,提高幼儿的审美能力。在这方面,女孩的思维比较固定狭小,作品没有什么创意,女孩比较害羞胆小,不敢表达自己的想法和建议。而男孩通常表现出很强的创造力和思维能力,有着天马行空的想象,大胆而且不拘一格,敢于大胆地创作大胆地提出问题。女孩擅长把作品和生活联系起来,可以把作品很好地运用到生活中去。比如女孩喜欢把自己做的纸盒放在桌上,里面放上自己的物品,喜欢把折的心涂上颜色再串起来,挂到墙壁上去装饰墙壁。男孩就逊于女孩。在探索方面,男孩更愿意聚集在一起去研究讨论，女孩则相反，比较独立安静一点，不愿意聚集在一起讨论。

（3）不同性别幼儿在学习与素养方面的表现差异

幼儿在美术课程中以动手和合作为主，需要很强的动手能力、创造能力和合作能力等学习品质，也包括幼儿是否积极主动、认真专注、不怕困难、敢于探究和尝试、乐于想象和创造等。

通过观察男女孩在课程中的表现，男孩更喜欢聚集在一起，互相激烈地讨论和明确地分工，互相给出意见和交换彼此的想法，从开始到结束都在不停地交流说话，而女孩也会相互交流，但相对于男孩而言更安静一点，更独立一点，也没有那么激烈的争论。而在动手制作的时候，男孩显得有些笨拙和粗心，作品常常会粗枝大叶，毛毛糙糙，而女孩手指比较灵巧，做手工的时候比较认真，所以女孩的作品更美观漂亮，端正整齐，颜色很鲜艳。比如在制作手工卡片的时候，男孩作品上的图案不够认真，线条很不连贯，边缘的地方也剪得不够整齐，毛毛糙糙的。女孩的图案画得很细致，线条比较流畅，剪刀剪出的边缘也比较整齐。在作品的创新方面，男孩的作品会有意想不到的创新，女孩的作品没有什么突出的地方，总是比较喜欢模仿。比如在教折纸狐狸的时候，男孩在狐狸的眼睛上画上眼镜，嘴上画上胡子，而女孩在原有的基础上没有改变。

从以上效果比较看出，不同性别幼儿在美术学习活动中存在很大的差异，阶梯式幼儿美术课程不仅考虑男女生的差异，鼓励幼儿发挥自己的优势，完善自己的不足，在美术课程中充分挖掘自己的能力，还有利于培养幼儿积极的情绪情感，发展幼儿的认知能力（包括观察力、空间感、想象力等），锻炼幼儿的动手操作能力等。

## 二、阶梯式幼儿美术课程——之于"教师"

### （一）量的说明

阶梯式幼儿美术课程由幼儿、教师、课程内容等诸多要素构成，其中幼儿与教师是两个紧密联系、互为主体且不断相互作用的要素。从辩证关系看，关注幼儿的评价也就涉及关注教师的评价。关注教师对基于体验的阶梯式幼儿美术课程设计与组织是否有利于幼儿的发展；关注教师美术课程集体学习活动的目标设计、教学策略、活动中幼儿的表现、教师的素养；关注教师美术课程个别化学习活动中的环境创设与材料支持、教师的观察与指导能力、幼儿的活动状态等。见下图。

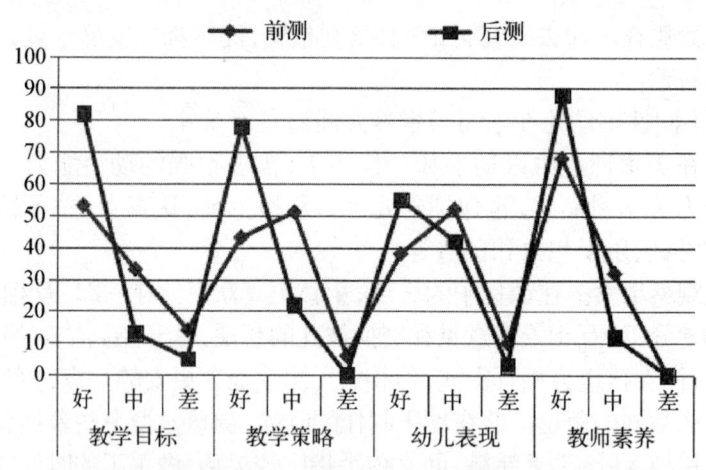

图7-1-6　阶梯式幼儿美术课程中教师集体学习发展评价

（说明：前测与后测老师均属于金悦幼儿园的教师，选取人数相同的教师在基于体验的阶梯式幼儿美术课程之集体学习实施前、后进行抽样调查，按照分值"80—100""60—80""60分以下"分别对应"好、中、差"三个不同的水平层次。）

由图7-1-6看出，在对教师集体学习进行前后测试比较分析时，我们发现课程实施后教师各方面的能力发展程度明显高于课程实施前。在集体学习活动中，分别统计了教学目标、教学策略、幼儿表现、教师素养。我们发现，教师在集体学习活动中得分大部分在85—92分，均在80—100分的优秀区间。教学目标能够很好地体现《指南》的理念和要求，但是在具体可操作性的二维目标制定上稍欠缺。教学策略上，能够科学处理美术教学内容，采用可操作的评价方式，但是在运用教学手段突破重难点、注重"自主、合作、探究"的学习方式和以幼儿为主体方面比较薄弱。幼儿表现方面，幼儿"在美术活动中能主动思考，思维活跃，自主学习，合作探究，兴趣浓厚，气氛热烈"，但是良好的美术习惯养成方面还需要努力。

由图7-1-7看出，在个别化学习教师评价方面，我们对评分有效项、百分比进行了统计，并主要通过各分数所占百分比来说明评价情况。我们发现，教师得分的评价等级普遍处于优秀等级，教师得分大部分在85—90分，均在80—100分的优秀区间。在个别化学习活动评价中，主要统计了环境创设与材料支持、教师观察指导、幼儿活动状态。其中"环境创设与材料支持"方面，活动空间布局、操作材料、美术融合表现较好，但是，在"民主、宽松"的环境氛围创设方面比较缺乏。教师观察指导方面，在把握介入时机、尊重幼儿差

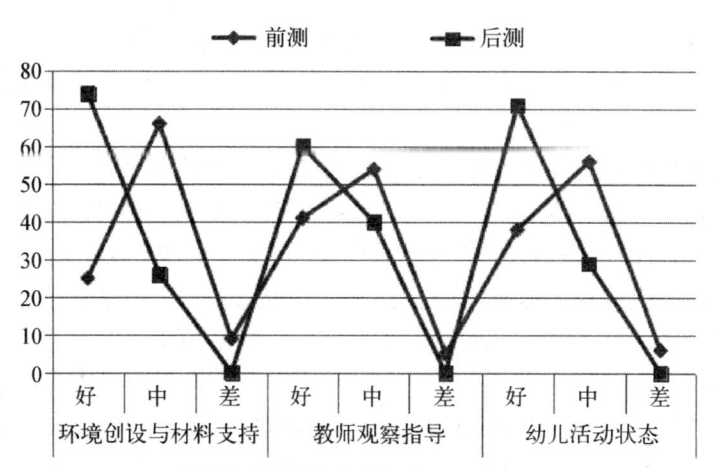

**图7-1-7 阶梯式美术课程中教师个别化学习活动发展评价**

（说明：前测与后测老师均属于金悦幼儿园的教师，选取人数相同的教师在基于体验的阶梯式幼儿美术课程之个别化学习活动实施前、后进行抽样调查，按照分值"80—100""60—80""60分以下"分别对应"好、中、差"三个不同的水平层次。）

异、不同的分享交流方式等方面表现较好，但是在有意识地观察和倾听、捕捉有价值的信息上，教师表现稍显薄弱。幼儿活动状态方面，美术个别化活动中幼儿行为习惯良好，与教师、同伴之间的关系和谐表现最优。

（二）质的说明

1. 教师阶梯式幼儿美术课程实践的理念明显转变

通过开展阶梯式幼儿美术课程研究，教师们进一步更新了教育观念，我们以《指南》精神为指导，反思传统美术教育模式的种种弊端，在实践中寻求更科学合理的幼儿美术教育的方式方法。从理念到实践，我们的美术教育都有了明显的转变，越来越多的教师开始摒弃传统的绘画教育观念和模式，变"范例——示范——临摹"为"体验感受——语言引导——表现创作"，我们从关注活动的结果，到关注幼儿在活动过程中的情感体验和态度倾向；从关注技能技巧的模仿和训练，到关注幼儿艺术想象和艺术创造能力的培养。应该说在理念上我们的教师发生了质的转变，《指南》的颁布无疑让我们对幼儿美术活动的认识再一次发生了质的颠覆。"不能用自己的审美标准去评判幼儿，更不能为追求结果的'完美'而对幼儿进行千篇一律的训练，以免扼杀其想象与创造的萌芽。""在幼儿自主表达创作过程中，不做过多干预或把自己的意愿强加给幼儿，在幼儿需要的时候再给予具体的帮助。"通过阶梯式幼儿美术课程，把幼儿整个身心的潜能发挥出来，促进智力的发展，受到美的陶冶，使幼儿美术活动成为快乐的学习体验，对教师开展美术课程实施影响很大。

2. 教师阶梯式幼儿美术课程实践的行为与能力明显提升

阶梯式幼儿美术课程的实践，使教师从思考美术课程环境的创设、资源的开发到反思课程实施过程中的组织有效性，从调整课程中教师的语言到研究幼儿创作表现过程中教师的课程指导，从改变幼儿分享交流的方式到关注幼儿在课程中的情感体验，课程实施的各个环节都留下了教师研究、实践的痕迹，一个个设计巧妙、基于体验、成效显著的优质美术课程也在这个过程中形成，从而使教师的美术课程实践行为不断改进与优化。具体表现在：

（1）教师区域性阶梯式幼儿美术课程实践的行为与能力提升

① 从无趣变有趣。教师使幼儿的绘画手工作品成为装扮游戏、角色游戏中的道具。幼儿在废旧的衣服上进行作画装饰后，成为一件颜色鲜艳、造型新颖的表演服装，幼儿可以穿上它进行小舞台的走秀游戏，而娃娃家的长丝巾也可以成为美术区的装饰材料。为此，提供的材料和创设的环境能与一定的游戏与任务情境相结合，让幼儿在美术活动过程中有愉悦的心理体验以引发幼儿参与美术活动的兴趣。

② 从静态变动态。美术创作是一个螺旋式上升的过程，幼儿在与材料互动的过程中，感受和创作均会发生很多变化，会对原先的作品进行一次又一次的调整，从而获得愉快的体验。大班"好玩的玻璃瓶"投放初期，幼儿用水粉颜料进行涂鸦，给瓶子刷上各种颜色，几天以后教师惊喜地发现他们在原来的瓶子上进行色块的分割，又一段时间后，瓶身上布满了各类花纹。原来幼儿在宽松的氛围中，将作品变成材料，进行二次甚至是多次创作，使作品保持一种动态。教师依据幼儿在美术活动区的表现行为和美术经验发展的现状，对环境与材料进行动态性的增加或删减，不断推动幼儿经验的发展。

③ 从单调变情境。教师依据幼儿的主题经验，为其创设一个与表现内容相关的生活化、体验化、问题化的情境与氛围来激发幼儿的表现兴趣与愿望。中班主题"在农场里"进行中，教师和幼儿一起收集稻草、竹子、鸡蛋等材料，搭建具有农村风味的草窝、迷你型农场和小竹园等，幼儿在逼真的主题情境中更能诱发操作的欲望。

（2）教师集体性阶梯式幼儿美术课程实践的行为与能力提升

通过阶梯式美术课程的深入研究，教师们会更多地去关注集体美术活动设计与组织过程中的细节。它包括教师对幼儿的了解、对活动内容的选择、目标的制定、组织方式的考虑、教学过程中的环节创设、提问设计、材料的提供、前期经验的准备，以及活动后的改进等等。有了准确的把握与分析，教师对活动的有关知识点和相关经验更心中有数，也确保了美术活动开展的有效性。

① 集体美术活动前教师教育行为的提升

一是注重了解幼儿的已有经验。

教师能在美术活动中尊重幼儿的发展特点，走近幼儿，与幼儿交流，多观察幼儿美术活动行为，了解幼儿已有的美术技能和经验。也更注重丰富幼儿的生活经验。幼儿的美术活动是一个初步感受和发现环境、生活和艺术中的美，用纸、笔以及身边的各种材料，以自己喜欢的多种方式进行美术创作的活动，是幼儿大胆地表现自己的所见所闻、所感所想的过程，是对社会生活的反映。生活经验是幼儿创作的源泉，教师要充分利用身边的一切资源，引导幼儿去感知、观察、探索和发现，丰富幼儿的内在体验和感性经验，为幼儿的美术创作积累素材。

二是选择适切的美术活动内容。

幼儿期的艺术教育是以培养孩子对艺术的兴趣，丰富他们的感性经验，启发他们用各种艺术的手段表达自己的情感，感受表现美、创造美的乐趣为目标。通过阶梯式幼儿美术课程研究，教师在选择美术活动内容时更尊重幼儿的年龄特点和实际水平，根据幼儿的已有知识经验和兴趣需要选择生活化的、给幼儿留有想象空间的、丰富多样的、适宜幼儿表现和发展的美术活动内容。

三是设计适宜的美术活动方案。

教师能恰当定位美术活动目标。教师在制定美术活动目标时能充分认识到体验的重要性，并根据幼儿的原有经验和发展水平，从幼儿的学习需要出发，在幼儿的已知和未知之间恰当定位目标，使目标既符合幼儿的经验水平又利于拓展幼儿长远的、终身学习的能力。教师在小班玩色活动"云朵和雨"中确定了这样的目标：① 初步感知云朵和雨的关系，尝试用新颖的方式创作表现云朵和雨。② 能大胆想象、创作，体验色彩创意活动的乐趣。从教师采用的"尝试、体会"的目标定位词中可以看出教师注重幼儿在美术活动中的情感体验，并关注到了幼儿认知和能力的培养，目标的定位是比较全面的。从"初步感知"可以看出教师尊重了幼儿的年龄特点和幼儿的原有经验。这样的目标具有可操作性和指导性，符合幼儿的发展需要。

教师能创设丰富的美术活动环境。首先，创设多元化的环境。基于幼儿较强的感受环境的能力，教师能通过环境的变化充分激发他们的创作兴趣，并充分利用适当的时机，让幼儿感受特定环境的气氛，从而产生积极的情感体验。在开展"京剧脸谱"活动前老师在活动室里创设了"京剧演员"的图片展，并和幼儿一起观看了京剧表演。在图片和影视环境的感染中，让幼儿在大量色彩鲜艳、造型独特的"京剧脸谱"艺术中穿行，充分感受了京剧脸谱的艺术之美。教师利用图片和影视为幼儿创设了一个艺术熏染的环境，这样的环境对幼儿有强烈的吸引力，幼儿在自主的观察中感受了京剧脸谱的色彩美和造型美，会在头脑中留下深刻的印象，这有利于充分激发幼儿艺术表现的情感。其次，提供多样化的材料。采用丰富多变的材料和工具激发幼儿的美术兴趣，提升创造力的表现。鼓励幼儿按自主意愿选择不同的表达方式，满足了幼儿的不同需要，充分调动了幼儿的创作兴趣，推动了幼儿的能力发展。

教师能选择有效的活动组织形式。教师在开展美术活动时以开发幼儿的潜力，发展幼儿健康的个性为前提，根据活动内容的特点和幼儿的能力差异灵活运用集体、分组等组织形式，使美术活动过程更为有效。如分组教学便于教师在活动中对不同能力幼儿的观察和指导，及时地发现问题和解决问题，提高师幼互动的质量，有利于幼儿得到最大限度的发展。

教师注重预设幼儿美术表征行为。活动前对幼儿美术表征行为的预设就显得尤为重要。教学有法，教无定法。按照新课程理念，教学是师幼交往的过程，教学过程是动态生成的，但动态生成不等于不要预设，美术活动同样需要教师在活动前预设幼儿的表征行为，思考创设的情境能否激发幼儿的创作兴趣，材料的准备和投放是否便于幼儿的自主选择和创作，幼儿在创作上出现难度时该如何指导等问题。教师只有在活动前对幼儿在美术活动中的表现进行精心地预设，才能更好地驾驭美术教学的过程，才能使幼儿获得最丰富的美术体验。

② 集体美术活动中教师教育行为的提升

一是以"师"为导，细化教学内容。

教师不仅是幼儿美术教学活动的设计者、组织者，也是幼儿美术教学活动的实施者与引导者。因此，要想提升幼儿美术教学活动质量与效率，促进美术教学活动作用与价值的充分发挥，在课程教学活动组织开展过程中，教师更注重自身指导作用的有效发挥，将美术教学活动内容进行细化，引导幼儿参与到互动全过程中,并在有效交流与沟通下进行幼儿能力的培养与提升。在美术活动"最美的秋"中,教师带领幼儿到户外体验"秋",认知秋的环境,感受秋的气息,掌握秋的特征,并与幼儿共同收集材料(红纸、剪刀、树叶、各色卡纸等),鼓励幼儿将所看所感的事物进行表达,指导幼儿利用材料根据表述内容进行创造。在此过程中,幼儿观察能力、收集与整理能力、想象力、口语表达能力、创造力等得到有效培养与提升。

二是以"趣"为主,创新教学方法。

兴趣是幼儿美术知识学习与美术活动参与的内在动力,实现幼儿美术学习兴趣的激发与培养始终是幼儿教师教学活动设计与组织所应关注的重点内容。对此,教师以"趣"为主,根据教学目标与教学活动内容,进行教学方法的创新。在此过程中,从幼儿身心发展特征入手,采用多样化方法,如游戏法、合作竞赛法、问题提问法、情景教学法等实现教学的个性化设计。在"美丽的花"剪纸教学中,教师利用多媒体教学设备,为幼儿展示与之相关的作品,并让幼儿在小组探讨中思考"花瓣是什么造型,该怎样实现?还有哪些形状的花?"等问题,并让幼儿在联想与想象中进行自主创作,从而实现幼儿活动参与兴趣的激发,让幼儿在实践中感知快乐,增强教学与学习效果。

三是以"引"为素,提升教学实效。

教师注重观察,引导幼儿对事物进行细致入微的观察,不断地丰富自己心中的事物形象,为其创造新的事物形象打下良好的基础。在引导幼儿观察树叶时,老师先提出问题:"树叶的形状、颜色、完整度都一样吗?"于是幼儿带着问题去观察树叶,在这样的观察中,孩子们会启动自己的思维,天马行空地开始想象,一个个神奇的画面会慢慢地呈现在孩子们的脑海中:"树叶被虫子咬了,一定是很小的虫子咬的,因为洞洞很小,虫子是从树叶中间咬的,因为洞洞在中间!""天气冷了,树叶离开了树妈妈,飘到地上来晒太阳了!"本来很笼统的画面,随着观察的深入慢慢地在幼儿心中清晰起来。所以观察让幼儿拓宽了思维空间,观察让幼儿拥有一双会发现的眼睛。

教师注重体验引导。在美术教育活动中,多让幼儿用眼睛看一看,用耳朵听一听,用鼻子闻一闻,用小手摸一摸,通过身体的各种感官去体验,把观察到的记忆形象内化为自己心中的形象。画树干时,教师让幼儿到室外去拥抱大树,触摸粗糙的树皮,用画纸拓印树皮,体验树干凹凸不平的质感和独特的纹理,幼儿对树干的真切感受在不断的近距离触碰中悄然而生,再回到教室画树干这一内容时,一个个画面既具体又形象,充满了生活情趣。

教师注重语言引导。朗朗上口的儿歌，引发遐想的谜语，优美的散文，引人入胜的故事，生动形象的语言，会加深幼儿对事物的认识和理解。在小班美术活动"下雨了"中教师用语言引导："下雨了，下雨了，下小雨了，下一点，下两点，下三点，下了好多点；下雨了，下雨了，下大雨了，一条线，两条线，三条线，好多的线！"这种贴切形象的语言引导，教给了幼儿该怎样画的方法、下雨的情景和感受。随着老师形象的语言引导，在孩子心中慢慢生成自己的画面，怎样去画的说教以及老师笔下的示范就显得很多余了。

教师注重情感注入。让幼儿把画看到的"视觉"，转化为画心中的"感觉"，情感注入是关键。在大班美术活动"丹顶鹤的快乐生活"中，教师先让孩子们欣赏丹顶鹤生活视频，让孩子们观察了解丹顶鹤的外形特征和生活习性，让幼儿想象："丹顶鹤如果来到幼儿园，会和小朋友们怎样相处？""如果你自己就是一只丹顶鹤，你会在幼儿园做什么？怎样滑滑梯？怎样吃饭？"这样，孩子就会将丹顶鹤的形象内化于心，把丹顶鹤的形象和自己的情感交织在一起，然后画出自己的感受，完成与众不同的画面创作。

③ 集体美术活动中教师教育行为的提升

在开展阶梯式幼儿美术课程前，美术活动结束的后续环节往往都是教师们容易忽略的，以为幼儿作品完成了活动就结束了。而通过研究，教师透过幼儿的作品去分析幼儿的发展，通过评价幼儿的发展去看活动的效果，从活动效果思考教师的教育行为，在发现问题中做出调整和改善，从而优化美术活动教学。

一是客观评价幼儿发展，反思自身教育行为。

美术活动后教师从幼儿作品的效果和活动中幼儿的创作体验来评价幼儿的发展情况。客观评价在美术活动中幼儿是否被理解、尊重，幼儿是否拥有适度的自主空间，幼儿是否能通过与环境、材料、同伴以及教师的互动在情感、态度、能力、知识、技能等方面得到自主发展。教师通过评价幼儿的发展来反思活动效果、活动目标和教学策略。在反思中分析自身对美术领域关键概念的把握和对幼儿经验水平的了解是否适宜、准确，分析运用的策略是否符合幼儿的学习特点和个性特征等等，在分析中找到自己美术教学的优势和不足，明确今后改进与完善的方向。

二是积极调整教学策略，改善美术活动组织能力。

美术活动后教师通过结合目标的制定和对达成情况的分析展开层层深入的反思，将活动中的"失误、不足"进行系统地回顾、梳理，分析和思考活动中出现问题的原因,怎样才能有效地实现目标,促进幼儿更好地表现和创作,从而在以后的美术活动中做出调整,使教师自身的美术活动组织和实施能力得到改善。教师通过在前次活动的反思中分析活动的病症,并在下次同类的活动中调整活动组织的策略,使同类问题得到解决,从而推进活动的顺利开展。而教师在反思—调整—实践的过程中,美术活动组织能力也得到了不断的优化。

三是善于总结教学经验,提高美术教育教学能力。

美术活动后教师不仅要思考如何更好地进行活动设计和指导策略的制定,更要分析自身行为的闪光点(比如创新的美术教学方法、有效的美术指导策略以及瞬间产生的教学灵感等),及时归纳、总结,供以后的美术教学参考使用,从而推动教师自身在螺旋式反思性实践的开展中不断提高自身的美术教学能力。教师能反思活动的成功之处,分析活动中促使预期目标达成的策略、做法,在总结成功教学经验的基础上提出可以进一步完善美术教学的策略。而教师自身的美术教学能力也在反思、总结、提升的过程中得到了提高。

## 三、阶梯式幼儿美术课程——之于"幼儿园"

### (一)凸显幼儿园整体环境浓厚的美术氛围

环境是重要的教育资源。通过阶梯式幼儿美术课程的开展,我们不断营造"文化育人"的园所氛围,让幼儿园里时时处处充满浓浓的文化气息,幼儿园的整体环境体现了美术教育的特点:布局合理,色彩明快,富有美感。让幼儿在健康和谐的环境文化中,感受美的氛围,接受美的熏陶,引导美的行为,得到美的升华,强化校园文化在素质教育中的隐性教育功能。

每个班级都设有班本化的美术特色环境,同时打造了丰富多彩的个别化美术区域。我园的美术氛围不仅体现在班级环境中,也体现在公共区域中。幼儿园的大厅背景是一幅西班牙著名画家米罗的作品,符合孩子的年龄特点与审美需求。同时呈现的还有幼儿的长卷画作品,既有模仿大师的画,也有借形想象等。除此之外,幼儿园里的悦园既是幼儿活动的乐园,也是幼儿写生等美术创作的基地。幼儿置身于"田野"中,通过各种感官对大自然进行全面的感受、了解、认识,并将之用不同的美术方式表现出来,充分发挥了幼儿的主体性,激发幼儿的多种潜能,萌发幼儿热爱自然、关注生活的积极情感和态度,同时感悟到体验和表征的快乐,为幼儿的可持续发展奠基,助推了幼儿园特色的深化。我们为幼儿打造了一个有针对性、有童趣的美术专用活动室，成为幼儿美术创作的专属天地，并在幼儿园的三楼平台打造了低结构的美术自然创享区域，敞开式的环境，让孩子们玩在其中、乐在其中、学在其中。走廊和楼梯平台上我们创设了"走近艺术大师"的环境，旨在带领幼儿了解世界各地的艺术大师，一起认识大师，探索大师作品的美术表现形式与特点，并玩创大师的作品，引领幼儿通过环境的熏陶发展幼儿的审美能力等。美术环境作为阶梯式幼儿美术课程的"隐性课程"，在开发幼儿智力，促进幼儿个性方面，越来越引起重视，同时也深化了幼儿园的美术特色。

（二）形成具有园所特质的课程实施方案

根据上海市"二期课改"中新教材的建构思路和我园的实际情况，围绕"以幼儿发展为本"理念，我园将基于体验的阶梯式幼儿美术课程纳入幼儿园课程实施方案中，统整了我园课程结构：基础性课程与"金童幻彩"课程。旨在做实共同性课程，做精"金童幻彩"特色课程。我园的课程实施方案以儿童的生活经验和儿童的身心发展顺序为依据组织课程内容，编排结构和表现形式是整合、开放，且强调课程内容与生活的联系，从不同领域多种活动形式发挥课程的整体效应，关注班级课程的动态生成。构建以园为本，具有美术特点的活动内容，以阶梯式美术活动为切入点，以幼儿体验为载体，关注幼儿活动中的种种体验，在体验生活、体验自然、体验社会中，充分发挥幼儿的主体性，激发幼儿的多种潜能，让幼儿感悟到体验和表征的快乐，为幼儿的可持续发展奠基，形成幼儿园的园所特色。

在幼儿的一日生活各环节中，课程方案实施园本化，建立了共同性课程与"金童幻彩"课程相结合的课程体系，所占比例共同性课程约82%，选择性课程约18%。通过阶梯式幼儿美术课程研究，已初步形成了具有园所特质的阶梯式幼儿美术课程方案，它是以园所特点为平台，以幼儿发展为轴心，以美术特色教育为支点，全方位、多角度地建立以美术课程为主线，循序渐进地架构与呈现"绘声绘色""心灵手巧""赏心悦目""金山特色"四大块课程内容，以多种教育形式为核心，整合其他领域教育目标，发展幼儿观察、想象、创造等多种能力，萌发幼儿的审美情趣，具有一定逻辑关系和价值关系的园本课程。在组织形式上也较为多元，正规性实施途径通过集体性美术活动，个别化学习活动中的区域性美术活动，美术专用室活动，美术开放区活动，美术周、美术月、美术节活动；非正规性实施途径有美术互动区域、环境创设中的渗透等。"金童幻彩"课程是对共同性课程中美术活动内容和实施的补充、整合和完善，它们相辅相成，满足幼儿个性中不同需要，使幼儿和谐全面发展。

### (三) 发挥美术教育研究的影响辐射作用

我园随着课改的推进与发展，一直致力于幼儿园美术教育的实践研究，并经过了十多年的探索和积淀形成了丰富的美术教育经验，不断地传承与发展，优化幼儿园的美术特色课程。让幼儿快乐地享受与分享美术活动带来的乐趣，促进幼儿体、智、德、美等各方面和谐发展。从特色项目提出到特色课程建构，我园的美术特色已逐渐凸显，现已成为幼儿园的品牌，在区内外发挥着影响与辐射作用。

我园多次承办区级以上活动并多次向参观嘉宾开放我园的特色美术活动，包括日本福冈县教育交流访问团、云南安宁教育体育局、云南教师代表团、江苏无锡高新区教育考察团、江苏河北湖北三省市级领导等。并与外省市幼儿园浙江宁波慈溪市实验幼儿园签约，开展"长三角一体化教育合作"结对项目。并与本区多所幼儿园结对，既有公办二级园钱圩幼儿园，也有民办天童幼儿园、同根生幼儿园。我们全方位与结对园所互动交流、共同切磋，实现"引领中指导，互学中提高"的目的，充分发挥我园在美术教育研究方面的引领作用，引导优质幼儿美术教育资源向外省市、向本区其他园所辐射与拓展，推动不同区域幼儿教育均衡发展。

## 第二节 阶梯式幼儿美术课程的未来展望

### 一、聚焦课程内容的优化

现阶段我们梳理出来的课程内容是有限的，但是生活中可利用的资源是无限的。将自然资源、民间艺术以及幼儿喜欢的美术题材合理融入日常阶梯式幼儿美术课程中，挖掘课程资源，进一步优化课程内容。在确保"阶梯式幼儿美术课程"的总体目标、理念以及结构框架稳定的同时，在课程实施过程中鼓励教师根据幼儿需求、教师自身特长、环境资源等要素不断地对"阶梯式幼儿美术课程"的内容与形式作灵活的调整与补充，使课程内容和形式不断丰富与完善，是我们下阶段努力的方向。

### 二、聚焦课程指标的完善

"阶梯式幼儿美术课程"的相关指标虽已呈现出一定的文本结果，但在实践中发现,再好的文本如果离开了实践的验证也会失去最终的意义。下阶段我们将聚焦课程的各类相关指标,根据课程实施的情况及时调整、完善及优化,使指标具有更强的操作性与实用性,最终完善课程功能,使它在"有轨运行"的过程中达到理想的状态,形成更为科学有效的课程指标。

### 三、聚焦课程评价的动态

课程评价作为课程实践的重要环节,对于课程具有很强的反拨作用。而目前的美术课程实施现状表明,已有的静态评价体系无法使课程实施效力最大化。下阶段我们将参照最新出台的《上海市幼儿园办园质量评价指南》等政策性文件,针对美术课程实施现状与所存在的问题进行梳理和研讨,引入动态评价机制,促进阶梯式幼儿美术课程评价更优化。

# 主要参考文献

[1] 黄小丽.基于幼儿体验的绘画欣赏教学策略研究[D].南京师范大学,2008.

[2] 李学翠.幼儿园体验式教学初探[J].早期教育,2006(6).

[3] 李亚娟.艺术欣赏过程中儿童的情感体验研究[D].南京师范大学,2006.

[4] 陆丽华.幼儿体验研究[D].南京师范大学,2006.

[5] 袁爱玲.学前儿童的体验教育[J].幼儿教育,2005(4).

[6] 肖海平,付波华.体验式教学:素质教育的理想选择[J].教育实践与研究,2004(01).

[7] 屠美如.学前教育美术教育[M].南京:江苏教育出版社,1991.

[8] 贾蕾.儿童绘画"符号期"在学前教育阶段的特点研究[D].新疆师范大学,2011.

[9] 张念芸.学前儿童美术教育[M].北京:北京师范大学出版社,1997.

[10] 师萌.3—5岁幼儿绘画构图特点研究[D].辽宁师范大学,2014.

[11] 骈岑.3—6岁儿童绘画表现能力发展的研究[D].上海师范大学,2014.

[12] 王盼美惠.5—6岁幼儿绘画表征特征研究[D].南京师范大学,2014.

[13] 吴采红.5—6岁城乡儿童绘画特点比较研究——以城乡两所幼儿园为例[D].南京师范大学,2006.

[14] 黄雯婷.儿童画内容解读之研究[D].上海师范大学,2012.

[15] 邱华翔.幼儿园园本课程开发的研究——以某幼儿园为例[D].华中师范大学,2015.

[16] 杨亚博.从民间美术教学看幼儿园园本课程开发——以西安市S幼儿园为例[D].陕西师范大学,2011.

[17] 张秀丽.基于蒙古族文化精神传承的幼儿园课程资源开发——以蒙古族民间美术为例[D].内蒙古师范大学,2009.

[18] 夏芸梦.以美术教学为核心的幼儿主题式综合活动课程的研究[D].华东师范大学,2010.

[19] 孙晶.山东省H县L幼儿园大班美术课程实施的个案研究[D].云南师范大学,2015.

[20] 柳倩.幼儿园美术活动课设计与实施的现状及改善策略[D].河北师范大学,2016.